KB120869

이 책을 읽는 모든 분들이
새롭게 도전하고 변화를 추구하는
행복한 삶이 되면 좋겠습니다.

Steve Kim

청소년들의 멘토 스티브 김 아저씨의

꿈희망미래
Story

청소년들의 멘토 스티브 김 아저씨의

꿈희망미래 *Story*

초판 1쇄 발행일 2014년 10월 31일
초판 3쇄 발행일 2016년 3월 10일

지은이 스티브 김
펴낸이 양옥매
책임편집 육성수
디자인 이윤경
교정 조준경

펴낸곳 도서출판 책과나무
출판등록 제2012-000376
주소 서울특별시 마포구 월드컵북로 44길 37 천지빌딩 3층
대표전화 02.372.1537 **팩스** 02.372.1538
이메일 booknamu2007@naver.com
홈페이지 www.booknamu.com
ISBN 979-11-85609-85-0(43320)

이 도서의 국립중앙도서관 출판시도서목록(CIP)은 서지정보유통지원 시스템
홈페이지(http://seoji.nl.go.kr)와 국가자료공동목록시스템
(http://www.nl.go.kr/kolisnet)에서 이용하실 수 있습니다.
(CIP제어번호 : CIP2014030679)

청소년들의 멘토
스티브 김 아저씨의

꿈, 희망, 미래
Story

스티브 김 지음

책과나무

"부자일수록 행복하기가 더 힘들다."

미국에서 영구 귀국한 지 어느덧 9년째 접어들었습니다. 많은 사람들이 한국에서의 생활을 염려했고 저 역시도 처음에는 적응하기가 쉽지 않았습니다. 그러나 지금은 그 어느 때보다도 행복한 나날들을 보내고 있습니다.

2007년 어느 교수님의 권유로 〈아시아의 빌 게이츠 스티브 김의 성공신화 꿈희망미래〉라는 책을 냈습니다. 가난한 어린 시절을 보내고 맨주먹으로 미국에 건너가 두 번의 창업을 성공적으로 이끌어 내고 한국에 돌아오기까지의 과정에 관한 이야기였습니다. 여기에 청소년들에 대한 새로운 사명으로 설립한 '꿈희망미래 리더십센터'와 교육사업, 강연 등에 관한 내용을 추가하여 2011년 개정판을 냈습니다.

책 출간을 계기로 TV, 라디오, 신문, 전문 채널 등 여러 언론매체에 소개되었고 강연 요청 또한 많아서 매년 백 회 이상 전국을 돌고 있습니다. 청소년, 학부모, 직장인, 전문경영인, 교육자, 대학생, 군인 등

각 대상에 따라 '글로벌 인재의 조건', '성공의 7키워드', '부자들의 자녀 교육 방법', '소통의 리더십', '미국에서 통한 한국식 경영', '행복을 주도하는 삶', '노블리스 오블리제' 등 다양한 주제로 강연을 했습니다.

전국의 청소년들을 찾아가 강연을 하지만, 강연에서 얻은 감동만으로 자기 삶의 변화를 시도하기란 힘들어 보였습니다. 아이들이 처한 환경이 바뀌지 않음으로 인해서 결심이 약해지고 다시 이전으로 되돌아간다면 강연조차 의미가 없을 것이라 판단했기 때문입니다. 그래서 학생들 스스로가 자신의 미래를 고민하고 각오한 바를 자기 삶에 적용하게 하기 위해서 교육사업을 시작했습니다. 고민 끝에 학생들 스스로가 고민하고 어떻게든 자기 삶에 적용하도록 하기 위해서 교육사업을 시작했습니다.

2009년 시작한 '꿈희망미래 리더십센터'는 창원에 이어 대전에 지사를 내기까지 매년 배의 성장을 하며 현재까지 약 50,000여 명의 청소년들이 삶의 변화를 경험했습니다.

2001년 꿈희망미래재단을 설립하고 시작했던 장학사업과 지역복지 사업, 해외지원사업을 확장해 나가면서 '가장 이타적(利他的)인 것이 가장 이기적(利己的)이다.'라는 사실을 깨달았고 '나눔'을 행복한 삶의 돌파구로 삼았습니다.

이번에 새로 책을 내게 된 것은 한국에 와서 경험한 것들과 저의 생각을 강연에서 뿐만 아니라 독자들과도 함께 나누고 싶었기 때문입니다. 특히 청소년, 대학생, 직장인들에게 해왔던 비전 토킹과 멘토링 과정을 부록으로 실어서 비슷한 고민을 하는 독자들에게 조언과 도움이 되도록 했습니다.

이 책은 군부대나 학교, 비영리 도서관 등에는 요청에 따라 기증할 예정이며, 읽고 싶은 독자들이 쉽게 접할 수 있도록 전자책으로도 출간하여 컴퓨터나 스마트 폰에 무료로 다운로드 받을 수 있게 했습니다. 일부

학교나 군부대 등에서는 이미 윤독프로그램의 지정도서로 활용되고 있습니다.

지난 저의 삶과 성공은 제 개인의 것이 아니라 도움을 필요로 하는 사람들과 함께 나누게 하신 하나님의 섭리라 생각하고 있습니다. 졸저가 제 자랑이 되지 않기를 바라는 마음 간절합니다.

2016. 3.

꿈희망미래 재단 이사장 스티브 김

Chapter 1 '꿈'

희망을 찾아서

Chapter 2 '희망'

더 나은 삶을 향한 끝없는 도전

Chapter 4 '사명'

가장 이타적인 것이 가장 이기적이다

'꿈'

희망을 찾아서

우리 집안이 만약 부유했더라면, 나에게는 절실한 목표가 없었을 것이고, 지금의 성공 또한 주어지지 않았을 것이다.

가난한 집안이나 부유한 집안을 선택해서 태어날 수 있는 사람은 없다.

그러나 자기에게 주어진 환경을 어떻게 이겨내고 극복할 것인가는, 전적으로 자신의 선택과 의지에 달려 있다.

어려운 형편에서 자란 사람은, 가난으로부터 벗어나기 위해 몸부림치는 과정에서 강한 정신력을 갖게 된다.

바로 이 '헝그리 정신(hungry—mind)'이야말로 모든 성공의 원동력이다.

나를 키운 것은 결핍이었다

어린 시절을 돌이켜 보면 가장 먼저 떠오르는 것이 '가난'이다. 젊었을 때 사업을 하시며 남부럽지 않게 살던 아버지는, 해방 정국의 혼란과 뒤이어 터진 6·25 동란 속에서 모든 재산을 잃고 말았다. 전쟁이 끝난 뒤 서울로 옮겨 와 이것저것 사업들을 벌이며 정착하려 하셨지만, 결국 빚만 떠안게 되었다. 그로 인해 집안 형편은 점점 기울고 11살 되던 해, 북한산 자락 아래 세검정으로 이사를 했다. 그 당시 세검정 일대는 온통 과수원으로 둘러싸인 가난한 동네였다. 우리는 전기가 들어오지 않는 과수원집 셋방에서 촛불을 켜고 지냈다.

많은 식구들의 배를 채우기에는 쌀이 턱없이 부족해서 수제비가 주로 밥상에 올랐다. 가지고 놀 만한 변변한 장난감은 없었지만 집 밖으로

청소년들의 멘토-스티브 김 아저씨의

나가면 온 천지가 놀이터였다. 겨울에는 꽁꽁 언 개천에서 매일 썰매를 타거나 얼음낚시를 하면서 놀았고, 토끼를 잡으러 친구들과 어울려 이 산 저 산으로 몰려다녔다. 봄이 되면 과수원들마다 온통 꽃이 만발했고 앵두, 복숭아, 자두, 감 등 과일 서리를 해서 주린 배를 채우며 해질녘 까지 뛰어놀았다. 먹을 것도 부족하고 가난한 어린 시절 이었지만 우리 는 마냥 즐거웠다.

수도나 우물도 없어서 물을 쓰려면 공동 우물까지 내려가 지게로 길 어 와야 했다. 요즘에는 박물관에나 가야 볼 수 있을 정도라, 물지게가 어떻게 생겼는지 모르는 사람도 많을 것이다. 지게 양쪽 끝에 달린 양 철통에 물을 가득 채워서 어깨 위로 메고 언덕을 오를라 치면, 한 발짝 씩 뗄 때마다 물이 출렁거려 옷이 흠뻑 젖곤 했다. 내 위로는 누나들만 셋이 있었고, 남동생은 어려서 물지게는 늘 내 차지였다. 11살 어린 나 이였지만, 가족들을 위해서 당연히 내가 해야 할 일이라고 생각했다

누나에게 물려받은 교복

부모님은 내게 공부하라고 강요하거나 잔소리하지 않으셨다. 단지 매 일 저녁상을 물리고 나서, 어머니께서 조그만 쪽상을 펴주셨다. 낮에 는 해가 떨어질 때까지 신나게 놀고, 저녁이면 그날 배운 것을 복습하 고 다음날 배울 것을 미리 살펴보았다. 공부를 마치고 명작동화나 위인

전 등을 읽느라 밤늦도록 쪽상 앞에 앉아있으면 어머니도 무슨 일거리든 붙잡고 내가 책을 덮을 때까지 항상 곁을 지켜주셨다.

내가 다녔던 세검정초등학교는 한 학년에 한 반씩밖에 없었고, 전교생이라고 해봐야 고작 120명에 불과한 작은 학교였다. 그 때는 중학교에 입학할 때도 시험을 치러야 했는데, 우리 학교에서 내가 처음으로 경복중학교에 합격했다. 그 당시 소문난 명문학교에 합격하자, 소위 개천에서 용이 났다며 온 동네에 칭찬이 자자했다. 변변한 학용품도 없었지만 어머니의 사랑과 따뜻한 관심이 나를 키운 것이다.

명문 경복중학교에 합격하고 나서 나는 어깨가 으쓱해졌고 은근히 학교 갈 날만을 기다렸다. 어느 날 어머니께서는 숙명여고를 졸업한 누나의 낡은 교복을 꺼내 재봉틀 앞에 앉으셨다. 밤새 재봉틀 소리가 드르륵 거렸는가 싶더니 다음 날 아침 허름한 교복 한 벌이 만들어졌다.

우리 집 형편으로는 새 교복을 마련할 수가 없었던 것이다.

"윤종아, 한 번 입어봐라. 일단 이거라도 입고 입학식에 가면 형편이 나아지는 대로 꼭 교복을 장만해주마."

어머니의 쑥 들어간 눈이 빨갛게 젖어들고 목소리가 떨렸다. 밤새 얼마나 안쓰럽고 속이 상하셨을까? 나는 어머니의 얼굴을 똑바로 볼 수가 없었지만, 누나 교복을 고쳐 입고 다녀야 할 만큼 가난했던 우리 집 형편이 참 부끄럽고 싫었다.

'누나가 입었던 교복은 감색이고 우리학교 교복은 검정색이라 제 교복

16

이 아니라는 것을 남들이 한 눈에 알아볼 텐데…… '

나를 공부하게 했던 힘, 어머니

그 당시만 해도 여성들은 거의 고등교육을 받지 못했지만, 내 어머니 진정숙 여사는 경기여고를 졸업한 수재셨다. 그러나 안타깝게도 6·25 전쟁 당시 피난길에서 척수성뇌수막염을 앓고, 그 후부터 오른쪽 다리를 절게 되셨다. 어머니는 불편한 몸을 아끼지 않고 하루 종일 집 안 구석구석을 쓸고 닦으셨다. 부지런하신 어머니 덕분에 우리 집은 늘 깨끗하게 정돈되어 있었고 포근하며 안락했다. 내게 밴 정리정돈 습관도 어머니의 성품을 닮아서일 것이다.

아버지께서 생활비를 제대로 벌어다 주지 못했기 때문에 5남매를 키우는 어머니의 고생은 이만저만이 아니었다. 어머니께서 애쓰시는 것을 보면 늘 마음이 아팠고 나도 뭔가 돕고 싶었지만 어린 내가 할 수 있는 것이라곤 별로 없었다.

'어머니를 기쁘게 해드릴 수 있는 것이 무엇일까? 공부밖에 없겠구나! 어머니께서는 우리를 위해서 저토록 고생하시는데, 나도 어머니를 위해서 한 번 해 봐야지.'

그때부터 열심히 공부했다. 2학년 1학기 말이 되어서, 성적표를 받고 나도 깜짝 놀랐다.

집으로 달려가 "어머니, 저 1등 했어요."하고 성적표를 보여 드리자 어머니께서는

"우리 윤종이 장하구나!" 하시며 눈시울을 적셨다.

중학교 내내 성적은 그런대로 괜찮은 편이었지만 제 때에 수업료를 내지 못해서 교실 앞으로 불려 나간 적도 있었다. 친구들 앞에서 출석부로 머리를 맞을 때는 얼마나 수치스럽던지……. 감성이 여리고 한참 예민할 때라, 가난이 남긴 상처는 매우 컸다.

아버지의 선물

아버지는 정말 잘생기고 멋진 분이셨다. 1914년 서울에서 태어나 보성전문학교를 나오셨고 어머니와는 1941년에 결혼하셨다. 신의주에서 포목상을 운영하시면서 지금도 어지간한 형편으로는 누리기 어려운 스키, 승마 등을 그 시대에 즐겼다고 하니, 얼마나 잘 사셨을지 짐작이 간다. 아버지는 바둑을 좋아하셨다. 나는 아버지 어깨너머로 바둑 두시는 모습을 지켜 보다 아버지한테서 바둑을 배우게 되었다. 흰 돌과 까만 돌을 움직여서 승부를 내는 것이 얼마나 오묘하던지, 배우자마자 푹 빠지고 말았다. 저녁에 잠자리에 누우면 천정 위로 온통 흰 돌과 까만 돌만 보였다. 그러니 그 때부터는 공부가 제대로 될 리 없었다.

그러다 3학년 2학기가 되고 고등학교 입시가 코앞으로 다가왔다. 시험이 2~3개월 남았을까? 다급해진 마음에 잠 안 오는 약까지 먹어가면서 밤을 새워 공부에 매달렸다. 제대로 먹지도 못하고 영양이 부실한 상태에서 무리를 하자 코피가 자주 쏟아졌고 몸은 급격히 쇠약해졌다. 보다 못한 어머니께서 없는 형편에 소뼈를 사다 고아 주셨다. 재탕, 삼탕은 기본이고 너 댓 번씩 고아 먹은 것 같다.

마침내 고등학교 입학시험을 치르는 날이 다가왔다. 아버지께서 교문 앞까지 따라오시더니 주머니에서 뭔가를 꺼내셨다.

"아버지, 박카스잖아요?"

"그래. 이거 마시고 시험 잘 치도록 해라.

변변한 돈벌이도 없으셨던 아버지는 제대로 먹지도 못하면서 공부하는 자식이 못내 마음에 걸리셨던 모양이다. 아버지의 짧은 한마디에 코끝이 찡해왔다. 나는 최선을 다해 문제들을 풀어나갔으나 어려운 문제들이 많았다. 시험을 끝내고 나오는데 왠지 망친 것 같고 불안했다. 꼭 떨어질 것만 같아서 다음 날 있을 체능 시험은 볼 필요도 없겠다는 생각마저 들었다.

"아버지, 저 체능 시험은 안 볼래요. 보나마나 떨어질게 뻔해요."

그러자 아버지께서는

"떨어질 때 떨어지더라도 끝까지 최선을 다해 봐야지." 하시며 나무라셨다. 아버지의 말씀을 거역할 수 없어 다음 날 체능 시험을 보러갔다. 그런데 나중에 결과 발표를 보고 얼마나 놀랐는지 모른다. 아슬아슬하게 겨우 붙은 것도 아니고 중간성적으로 합격한 것이다.

만약 내가 그 때 아버지 말씀을 안 듣고 체능 시험을 포기했더라면 어땠을까…….

비싼 과외를 받아 가며 공부한 학생들도 들어가기 힘들었던 당시의 명문 경복고에, 과외는커녕 제대로 먹지 못해서 영양실조까지 걸린 내가 당당히 합격한 것이다. 뒷바라지를 잘 해주지 못해 늘 마음아파 하셨던 부모님의 기쁨은 이만저만이 아니었다.

이 일로 나는 '해보기도 전에 미리 포기하지는 말아야 한다.'는 교훈을 마음 속 깊이 새겼다.

부모님으로부터 물려받은 유산

부모님으로부터 받은 가장 크고 소중한 유산은 바로 '가난'이다. 부모님을 통해 세상에 태어났지만, 나를 키운 것은 '결핍'이었다.

가난한 집안이나 부유한 집안을 선택해서 태어날 수 있는 사람은 없다. 그러나 자기에게 주어진 환경을 어떻게 이겨내고 극복할 것인가는 전적으로 자신의 선택과 의지에 달려 있다.

어려운 형편에서 자란 사람은 가난으로부터 벗어나기 위해 몸부림치는 과정에서 강한 정신력을 갖게 된다. 바로 이 '헝그리 정신(Hungry mind)'이야말로 모든 성공의 원동력이다.

청소년들의 멘토—스티브 김 아저씨의

만약 우리 집안이 부유했더라면, 나에게는 절실한 목표가 없었을 것이고, 지금의 성공 또한 주어지지 않았을 것이다. 뿐만 아니라 그 목표를 달성해 나가는 과정에서 어떠한 난관이 닥쳐도 굴하지 않고 이겨 낼수 있는 힘과 무엇과도 바꿀 수 없는 소중한 '성취감'을 얻었다. 부모님은 내게 단 한 푼의 재산도 물려주지 못하셨지만, 나는 '가난'이라는 훨씬 값진 유산을 물려받은 것이다.

아버지는 매우 선한 성품을 지니셨다. 당신 자신이나 가족보다는 남들에 대한 배려가 더 크고 우선적이어서 어머니의 맘고생도 적지 않으셨을 것이다. 날씨가 몹시 추웠던 어느 날, 외출하셨던 아버지가 입고 나간 겉옷은 어쩌시고 어깨를 잔뜩 움츠린 채 오들오들 떨며 들어오셨다. 알고 보니, 집으로 오시는 길에 온 몸이 얼어 있는 걸인을 보고 외투를 벗어 주셨던 것이다. 아버지 외출복도 몇 벌 되지 않으면서 왜 그렇게까지 하셨는지 나는 잘 이해가 되지 않았다.

하지만 어머니는 잔소리 한마디 하지 않으시고, 으레 그런 분이려니 하고 이해하시는 것 같았다. 그도 그럴 것이 가난한 살림살이임에도 불구하고 남을 돕기로는 어머니도 아버지 못지않으셨다. 당장 내일 양식이 떨어질 상황에서도 끼니를 거르는 노인을 그냥 지나치지 못하고 먹을 것을 나눠주시는 모습을 종종 볼 수 있었다.

어려서부터 그런 모습을 보고 자라서 그런지, 나뿐만 아니라 우리 형제들 모두 어려운 사람들을 생각하는 마음이 남달랐다. 내가 큰돈을 벌고 본격적인 자선사업에 나서기 전에도, 딱한 사연을 듣고는 그냥 지나치지 못했다.

어려움에 처한 사람들에게 크고 작은 도움을 줄 수 있었던 마음 또한 전적으로 부모님으로부터 물려받은 유산이다. 가난 속에서도 남에게 베풀 줄 아는 마음과 긍정적인 생각의 힘이 오늘의 나를 만들었다.

뜻하지 않은 좌절

어렵게 경복고등학교에 입학했지만, 암기위주의 수업과 시험이 반복 되는 학교 공부에 별 흥미를 느끼지 못했다. 그 때나 지금이나 나는 외 우기를 잘 못한다. 보통 사람이면 금방 외울 수 있는 노래 가사를, 나는 수십 번 불러도 외워지지가 않는다. 그에 비해 수학은, 개념을 잘 이해 하고 나서 공식을 대입해 풀면 답이 정확하게 나오는 게 재미있었다.

고등학생이 되자 사춘기가 찾아와, 혈기왕성한 한 때의 모든 방황 이 시작되었다. 담배도 피워 보고, 친구들과 함께 당구장에도 드나들 었다. 게다가 이성에 대한 호기심까지 생겨났다. 매일 버스 타러 갈 때 마다 우리 학교 앞에 있던 진명여고의 한 여학생과 마주쳤다. 말이라도 한 번 걸어보고 싶었지만 용기가 없어서 속으로만 끙끙 앓다가 마침내 데이트 약속을 받아내는 데 성공했다.

질풍노도의 시기는 어느덧 고3이 되었고 대학 진학문제가 발등에 떨어졌다. 장남으로서 부모님의 기대에 부응하기 위해서는 열심히 공부해야 했는데, 책임을 다하지 못한 것이 너무 죄송스러워서 어머니를 뵐 면목도 없었다.

'가난한 우리 집안을 일으킬 사람은 나밖에 없는데…… 어떻게 해서든지 대학에는 가야하지 않을까? 그런데 설령 대학에 간다고 하더라도 학비는 어떻게 조달하지?' 이런저런 생각들이 밤잠을 설치게 했다.

해결되지 않은 고민들로 머릿속이 복잡하던 어느 날, 멋진 제복을 입은 육사 생도들이 입학홍보 차 우리 학교에 찾아왔다. 늠름하고 씩씩한 모습이 정말 멋져 보였다. 그들을 본 순간, '아, 내가 육사에 들어가면 이 방황을 끝낼 수 있겠구나! 게다가 학비 걱정을 안 해도 되니…… 내가 갈 곳이 바로 여기다!'라는 생각이 들었다.

'그래, 육사에 들어가자.'

각오를 새롭게 다잡고 열심히 준비해서 육사에 지원하였다. 필기시험도 잘 보았고, 체력시험도 무사히 통과해서 신체검사를 받게 되었다. 그런데 검사관이 나를 세워놓고 이리저리 고개를 갸웃거리다 내 턱에 자를 들이댔다. 그러더니 동료 검사관을 불러 "이리 와서 이 친구 얼굴 좀 보게." 하더니 들리지 않는 소리로 자기들끼리 수군댔다.

나는 무슨 영문인지 정확히 알 수는 없었지만 뭔가 불길한 예감이 들었다. 결국 아래턱이 약간 튀어나왔다는 이유로 떨어지고 말았다.

어이없는 결과는 내게 너무나 큰 충격이었다. 실력이나 체력이 부족해서가 아니라, 내가 어떻게 해볼 수 없는 이유로 인해 떨어졌다고 생각하니 마음이 잘 추슬러지지가 않았다.

육사 입학시험에 떨어진 뒤, 나는 공부에 대한 의욕을 완전히 상실해 버렸다. 그 당시에는 지금처럼 대입 수능이 없었고 대학별고사 과목은 4과목에 불과했다. 그런데도 준비를 제대로 하지 않아서 재수를 할 수밖에 없었고, 다음 해에 서강대학교 전자공학과에 입학했다.

서강대학교는 정원이 1,000명 정도 되는 아담한 대학이었는데, 내가 입학하던 해에 전자공학과가 처음 생겼다. 1960년대 말은 전자산업의 초기시대로, 디지털시계와 흑백텔레비전이 막 나오기 시작했다. 전공에 대한 자세한 정보는 없었어도, 새로 생긴 유망한 분야라서 졸업하면 쉽게 취직할 수 있을 거라고 생각했다. 게다가 수학과 물리를 좋아했으니 적성에도 잘 맞을 줄 알았다.

그런데 막상 입학해보니 자유분방한 대학 분위기는 좋았지만 수업이 별로 재미가 없었다. 고등학교 때도 좋아하지 않았던 국어와 사회, 생물, 화학 과목까지 들어야 했다. 나는 재미없는 것을 억지로 못하는 성격이라 영어, 수학, 물리 등 흥미 있는 과목들만 공부했다. 전공실험이나 프로젝트들을 열심히 준비하는 친구들도 더러 있었지만, 나는 그들과 달리 겉도는 느낌이었다.

공부보다는 테니스에 푹 빠져서 하루도 안 거르고 거의 매일 운동을 했다. 유신정권 때라 데모로 인해서 학교 문이 닫히면, 담을 넘어가면서까지 테니스를 쳤다. 여자 친구의 여동생과 그 친구들에게 과외를 해주고 번 돈으로 학비와 용돈을 충당하면서, 연애도 열심히 했다. 이 때 사귄 여자 친구와 즐거운 추억이 많았지만 내가 군대에 가 있는 동안 이별을 통보해왔다. 당시 여자 친구의 집은 꽤 잘살았고, 나는 장래가 뚜렷이 보이지 않는 가난한 집안의 장남이라, 결혼상대로 적합하지 않았던 것이다. 결국 부모님의 반대로 우리는 헤어지고 말았다.

공수부대에서 시작한 군 생활

대학을 졸업하고 군에 입대했다. 논산훈련소는 내가 경험해 보지 못한 전혀 다른 사회였다. 그 당시만 해도 대학에 가는 사람이 많지 않던 시절이어서, 단지 대학을 나왔다는 이유만으로 온갖 텃세가 심했다. 기합을 받을 때도 동기생들보다 훨씬 힘들게 당했고, 말도 안 되는 억지와 부당한 일들이 한두 가지가 아니었다. 다른 사람들은 '군대가 원래 그렇지 뭐.' 하며 반쯤 포기하고 적응해 나가는 것 같았다. 그런데 나는 권위적이고 맹목적인 명령에 따르는 것을 특히나 못 견디는 성격이라, 신병훈련 기간이 너무나 길게만 느껴졌다. 언제쯤 이곳에서 나갈 수 있을지 매일 손꼽아 기다리는 게 일이었다.

당시는 지금과 비교할 수 없을 정도로 군대생활이 열악하고 힘들었기 때문에, 돈과 백이 있는 사람들은 보안사·카투사·육군본부 등 편한 곳으로 빠졌다. 그러나 나는 그럴만한 돈도, 백도 없었지만 적어도 최전방이 아닌 좀 수월한 곳으로 가길 바랐다. 신병 훈련기간이 거의 끝나갈 무렵, 특기병을 차출하기 위해 장교들이 훈련소에 왔다.

요리사, 미용사, 태권도 유단자 등을 뽑다가, 한 장교가 "테니스 칠 줄 아는 사람 있나?" 하고 묻기에 "예, 훈병 김윤종, 테니스라면 자신 있습니다!"라고 큰 소리로 외쳤다.

테니스라면 대학시절 내내 거의 매일 치다시피 할 정도로 푹 빠져 지냈으니 나름대로 자신이 있었다. 사실, 그 장교들은 테니스를 정식으로 배운 선수 출신을 찾고 있었을지도 모르지만, 앞뒤 가릴 처지가 아니었다. 이 기회를 놓치면 최전방으로 가서 고생할 게 뻔했고, 테니스 병으로 가게 되면 그나마 좀 편하게 군 생활을 할 수 있을 것 같았다.

드디어 자대배치 날이 다가왔다. 모두가 이등병 계급장을 처음 달고 대기 중인 버스에 올라탔다. 버스는 행선지를 알려 주지도 않고 논산을 떠나 어디론가 향하기 시작했다. 한참을 지나 밖을 내다보니 서울 방향으로 가고 있었다.

'어, 서울로 가고 있잖아? 혹시 육군본부로 가는 거 아냐? 그렇다면 군대생활이 이젠 좀 편해지겠네!'

나는 잔뜩 기대에 부풀어 있었다. 그런데 서울 쪽으로 달리던 버스가 갑자기 남한산성으로 향하는 것이 아닌가. 결국 도착한 곳은 남한산성 아래 있는 특전사령부였다.

나는 눈앞이 캄캄해졌다. 다들 짐작하겠지만, 공수부대 훈련은 힘들

청소년들의 멘토-스티브 김 아저씨의

고 험하기로 악명이 높다. 높은 곳에서 뛰어내리는 낙하는 예사였고, 수송기를 타고 낙하산 점프까지 해야 했다. 너무나 고되고 힘들었지만, 누구를 원망한다고 해서 해결될 일이 아니었다. 4주간의 고된 훈련을 끝내고 내가 배치 받은 곳은 3공수여단이었다.

애초에 지원했던 대로 여단의 테니스 병이 되었다. 그런데 여단장이 테니스를 그리 즐기는 편이 아니라서 테니스를 칠 일이 별로 없었다. 그러자 본부대장은 나를 취사반으로 보냈다. 그런데 취사반 일만 하는 것이 아니라, 다른 병사들과 똑같이 내무반 야간보초에 군사 훈련들까지 다 받았다. 여기에 취사반 일을 겸하자니 이만저만 힘에 부치는 게 아니었다.

군대에서 발견한 사업가 기질

그렇게 2개월 정도를 취사반에서 일하고 나자, 본부대장은 민간인에게 위탁해서 운영하던 군장점의 책임자로 자리를 옮겨 주었다. 부대 안의 PX에서는 군에 보급되는 담배, 과자, 음료수, 캔류 등 주로 식품을 취급했다. 반면 군장점에서는 군복을 고치거나 계급장을 달아 주고, PX에서 취급하지 않는 운동복을 팔기도 했다. 비록 군대 안에 있는 작은 가게였지만, 젊은 나이에 어엿한 사업장 하나를 맡게 된 셈이었다.

나는 그동안 장사를 해본 적이 한 번도 없었지만, 이왕 맡게 된 거 잘 해 보고 싶었다. 그래서 '군인들에게 필요한 게 뭘까?' 늘 고민했다. 공수부대는 군인 전체가 태권도 훈련을 받기 때문에 모두 도복을 입었다.

나는 평범한 도복에 '공수특전단'이라는 글씨를 새겨 넣어 팔았고, 병사들이 비행기에서 낙하하는 장면, 태권도 하는 모습 등을 사진으로 찍어 앨범을 만들어 놓았다. 이 앨범은 공수부대원의 자부심을 과시하기에 더없이 좋은 것이 되었고, 휴가를 갈 때면 너 나 할 것 없이 다들 이 앨범을 사 가지고 나갔다.

내의, 운동복과 유니폼 등은 물론이고 이전에는 군장점에서 취급하지 않던 호빵과 우유도 들여왔다. 매일 고된 훈련을 받고 배고플 수밖에 없었던 군인들에게, 호빵은 최상의 간식이었다.

휴식시간만 되면 벌떼같이 군장점으로 몰려들었다. 팔던 물건이 다 떨어지고 나면, 리어카를 끌고 부대 밖으로 나가서, 민간인 매점에 있는 것들까지 더 사다가 팔곤 했다.

군장점을 맡은 지 얼마 되지 않아 매출이 몇 배 이상 늘었고, 윗사람으로부터 많은 신임도 얻게 되었다. 본부대장은 제대가 얼마 남지 않은 나에게 처제와의 맞선을 주선하려고까지 했다. 내가 책임지고 새로운 아이템을 개발하여 사업규모를 키워나간다는 것이 정말 재미있었다.

군장점을 맡기 전에는 장사를 해본 적이 한 번도 없었고, 누구한테 사업을 배운 적도 없었다. 단지 군인들 입장에서 무엇이 필요할까? 고민하고, 아이디어가 생기면 행동에 옮겼을 뿐이었다. 고객이 필요로 하는 것을 제공하는 것이 비즈니스의 기본이라는 것을 그 때 알게 되었고, 내 안에 잠재되어 있던 사업가적 기질을 군대에서 처음 발견했다. 돈을 벌기 위해서는 사업을 해야 되겠다는 것도 그 때 알게 되었다.

대학시절, 공부보다 열심히 했던 테니스가 나에게 이러한 기회를 가져다주리라고는 상상도 못했다. 공수부대에서의 경험이 미국에서 창업을 하고, 성공으로까지 이끌 수 있으리라고 누가 짐작이나 했겠는가?

인생지사 새옹지마

'인생지사 새옹지마'라는 말이 있듯이 삶은 정말 알 수 없는 것이다. 고등학교를 마치고 육군사관학교에 지원했다가 떨어졌을 때는 크게 절망했다. 그러나 군대생활을 하면서, 틀에 박힌 조직 생활이 나와는 잘 맞지 않음을 알았다. 만약 내가 주걱턱이 아니어서 육군사관학교에 합격했더라면 그 후 내 삶은 어땠을까? 가까스로 육군사관학교를 졸업할 수 있었다 하더라도, 결코 행복하지 않았을 것이다. 나는 늘 새로운 변화를 추구하고 도전하는 과정 속에서 행복을 느끼기 때문이다.

육사에 떨어지고, 공수부대에서의 군생활을 통해, 오히려 뜻밖의 발견을 할 수 있었다.

뜻밖의 어려움에 처하거나 예상치 못한 실패를 하더라도, 그것이 후에 어떤 기회가 될지 알 수 없다. 그러므로 그 상황에 좌절하고 실의에 빠지기보다, 새로운 기회를 모색하고 돌파구를 찾아나가야 한다. 그러면 전혀 예측하지 못한 뜻밖의 성공으로 이어질 수도 있다.

기회라는 것은 어디에나, 그리고 누구에게나 있을 수 있다. 그러나 그 기회를 자신의 것으로 만든 사람만이 결실을 얻을 수 있다.

아메리칸 드림을 이루다

군복무를 마치고 사회에 나왔지만, 막상 갈 곳이 없었다. 공부를 열심히 한 친구들은 연구소에 들어가거나 석·박사 과정을 마치고 교수가 되기도 했다. 1970년대까지만 해도 지금과 달리 대기업이 거의 없었고 일단 입사하게 되면 정년퇴직 때 까지 거의 평생을 한 직장에서 일하는 것이 보통이었다. 그러나 자유분방한 내 성격으로는 상사들의 눈치를 봐 가며 평생을 한 직장에서 보낼 엄두가 나지 않았다. 그렇다고 딱히 할 일을 찾을 수도 없어 막막하기만 했다.

당시에 첫째 누님이 미국인과 결혼을 해서, 부모님과 가족들이 모두 미국에서 살고 있었다.
'혹시 미국에 가면 기회가 있지 않을까?'

미국에 가면 언어는 물론이고 힘든 점이 한두 가지가 아니겠지만, 한국보다는 기회가 많을 것이라는 생각이 막연히 들었다.

미국행 비행기에 몸을 싣다

다행히 나는 어려서부터 영어 과목을 좋아했다. 아버지께서 옛날 분답지 않게 영어를 잘하셨기 때문이다. 그 당시만 해도 영어를 한다는 대부분의 사람들이 일본식 발음을 했는데, 그에 비해 아버지는 제대로 된 미국식 발음을 하셨다. 어쩌다 내가 촌스럽게 발음을 할라치면, 곧바로 미국식 발음으로 고쳐 주곤 하셨다.

중학교 영어 시간이었다.

"윤종아, 나와서 읽어 봐." 선생님께서 교단으로 불러 나에게 영어책을 읽게 하셨다. 나는 아버지께서 가르쳐 주신 발음으로 영어책을 읽었다. 그랬더니 친구들은 물론이고 선생님까지 놀라는 눈치였다. 그때만큼은 가난 때문에 주눅 들어 있던 기를 친구들 앞에서 펼 수 있었다. 그러다 보니 자연스레 영어 과목을 좋아하게 되었다.

미국으로 떠날 결심을 한 뒤부터는 영어 공부에 더욱 전념했다. 토플 공부도 하고, 영어가 귀에 들어올 때까지 AFKN 라디오를 반복해서 들었다.

여권을 만들고 미국 비자를 받기 위해 대사관을 찾아갔다. 외국에 한

청소년들의 멘토-**스티브 김** 아저씨의

번도 나가 본 적이 없었던 나에게는 모든 절차가 복잡하고 생소하게 느껴졌다. 창구에 있는 여직원에게 여권을 내밀자 쓱 훑어보더니 바닥에 내던지는 것이 아닌가! 놀라서 왜 그러느냐고 물었더니, 여권에 사인을 안 했기 때문이란다.

'아니, 이럴 수가? 사인이 좀 빠졌기로서니, 그럼 좀 친절히 가르쳐 주면 될 것을…… 사람 앞에서 여권을 바닥에 던지기까지야.

오직 잘 살아 보기 위한 비장한 각오를 품고 멀리 이국으로 떠나는 사람에게 어떻게 이럴 수 있는가!' 젊은 혈기대로라면 그 자리를 뒤엎어버리고 싶었다.

나는 어떻게 해서든지 미국에서 성공하고, 돈과 백이 없으면 설움 받는 이 나라에 다시는 돌아오지 않겠다고 다짐했다.

1976년, 드디어 미국으로 향하는 비행기에 몸을 실었다. 그때 내 나이 27살이었다.

이곳에서 과연, 무엇을 할 수 있을까?

미국 LA 공항에 도착하자 셋째 누님이 마중을 나와 있었다. 공항을 빠져나오자, 광활한 고속도로 위를 수많은 자동차들이 내달리고 있었다. 내가 떠나온 한국과는 다른 이국적인 풍경이 미국이라는 낯선 곳에 와 있음을 실감하게 했다.

'내가 과연 이 땅에서 무엇을 할 수 있을까?'

막상 미국 땅을 밟고 서니, 오기 전 기대와는 달리 막막함이 밀려들었다. 게다가 얼마 후면 한국을 떠나오기 직전에 결혼을 약속한 약혼녀도 곧 미국으로 건너올 예정이었다. 가정을 이루고 나면 가장으로서의 책임까지 따른다고 생각하니 부담은 몇 배나 더 커졌다.

처음 미국 생활은 부모님이 사시던 조그마한 아파트에 얹혀 지내는 것으로 시작했다. 일찍이 정착해서 잘 살고 있는 교포들을 볼 때면 '나는 언제나 저만큼 살 수 있을까?' 마냥 부럽기만 했다.

뭔가 할 일이 없을까 이곳저곳을 살피다가 처음 시작한 것이 야간에 빌딩을 청소하는 일이었다. 직장인들이 퇴근하고 난 텅 빈 사무실 바닥을 밤새 닦고 카펫을 청소했다. 막연하기는 했지만, 그래도 기대를 품고 이역만리까지 왔는데, 밑바닥 노동이라니……. 나도 모르게 설움이 밀려오곤 했다. 하지만 그것도 잠시, 시간 내에 일을 마치기 위해서는 바삐 몸을 움직여야 했다.

'처음부터 번듯한 일을 찾기는 쉽지 않을 터. 그래도 이국땅에서 뭔가 할 일이 있다는 게 어딘가? 힘이 들더라도 잘 견뎌보자.'는 생각으로 열심히 일했다.

하루하루를 힘겹게 일하면서 월급날이 되기만을 기다렸다. 그런데 막상 월급날이 되자, 한국인 사장은 수습기간이라며 월급을 주지 않았다. 같은 동포끼리 어떻게 이럴 수가 있냐며 항의했지만, 끝내 월급을 받지 못했다. 얼마나 억울하던지……. 낯선 미국 땅에서 어떻게든 살아 보려고 발버둥 쳤지만, 그럴수록 더 깊은 늪으로 빠져드는 느낌이었다. 이상은 컸지만, 현실은 냉혹했다.

하던 일을 그만두고 매형 친구의 소개로 자동차 부속품을 도매하는 곳에 취직했다. 큰 트럭으로 끊임없이 들어오는 자동차 부속품들을 내려서 선반에 정리하는 일이었다. 축구장만 한 커다란 창고 안에는 멕시코인과 흑인들이 한데 뒤섞여 있었고, 하루 종일 쉴 새 없이 움직여야만 했다.

처음으로 얻은 풀타임 직장이었지만, 하루 내내 힘들게 일하고 주어지는 임금은 시간당 3천 원에 불과했다. 주말에는 그나마 평일보다 1.5배의 임금을 받을 수 있어서 나는 주말도 마다하지 않고 쉴 틈 없이 일했다. 이렇게 힘들게 일해서 번 돈은 대부분 자동차 기름 값으로 나가고 정작 손에 쥘 수 있는 돈은 얼마 되지 않았다. 그래도 남의 나라에 와서 땀 흘려 돈을 벌 수 있다는 사실에 감사하며 열심히 일했지만 그렇다고 평생 노동하고 싶지는 않았다.

'어떻게 이 현실에서 벗어날 수 있을까? 목돈이 조금만 있다면, 무슨 장사라도 해서 돈을 벌어 볼 텐데…….' 그러나 그런 돈을 마련할 방법은 어디에도 없었다.

새로운 이름을 갖다

미국에서는 처음 사람을 만나면,

"안녕하세요? 내 이름은 '김윤종'입니다."라고 자기소개를 한다.

그리고 보통 때는 성보다 이름을 주로 부른다. 그런데 내 이름 '윤종'은 영어로 발음하기가 쉽지 않아서 나를 부를 때는 모두 '킴!', '킴!'하고 불렀다.

그들이 내 성을 이름처럼 부를 때면, 왠지 무시 받는 것 같은 느낌이 들어 불쾌했다. 아무래도 미국식 이름이 있어야 되겠다 싶어 새 이름을 고민하기 시작했다.

영화배우 '이소룡'의 '브루스 리'를 따라 '브루스'라는 이름을 지었더니 큰 누님이,

"애, 브루스란 이름은 좀 촌스럽지 않니?"

"응? 그래? 그럼 뭐 괜찮은 이름이 있어?"

"글쎄, 제임스는 너무 옛날 이름 같지? 성을 붙여서도 불러 봐야 해. 크리스 김? 스티브 김? 앤디 김? 애, 아무래도 스티브 김이 괜찮다. 어감도 나쁘지 않고 네 이미지랑 잘 어울려."

그렇게 나는 '스티브 김(Steve Kim)'이라는 새 이름을 갖게 됐다.

공부만이 살길이다

'공부해서 엔지니어가 되면 나도 남들만큼 살 수 있지 않을까?'

내가 노동에서 벗어날 수 있는 유일한 길이라곤 오직 공부밖에 없었다. 고민 끝에 집 근처에 있는 캘리포니아 야간 대학원에 입학했다.

청소년들의 멘토–스티브 김 아저씨의

졸업 후 엔지니어가 되어서 나도 남들만큼 살겠다는 희망을 품게 된 것이다.

이것이 내가 태어나서 처음으로 갖게 된 절실한 꿈이었다.

퇴근 후 곧바로 집에 가서 샤워를 하고, 저녁식사를 마치자마자 달려가야 간신히 수업시간에 맞출 수 있었다. 하루 종일 서서 일을 하다 강의실에 앉아 있으면 피가 몰려서 다리가 끊어질 것 같이 아파왔다.

'공부만이 노동에서 벗어날 수 있는 유일한 길'임을 알고 열심히 배우려 했지만 교수님의 강의는 하나도 알아들을 수가 없었다. 대학에 다닐 때 열심히 공부하지 않은 것이 얼마나 후회가 되던지……. 하루는 강의실 밖으로 나와 엉엉 소리 내어 울었다. 내 모습이 너무나 한심스러웠지만 어디에 대놓고 하소연할 수도 없었다.

하루하루를 그렇게 힘들게 보내던 어느 날, 수업 내용도 이해하지 못한 채 이대로 다니다가는 어쩌면 학교를 포기해야 할지도 모른다는 위기감이 들었다.

그날도 교수님의 강의를 도무지 이해할 수가 없었다. 그러나 수업에 방해를 줄 것 같고 창피를 당할 것만 같아서, 질문을 할 엄두가 나지 않았다. 내 오른손이 천근만근이나 되는 것처럼 무거웠다. 한참을 망설이고 고민하다 결국 용기를 내서 손을 들고 질문을 했다.

교수님은 내 걱정과 달리 매우 친절하게 설명해 주셨다. 해보지도 않고 괜한 걱정으로 주춤거렸던 것이다. 얼마나 속이 후련하고 시원하던지…….

그 후부터는 모르는 것이 있을 때마다 그냥 넘어가지 않고 손을 들어 질문했다. 그러다 보니 공부에 대한 재미가 점점 커지고 자신감이 붙기 시작했다.

돌이켜 보면, 그때만큼 공부가 잘 된 적은 없었다. 하루 종일 힘든 노동을 하고 나서도 이렇게 열심히 공부할 수 있었던 것은 그만큼 절박했기 때문이었다.

시간이 멈춘 것 같던 시절

일과 공부를 병행하느라 주말에도 쉴 엄두를 내지 못했다. 홍익대 도예과를 졸업하고 화분공장을 하는 둘째 매형의 공장에서 불량품 화분들을 얻어다가 주말에 열리는 벼룩시장에 내다 팔았다. 자리를 얻는 것도 쉽지 않아서 자동차 트렁크에 화분을 가득 싣고 이른 새벽부터 줄을 서야 했다. 그나마 운이 좋으면 자리를 얻었지만, 허탕치고 되돌아와야만 하는 날도 있었다. 밤낮없이, 주말도 마다하고 뛰어다녔지만 그에 비해 수입은 시원치 않았다.

공부에만 몰입해서 빨리 마치는 게 더 낫겠다는 생각으로, 학교에 찾아가 학자금 융자를 신청했으나 자격이 안 된다는 대답만 듣고 돌아와야 했다. 누나들이 어느 정도 기반을 잡고 있어서 도움을 청할까 하는 생각도 했지만 도저히 입이 떨어지지 않았다.

어느 날 우연히 누나 집에 들렀다가 다른 사람과 영어로 통화할 일이 있었다. 전화를 끊고 나자, 매형이

"아니, 처남이 영어를 그렇게 잘해? 왜 진작 말하지 않았어?" 하며, 깜짝 놀란 표정으로 나를 보았다. 내가 단순한 의사소통이나 하는 정도이겠거니 생각하다가, 제법 수준 있는 영어를 구사하는 것을 보고 놀랐던 모양이다.

그러더니 매형의 화분 공장에서 일하는 20여 명의 멕시코직원들을 관리해보라고 했다. 짐 나르는 노동보다 낫고, 시급도 4,500원으로 올려준다고 해서 매형 공장으로 옮겼다.

내게 주어진 책임을 다하기 위해 1년이 넘게 최선을 다했지만, 내가 일한 것에 대한 칭찬이나 보상이 충분하지 않았다. 내 책임과 노력에 대한 급여와 보상이 미흡하다고 생각되자 더 이상 동기부여가 되지 않았다. 친척이었기 때문에 섭섭한 마음이 더욱 컸는지도 모른다.

훗날 내가 창업을 했을 때 진심어린 인정과 보상으로 직원들에게 동기부여를 했던 것은 바로 이때의 섭섭했던 기억이 있었기 때문이다. 그래서 아주 작은 일에도 칭찬을 아끼지 않고 좀 더 나은 보상으로 성과를 인정해주었다.

매형 회사에서 일하는 것은 막노동을 면했을 뿐 기대만큼 행복하지 않았고 일을 해도 신이 나지 않았다.

그때 전자기기 장비를 만드는 크래토스(Kratos)라는 회사에서 전자통신

분야의 기술자를 구한다는 공고가 붙었다.

나는 바로 지원해서 테크니션(Technician)으로 입사했다. 이곳에서 시간당 6천 원을 받다가 얼마 뒤에는 '버로즈(Burroughs)'라는 대형 컴퓨터를 만드는 회사에 찾아가 테스트 엔지니어(Test engineer)로 일하면서, 시간당 8천 원을 벌기도 했다.

'디자인 엔지니어(Design engineer)'가 되는 것만이 남들만큼 살 수 있는 유일한 길이라 생각되었다. 그러기 위해서는 빨리 대학원을 마쳐야했으나, 생각만 급했지 공부만 할 수 있는 여건이 되지 않았다. 하는 수 없이 낮에는 일하고 밤에 공부하기를 계속했다.

이 시간이 내게 얼마나 길고 아득했는지…… 마치 긴 터널 속에 갇힌 채, 시간이 멈춘 것처럼 힘든 시절이었다.

엔지니어의 꿈을 이루다

처음 미국에 가서 월세 15만 원의 작고 초라한 아파트에 살면서, 일과 공부를 병행하느라 하루하루를 너무나 힘겹게 보냈다. 잠시 쉴 틈도 없이 온종일 노동을 하고, 대학원에 들렀다 집에 돌아오면, 그야말로 녹초가 되었다.

매일 저녁 천정을 올려다보며 '이 힘든 일상이 언제나 끝이 날까?' 수도 없이 물었다. 끝없는 절망감이 밀려올 때마다 큰 회사의 엔지니어가 되어 있는 미래의 내 모습을 상상하며 애써 마음을 다잡았다.

1980년, 힘든 대학원 과정을 모두 마치고 '리튼 데이터 시스템(Litton Data System)'이라는 회사에 입사했다. 끝을 가늠할 수 없는 긴 터널과도 같았던 시간을 빠져나와서, 드디어 엔지니어의 꿈을 이루었다. 그곳은 엔지니어만도 수백 명이나 되는 대기업이었다. 미국에 온지 3년 만에 어엿한 대기업 사원이 된 것이다. 그 때 내가 받은 초임이 시간당 1만 3천 원이었다.

이 회사에 취직한 후 은행 대출을 받아 3천만 원짜리 집을 마련했다. 맨손으로 미국에 왔지만, 어엿한 엔지니어가 되어 큰 회사에 취직하고, 낡고 작은 집에 월세로 살다가 내 힘으로 집을 장만하고 보니 정말 꿈만 같았다. 주말이면 잔디를 깎으며 집안 구석구석을 단장하고 수리했다. 미국 땅에서, 내 손으로 일일이 가꾸고 손질할 집을 마련했다는 것이, 나를 설레고 들뜨게 했다.

훗날 비벌리힐스에 대저택을 샀을 때도 이때 보다 더 기쁘지는 않았던 것 같다.

누구보다도 기뻐하신 분이 나의 부모님이셨다. 아들이 미국에 와서 고생하는 과정을 곁에서 모두 지켜보셨기 때문이다.

"윤종아, 장하다. 한국에서 온 지 몇 년 만에 미국 대기업에 취직하고 집까지 장만하다니, 정말 자랑스럽구나."

아버지는 한국에 있는 친구들한테까지 일일이 편지를 써서 자랑을 하셨다. 그런데 얼마 지나지 않아 아버지께서는 동맥경화로 인한 심장마

비로 세상을 떠나셨다.

제대로 뒷바라지를 못해 준 것에 대해 늘 마음아파 하시던 아버지셨는데…… . 훗날 내가 이룬 더 큰 성공을 보지 못하고 너무 일찍 하늘나라로 가셨다. 아버지를 생각하면 지금도 가슴이 아프다.

돈보다 소중한 존재감

내가 입사한 '리튼 데이터 시스템'이라는 회사는 500여 명의 엔지니어들이 모여 '군 방위 통제 시스템'을 만드는 곳이었다. 전쟁이 날 경우, 전체 군 병력의 상황을 파악하고 통제하는 시스템이라 규모가 컸다. 프로젝트 하나를 완성하기 위해서는 경험이 풍부한 엔지니어들 수백 명이 모여도 몇 년씩 걸려야 할 정도로, 복잡한 통신제품이었다.

내가 대학원에서 이 분야를 전공하긴 했지만, 회사에서 주어지는 업무는 처음부터 다시 배워야했다. 이제 막 공부를 마친 내게 크고 중요한 일을 맡기리라고는 기대하지 않았지만, 빨리 많은 것을 배워서 남들보다 더 잘하고 인정받고 싶었다.

그런데 워낙 조직이 크고 복잡하다보니, 내 생각과는 달리 모든 일이 매우 천천히 움직였다. 내게 맡긴 일을 빨리 해내라고 재촉하는 사람도 없었고 내가 하고 있는 일이 어떻게 기여하고 있는지 알 수 없었다. 배움의 열정을 채울 수가 없고, 하고 있는 일에 대해 명확한 의미 부여도 되지 않자, 차츰 불만이 쌓이기 시작했다.

그토록 원했던 대기업의 엔지니어가 되어서 남들만큼 벌고 행복하게 살기를 바랐다. 그러나 현실은 내 기대와 달랐고, 마치 커다란 기계의 부속품같이 느껴졌다. 시간이 갈수록 내 존재가 하찮게 느껴지면서 회사에 출근하고 싶은 의욕이 점차 사그라들었다. 속도 모르는 친지들은 미국에 온지 얼마 되지 않아 빨리 자리를 잡았다고 대견하게 여겼으나 나는 행복하지 않았다.

돈 보다도 중요한 것이 '존재감'이라는 것을 그때 처음으로 깨닫게 되었다.

'이것이 내가 바라던 아메리칸드림은 아니었는데…….'

실망감이 머릿속에서 떠나지 않았다. 그러다, '대기업이 아닌 작은 회사에 가면 할 일도 많고 그것을 통해 많이 배울 수 있지 않을까?'는 생각이 들었다.

'배움의 열정을 채우고 존재감을 높일 수 있는 곳으로 가자.'

내 인생의 터닝 포인트

1981년 여름, 대기업에 입사한 지 1년 반 만에 나는 중소기업으로의 이직을 결심하고 지역신문의 구인란을 뒤지기 시작했다. 그때 마침 '제품 개발을 책임질 엔지니어를 뽑습니다.'라는 작은 신문광고가 눈에 들어왔다.

과감하게 사표를 내고 '페일로 옵티컬 시스템(Phalo Optical System)'이라는 작은 중소기업으로 자리를 옮겼다. 이 회사는 전체 직원이 30여 명에 불과했고, 이전에 있었던 대기업과는 비교할 수 없을 정도로 작은 규모였다. 나 외에 다른 엔지니어는 한 사람밖에 없었고, 작은 규모의 공장도 함께 딸려 있어서 제품이 만들어지는 과정을 한눈에 볼 수 있었다.

나에게는 '광섬유 통신 시스템'을 개발할 책임이 주어졌다. 큰 회사에서 아주 작은 일을 하던 내게 작은 회사에서 큰일을 할 기회가 주어진 것이다. 그만큼 내가 감당해야할 책임도 커졌지만, 나는 오히려 흥분되고 즐거웠다.

그때는 마침 데이터 통신 장비가 구리선에서 광섬유로 바뀌는 패러다임의 전환기였다. 그 전환의 시기에, 나는 뜻하지 않게 핵심기술을 취급하는 기업에 들어가게 된 것이다.

미국의 기업들 중에는 규모가 워낙 커서 건물이 여러 곳으로 분산돼 있는 경우가 많다. 이렇게 떨어진 건물과 건물 사이에 용량이 큰 데이터를 주고받아야 하는 일이 많을 때 동선, 즉 구리선을 쓰면 보낼 수 있는 대역폭(Bandwidth)이 작아진다.

청소년들의 멘토-스티브 김 아저씨의

그뿐만 아니라 거리가 멀어지면 다시 증폭 과정을 거쳐야 하는 번거로움이 있다. 반면 광섬유는 증폭 없이 훨씬 많은 양의 데이터를 훨씬 멀리 보낼 수 있다는 장점이 있어, 새로운 통신 소재로 떠오르고 있었다.

중소기업에서만 배울 수 있는 것

제품 개발을 책임지는 엔지니어가 되고 나니 어깨가 무거울 수밖에 없었다. 한 번도 해본 적이 없는 일이라 '과연 내가 해낼 수 있을까?' 초조하고 긴장됐다. 하지만 그런 부담과 책임감이야말로 내가 그동안 간절히 바라던 것이었기에 하나부터 열까지 새로 배우면서 정말 의욕적으로 일했다.

약 1년 간 제품 개발에 몰두하고 나서 내가 개발한 제품이 마침내 출시되었다. 이것은 나에게 엄청남 성취감을 안겨주었다.

제품 개발이 끝이 나자 또 다른 제품을 개발하라는 책임이 주어졌다. 뿐만 아니라 제품 개발 외에 다른 일들을 배울 기회도 주어졌다.

"스티브, 중요한 고객사로부터 제품에 대한 A/S요청이 들어왔어요. 스티브가 직접 가주시면 훨씬 빨리 해결되지 않을까요?."

"스티브, 큰 계약 건이 있는데 나와 함께 클라이언트를 만나러 가주시겠어요? 제품에 대한 설명이라면, 제품을 실제로 개발한 스티브가 저보다 잘하겠지요?"

비행기를 타고 각지를 다니며 영업지원까지 하면서 나는 다른 세상을 보게 되었다.

'아, 영업이 이렇게 이루어지는구나!' 대기업에서는 접할 수 없었던 새로운 배움의 기회가 주어진 것이다.

일손이 부족한 작은 기업에서는 한 사람이 몇 가지 역할을 해야 하는 경우가 다반사다. 언젠가부터 사장은 내가 혹시 다른 곳으로 이직하지나 않을까? 내 눈치를 보며 이전보다 많은 관심을 기울였다.

그도 그럴 것이 1인 3역을 하는 내가 회사를 그만 두면 나를 대체할 사람을 찾기가 쉽지 않을 것이었기 때문이다.

대기업에서는 내가 '있으나마나 한 사람'이었는데, 이곳에서는 '없어서는 안 될 사람'이 되었음을 실감할 수 있었다. 돈을 많이 벌고 싶었던 나는 용기를 내서 "월급 좀 올려주세요!"라고 손을 내밀었다. 사장이 요구를 들어주지 않으면 어떡하나 염려도 했지만, 사장은 흔쾌히 내 청을 들어주었다. 6개월 후에 다시 한 번 손을 내밀었고 입사 후 2년 반 만에 월급이 배로 올랐다.

꿈도 꿀 수 없었던 쾌거였다.

프로가 되기를 꿈꾸는 이들에게

요즘 많은 청년들이 대기업이나 공무원 같은 안정적인 직업만을 선호

청소년들의 멘토-스티브 김 아저씨의

하는 경향이 있다. 그러나 힘든 공부를 마치고 막상 취직을 하게 되더라도, 그 안에서 배움을 통한 성장이 없으면 존재감을 갖기 어렵고 행복하지 않을 것이다.

나는 대기업보다는 성장의 기회가 많은 중소기업, 강소기업을 찾아가는 것이 바람직하다고 본다.

중소기업은 할 일이 많은 만큼 배울 것도 많고, 회사의 규모가 작기 때문에 전체가 어떻게 돌아가는지 볼 수 있는 안목도 생긴다. 그 안에서 크고 작은 책임을 맡으면서 더 빨리 성장할 수 있는 기회를 얼마든지 만들 수 있다.

직장은 단지 먹고 살기 위한 수단을 넘어 자신이 경험하고 배울 수 있는 기회의 터전이라고 생각하는 것이 중요하다. 일을 통한 배움이 있어야 행복할 수 있고, 그 일을 즐기다 보면 성공도 자연히 따라온다고 믿어야 한다.

취직하고자 하는 사람들 중 대부분은, 처음부터 많은 월급과 풍족한 복리후생이 주어지길 바란다. 그러나 회사 입장에서는 아무 경험도 없는 사회 초년생들이 배워가는 과정임에도 불구하고, 월급을 주면서 일할 기회를 주는 것이다. 학교에서 아무리 많이 배웠어도, 현장에서 새로 익혀야 할 것들이 많다. 직무에 맞게 제 역할을 해내기까지는 상당한 시간이 걸린다.

마음먹기에 따라 늘 불평하면서 일을 할 수도 있고 감사하는 마음으로 일할 수도 있다.

자신의 몸값을 스스로 매기는 사람을 '프로'라고 한다. 프로가 되기 위해서는 어느 곳이든 '그곳에서 없어서는 안 될 사람'이 되어야 한다.

창업에 대한 꿈을 꾸게 되다

중소기업에서 일하면서, 제품개발은 물론 A/S도 도맡아하다시피 했다. 영업부서를 지원하면서 우리 회사의 중요 고객사인 '록히드(Lockheed)항공사'와 'NASA(미 우주항공국)'등의 대기업 관계자들을 만나며, 인적 네트워킹을 넓힐 수도 있었다.
제품개발과 생산뿐만 아니라 회사의 모든 관리 · 운영 시스템이 한눈에 들어왔다.

만일 내가 대기업에서 일했더라면, 기업이 어떻게 구성되는지 이해할 기회가 주어지지 않았을 것이고, 설사 신제품에 대한 아이디어가 있었다 하더라도, 이러한 전반적인 이해 없이는 감히 창업을 하겠다는 엄두를 내지 못했을 것이다.
창업은 해당 산업은 물론, 기업 환경 전체에 대한 충분한 정보 없이, 아이디어와 의욕만 가지고는 성공할 수 없다. 그래서 그 분야에서 실제로 일해보고, 경험 속에서 기회를 찾아야만 한다.

내가 창업을 꿈꿀 수 있었던 것도 이직한 회사가 때 마침 패러다임의 전환기를 주도하는 회사였기에 가능했다. 만약 다른 중소기업으로 이직을 했더라면 배움의 기회는 주어졌을지언정 창업에까지 이르기는 어려웠을 것이다.

그 때는 몰랐지만 이것이 내 인생의 가장 큰 전환점이 되었다.

가장 적절한 때에, 가장 중요한 곳(at the right timing, at the right place)에 있게 된 것이 내게는 천운이었다.

경복중학교 재학시절

부모님의 신혼시절

어머님 칠순 생신 때

청소년들의 멘토-**스티브 김** 아저씨의

Chapter 2

'희망'

더 나은 삶을 향한 끝없는 도전

배움에 대한 열정은, 대기업에서 중소기업으로 이직한 후에도 주어진 일에만 몰두하는 것에서 그치지 않았다. 경쟁사들의 제품과 향후 시장변화에 대해 호기심을 갖고 주시하다, 고객이 비용을 절감할 수 있는 아이디어가 떠올라 창업해보고 싶은 충동이 일었다.

그러나 의욕만 앞섰지, 어떻게 투자자들을 찾고 기업을 키워 갈지에 대해서는 아무 계획도 없이 시작한, 참으로 무모한 창업이었다.

그러나 전장과 같은 기업현장에서, 오직 '실패해서는 안 되겠다.'는 위기의식으로, 15년 60분기 동안 매 분기 목표를 달성했고, 두 번의 창업을 성공으로 이끌었다.

첫 타석에서 홈런을 치다

중소기업으로 이직한 후, 내게 주어진 제품 개발업무에만 몰두했어도 될 텐데, 경쟁회사들이 만드는 제품까지 궁금하게 여겼다. 남들과 달리 호기심이 많아서 각 제품이 어디에, 어떻게 쓰이는지 알고 싶었다.

그래서 다른 회사들의 스펙을 구해서 우리 제품과 어떻게 다른지 비교도 해보고, 여러 제품들의 사양을 꼼꼼히 살펴보았다. 그리고 향후 고객들이 필요로 하는 제품이 어떤 것들일지 추측해보기도 했다.

내가 사장이었다면 연구개발과 영업담당자 등을 모아 놓고, 고객들의 향후 니즈를 파악하는 일부터 시작했을 것이다. 사장이라면 항상 신제품 개발을 미리 계획하고 그에 따른 많은 준비와 결정들을 해야 하는 것이 당연하기 때문이다.

청소년들의 멘토-**스티브 김** 아저씨의

그러나 고용사장으로 있던 딕 배스(Dick Bass)는 내가 책임연구원임에
도 불구하고 신제품 개발에 대한 내 생각을 묻거나 의논하지 않았다.
사장뿐만 아니라 회사 내의 여러 부서에서 일어나는 일들을 보면서 '나
라면 그렇게 하지 않을 텐데!'하는 생각을 자주하게 되었다.

2년 여 기간에 걸쳐 제품 개발과 현장 영업지원을 하면서 광섬유 통신
분야의 산업 전체를 볼 수 있는 안목이 생겼다. 그리고 개발, 생산, 영
업, A/S, 재무관리 등 여러 부서들이 한 지붕아래 모여 있어서, 이들이
서로 어떻게 맞물려 돌아가는지 어렴풋하게나마 이해할 수 있었다.

그러자 나도 회사를 경영해볼 수 있겠다는 막연한 자신감이 생겼다.

무모한 도전

누가 시킨 것도 아닌데, 향후 고객이 필요로 하는 제품은 어떤 것일까
고민하던 중, 고객의 비용을 절감할 수 있는 기발한 아이디어가 떠올랐
다. 나는 곧 신제품에 대한 아이디어를 구체화하기 시작했다. 경쟁사와
차별화할 수 있고, 고객이 큰 비용을 절감할 수 있는 제품에 대한 확신
이 들자, 회사를 직접 창업해보고 싶은 충동이 일었다.

그 당시만 해도 창업이 흔치 않았을 때라 겁도 났지만, 해보지 않고서
는 평생 후회할 것 같았다. 충동을 절제할 수가 없어 가까운 친구에게
내 고민을 털어놓았다.

"그동안 경쟁사들의 스펙도 구해서 분석해봤는데, 기존의 제품보다 훨씬 더 많은 양의 데이터를 한 번에 보낼 수 있는 제품을 만들 수 있을 것 같아. 그렇게 되면 고객들이 많은 비용을 절감할 수 있게 돼."

"그래? 스티브가 한다면 분명 성공할 수 있을 거야. 한번 해봐. 나도 기꺼이 도와줄게."

그의 이야기를 듣고 나니 잘할 수 있을 것 같은 용기가 생겼고 더더욱 하고 싶어졌다.

시제품을 만들어서 투자자들에게 보여주면, 자본을 쉽게 유치할 수 있을 것이라 막연히 생각했다. 친분이 있던 엔지니어 세 명이 나를 믿고 각각 3천만 원씩 투자했고, 여기에 내가 천만 원을 더해서 총 1억 원으로 차고에 들어갔다.

내 사업에 투자한 친구 집의 차고에 사무실을 차렸다. 살림이라곤 직접 조립한 테이블 두 개가 전부였지만, 조명등부터 달고 전화를 연결했다. 함께 투자한 동료들은 다들 직장에 다니고 있어서, 퇴근한 후에야 차고 사무실에 들러 잠시 일을 도와주는 정도였고, 하나에서 열까지 나 혼자 다 챙겨야 했다.

1억 원은 당시 어지간한 기업임원의 1년 연봉에 불과할 정도로, 큰돈이 아니었다. 그 돈으로 시제품을 만들기에는 턱없이 부족했고, 제품 개발에 필요한 최소한의 장비를 갖추는데 그쳤다.

내가 다른 일을 못하고 제품 개발에 전념하는 동안, 우리 가족에게 필요한 생활비도 문제였다. 집을 구입할 때 빌린 은행 대출금도 내야 했고, 자동차 할부금도 아직 남아 있었다. 최소한의 생활비만 내 급여로 충당하고, 나머지는 모두 제품 개발에 털어 넣어야 했다.

제품 개발을 본격화하기 시작하면서부터는, 나 혼자 열 몫을 해도 손이 모자랄 만큼 일이 많아졌다. 신제품에 대한 스펙에 맞게 설계를 하고, 설계가 끝난 후엔 프로토타입(Prototype)을 만들었다.

작은 부품들을 구입해 그것들을 하나하나 가는 선(Wire)으로 연결하고 테스트와 수정작업을 반복했다. 테스트가 끝나면 회로기판을 만들기 위한 사전작업도 내가 직접 해야 했다. 외부에 맡기면 더 큰 비용이 들어가기 때문에, 모르는 것은 처음부터 배워 가면서 일일이 내 손으로 만들었다.

밥 먹고 잠자는 시간 외에는 오로지 일만 했다. 그러나 나는 힘든 줄도 몰랐고, 하루 24시간이 짧기만 했다. '이 제품에 내 미래가 걸려 있다.'고 생각하면 힘이 절로 났다.

차고 사무실에서 1년간 혼신을 다한 끝에, 시장에 내보여도 부끄럽지 않을 제품을 만들어 냈다. 마침내 해낸 것이다.

그러나 의욕만 앞섰지, 후에 어떻게 투자자들을 찾고 기업을 키워 갈지에 대한 아무 계획도 없이 시작한, 참으로 무모한 창업이었다.

또다시 찾아 온 위기

처음 차고에 들어갈 때는 시제품만 만들어지면 투자자를 모으는 것은 어렵지 않으리라 생각했다. 그러나 막상 투자를 유치하려고 하니 어디서 어떻게 투자자를 찾아야 할지 막막했다. 처음 친구들과 함께 모았던 1억 원은 제품 개발하느라 이미 바닥난 상태였고 빨리 자금을 유치하지 못하면 그동안의 노력은 모두 물거품이 될 판이었다. 그렇게 되면, 나는 다시 취직을 해야 할지도 모르는 절박한 상황이었다.

1980년대 중반만 해도 아직 IT산업이 활성화되지 않은 시기였다. 창업에 대한 개념도 별로 없었고, 벤처자금을 대주는 창업투자회사 (Venture Capitalist)도 많지 않았다.

벤처 자본을 유치하기 위해서는 사업계획서가 필요했다. 그러나 나는 사업계획서를 본 적도 없고, 어떻게 작성하는지조차도 몰랐다. 사업계획서 작성을 도와 줄 경험 있는 미국 사람이 필요했지만 나에게는 이런 도움을 줄만한 사람이 없었다.

그때 떠오른 인물이 내가 전에 다니던 회사의 고용사장이었던 딕 배스(Dick Bass)였다. 나는 그에게 현재 상황을 설명하고 도움을 요청했다. 그는 내가 직장을 그만두고 다른 회사에서 일하고 있는 줄로 알고 있다가 지난 1년간의 내 이야기를 듣더니, 매우 놀라는 표정이었다.

그에게 내가 만든 시제품을 보여 주며 앞으로의 가능성에 대해 설명

청소년들의 멘토-스티브 김 아저씨의

했다. 딕은 매우 진지한 태도로 내 이야기를 들어주었고, 그 자리에서 나는 파격적인 제안을 했다.

"딕, 회사 지분의 15%를 줄게요. 영업과 마케팅을 맡아 줘요."

나의 제안에 딕은 잠시 망설이다 "좋아요, 스티브. 한번 해봅시다. 충분히 승산이 있을 것 같아요." 하며 내게 악수를 청했다. 이렇게 해서 딕은 우리 회사의 부사장이 되었고, 나는 함께 일할 미국 파트너를 얻게 되었다.

너무 귀한 자본금 3억 원

딕이 오면서 우리 사업은 활기를 띠기 시작했다. 딕으로부터, 대기업인 GTE에서 CFO(재무담당 이사)로 일하다 퇴직한 폴 호프를 소개받았다. 사업계획서를 만들어 본 경험이 있던 폴은, 외모부터 말투까지 냉정하고 빈틈이 없었다.

처음 만난 자리에서 그가 나를 아래위로 훑어보는 것을 느낄 수 있었다. '의욕만 가득 찬 젊은 동양인이, 아무 경험도 없이 무슨 큰 사업을 할 수 있겠나?'하고 얕잡아 보는 것 같았다.

나는 그런 폴에게 우리 사업의 가능성에 대해 한참을 설명했다. 설득에 설득을 거듭한 끝에 결국 폴이 투자하기로 결정했다. 적은 자본으로 1년 동안 차고에서 씨름하면서 혼자 시제품을 만들어 냈다는 사실이 폴을 감동시킨 것이다. 그때의 결정이 훗날 자신을 엄청난 부자로 만들어

줄 것이라고는 폴 자신도 상상하지 못했을 것이다.

그 이후에 폴의 소개로 여러 명의 소액 투자자들을 만났다. 새로운 사람들을 만날 때마다 나는 우리 사업의 성공 가능성에 대해 열정적으로 설명했다. 입이 닳도록 설득해서 그들이 투자하겠다고 결정을 하면 자기들 주위에서 투자할만한 다른 친구들을 소개해 주었다. 나는 한 사람이라도 더 만나서 투자를 유치할 생각으로 발이 부르트도록 뛰어다녔다. 그야말로 피가 마르는 두 달을 보내고 마침내 30명의 투자자들로부터 3억 원의 자본금을 모았다.

남에게서 돈을 모으는 것이 얼마나 힘이 드는 일인지 그때 절실히 깨달았다. 그리고 '다시는 남에게 손 벌리지 않고, 어떻게 해서든지 힘들게 모은 돈 3억 원으로 성공하리라.' 다짐하고 또 다짐했다.

CEO도 하나의 직원

내가 처음 창업한 회사 파이버먹스(Fibermux)가 이렇게 시작되었다. 투자자들 중 3명은 투자를 결정하기에 앞서, 회사의 이사로 선임해줄 것을 조건으로 제시했다. 나는 그 때까지만 해도 회사의 모든 중대사가 이사회를 통해서 결정된다는 사실을 모르고 있었다.

사장의 임기며 연봉까지도 모두 이사회에서 결정되고, 비록 사장이라 하더라도 성과를 내지 못하면 언제든지 쫓겨날 수 있었다. 회사를 창업한 나도 이사들 중의 한 명에 불과했고 회사의 주인은 사장인 내가 아니라 주주들이라는 사실을 깨달았다.

당시 투자자로 참여했던 폴 호프(Paul Hoff), 트루드 테일러(Trude Taylor), 딕 트룹(Dick Troop)이 우리 회사의 이사로 들어왔다. 사외이사가 된 폴은 이사회에서도 특유의 깐깐한 태도로 매사를 못마땅하게 여겼다. 대기업에서 CFO까지 했던 사람이고 보니, 자기 눈에는 내가 경영자로서 미덥지 않았던 모양이다. 하물며 내 어눌한 말투와 세련되지 못한 모습까지도 답답해하는 눈치였다.

이사회에 몇 번 참석하면서 나는 점점 위기의식을 느꼈다.

'자칫 잘못 하다가는 내가 창업한 회사에서 쫓겨나겠구나! 어떻게 창업한 회사인데……. 이사들에게 밀려서 그만둘 수는 없지 않은가? 내가 능력 있는 CEO로 인정받기 위해서는 실적으로 보여 주는 수밖에 없다.'

미국 기업은 오직 성과로만 통하는 곳이다. 실적이 기대에 미치지 못하면 CEO라고 하더라도 가차 없이 자리에서 물러나야 한다. 결국 쫓겨나지 않기 위해서는 반드시 실적으로 보여 주어야만 했다.

또 한 번의 위기를 실감했고, 나도 해낼 수 있다는 것을 그들에게 입증해야만 했다. 그들이 아직 나를 믿지 못하고 내 능력을 의심할 수도 있지만, 반드시 나의 능력을 증명해 보이겠다고 다짐했다. 이제 내게 주어진 목표는 오직 이익을 내고 회사를 키우는 것이었다. 매 분기별 목표를 세우고, 어떻게 해서든 목표를 달성해야 했다. 이것을 해내지 못하면 나에게는 미래가 없다고 여겨질 만큼 절박했다.

첫 타석에서 홈런을 치다

투자유치를 마친 후, 150평정도 되는 창고 같은 건물로 사무실을 옮기고 개발과 생산, 회계를 담당할 직원 7~8명을 채용했다. 그러나 영업을 맡아 줄 직원을 미처 구하지 못해서, 내가 직접 영업에 나서야만 했다. 우선 예전 직장에서 알게 된 NASA의 구매 담당자를 찾아가 우리 제품을 보여 주었다.

"프랭크(Frank), 이전에 비해 훨씬 많은 양의 데이터를 전송할 수 있어서, 비용을 크게 절감할 수 있는 획기적인 제품이에요."

"어떻게 그럴 수 있죠?"

"데이터를 전송하는 데 필요한 여덟 줄의 광섬유를 하나로 줄였기 때문이에요."

"그래요? 테스트 해 볼 테니 장비를 두고 가세요."

그로부터 2주쯤 지났을까? NASA 담당자로부터 10대의 주문서가 들어왔다. 첫 발주 금액이 무려 1억 원이었다.

"와우! NASA에서 우리 제품을 주문한 것이 사실이야? 드디어 해냈구나!"

나 혼자서 창고에 틀어박혀 고안하고 만들어 낸 제품을 NASA에서 쓰겠다니……. 꿈이 현실로 다가온 것이 믿어지지가 않았다. 무엇보다도 우리 제품의 경쟁력이 시장에서 입증되었다는 사실에, 회사는 완전히 축제 분위기로 휩싸였다.

청소년들의 멘토-**스티브 김** 아저씨의

그동안의 모든 수고가 영화처럼 스쳐감과 동시에 무어라 형언할 수 없는 짜릿함이 밀려왔다. 그야말로 첫 타석에서 홈런을 친 셈이었다.

NASA에서 주문 받은 제품은 부가가치가 매우 높아서, 1억 원의 매출로 9천만 원의 영업 이익이 생겼다. 대부분의 회사들은 손익 분기점을 맞추는 데만 해도 몇 년씩 걸린다.

그런데 나는 아주 적은 자본으로 회사를 시작해서 처음부터 흑자를 내기 시작한 것이다. 이런 회사는 미국의 벤처 역사상 유례를 찾아볼 수 없을 정도로 드문 일이다. 지금 생각해도, 정말 기적과 같은 일이었다.

고객을 찾아가는 CEO

NASA에서 주문을 따냈다는 소문이 돌자, 우리 제품에 대한 고객들의 신뢰는 당연히 높아질 수밖에 없었다. NASA에서의 성공적 영업을 시작으로 나는 쉬지 않고 고객을 찾아다녔다.

한번은 미국 동부에 있는 '그루만 데이터 시스템(Grumann Data System)'이라는 큰 항공기 회사의 구매 담당자 래리(Larry)를 찾아가 우리 제품을 소개했다. 그러나 그 회사는 이미 경쟁사의 제품을 쓰고 있었으므로, 거래처를 바꾸기는 쉽지 않았다. 그로부터 얼마 후 래리로부터 뜻밖의 전화를 받았다.

"어쩐 일이세요?"

"스티브, 우리가 구입해서 쓰고 있는 제품이 작동을 안 해요. 파이버믹스 제품이 아니고, 경쟁사에서 구입한 것이라……"

"그래요?"

'제품에 문제가 생겼으면 당연히 구입한 회사로 연락을 해야지 왜 나한테 연락을 했을까?' 의아하게 생각하며 듣고 있는데, 래리가 계속해서 말을 이어나갔다.

"실은 납품한 회사에서 사람이 왔다 갔는데, 원인을 찾아내질 못했어요. 자기들이 생산해서 판 제품에 고장이 생겼는데 못 고친다는 게 말이 됩니까?"

"제가 어떻게 도와드리면 좋겠어요?"

그러자 래리는 기다렸다는 듯이,

"정말 미안해요. 파이버믹스 제품도 아닌데, 우리가 사정이 급해서 그래요. 와서 좀 도와줄 수 없겠어요?"

"알았습니다. 제가 곧 그리 가도록 하죠."

"스티브, 당신이 직접 오다니요? 엔지니어를 보내 주는 것 만으로도 고마운 걸요."

"래리, 사안이 급박하고 중대한 모양이니 제가 직접 가겠습니다."

전화를 받자마자 5시간 동안 비행기를 타고 동부로 날아갔다. 회사에 도착하자마자 문제를 파악하기 시작해서, 몇 시간 만에 원인을 찾아냈다. 래리는 몇 번이고 내게 감사하다는 인사를 했다. 그 일이 있고 난 얼마 후부터 그루만은 우리 회사의 큰 고객이 되었다.

고객으로부터 지혜를 얻다

그루만 뿐만 아니라 다른 큰 거래처들도 내가 일일이 쫓아다니며 세일즈를 했다. 뉴멕시코에 있는 '샌디아 내셔널 랩(Sandia National Lab)'이라는 회사는 핵폭탄을 개발하는 거대 기업이었다. 그 회사에서 구매를 책임지고 있던 피터(Peter)는 아주 명석한 엔지니어로, 나에게 매우 호의적이고 친절했다. 나는 기회가 될 때마다 그 친구를 찾아가서, 향후 어떠한 제품을 개발하면 될지, 고객들이 필요로 하는 것은 무엇인지 물어보았다. 그와의 대화를 통해 미래를 내다보는 안목을 키울 수 있었고, 기존의 통신방식과는 다른 획기적인 제품도 개발할 수 있게 되었다. 그것이 바로 '매그넘(Magnum)'이라는 제품이었다.

내가 창업할 때만 해도 광섬유 통신 분야에서 경쟁하는 회사가 5-6개나 되었고, 그 회사들은 우리보다 훨씬 앞서 출발한 회사였다. 그러나 우리는 매그넘이라는 제품을 출시한 것을 계기로, 창업 2년 만에 그 회사들을 앞지를 수 있었다.

나는 고객들을 직접 만나면서 니즈를 파악하고, 우리 회사에서 제공하는 서비스가 어떤지 묻는 것을 게을리 하지 않았다. 그들의 니즈를 파악하고 불평이나 불만에 귀를 기울여, 제품의 품질과 서비스에 대한 만족도를 높이지 않고는 결코 성공할 수 없으리라 생각했기 때문이다.

내 사전에는 '적당히'라는 말이 없다

회사를 경영하기 위해서는 분기별 목표를 반드시 세워야 한다. 그리고 정해진 목표를 그 분기 안에 얼마나 달성했는지에 따라 CEO의 능력도 평가된다. 한 분기 90일 중 40~50일이 지날 때쯤이면 해당 분기의 목표 도달 여부를 어느 정도 예측할 수 있다. 이 때 만약 목표에 못 미칠 듯싶으면, 나는 평소보다 더욱 바쁘게 현장을 뛰어다녔다.

거래처의 목소리를 직접 듣고, 아무리 사소한 것이라도 바로 해결하기 위해서 그 즉시 긴급회의를 소집했다. 최선책이 나올 때까지 직원들과 열띤 토론을 하고, 토론으로만 그치는 것이 아니라 실제 결과로 나타나도록 업무를 구체적으로 분담했다. 그리고 매 단계마다 하나하나 확인해 가며 일들을 챙겼다.

구조적인 문제라면 조직의 구조를 바꾸었고, 제품에 결함이 있어서 생긴 문제는 즉시 관계자들을 모아서 하자를 개선해 나갔다. 모든 구체적인 일을 내가 직접 지휘하고 이끌었다. 사소한 것들 까지도 사장인 내가 일일이 챙기는 것을 불편해하는 직원들도 있었을 테지만, 그렇다고 해서 다른 사람들에게만 맡겨 놓고 안심할 수가 없었다. 일이 계획대로 진행되는지 모든 상황을 내 눈으로 직접 확인해야만 했다. 나도 사람인지라 몸은 늘 피곤하고 스트레스도 많이 쌓였다. 그러나 실패하지 않기 위해서는 계속 달려가야만 했다.

누군가 나의 성공 비결을 묻는다면 "내 사전에는 '적당히' 라는 말이 없었다."라고 대답할 것이다.

예상치 못한 복병

파이버먹스가 창업 초기부터 이익을 냈음에도 불구하고 회사를 경영하는 데는 예측하지 못한 많은 어려움들이 있었다.

창업 후, 두 번째 직장이었던 페일로에서 영업지원을 하며 알고 지냈던 고객들을 대상으로 영업을 했다. 그들에게 파이버먹스 제품의 장점을 설명하고 영업한 것을 들어, 페일로에서는 자기네 기술과 고객정보를 빼간 것으로 나를 고소했다.

독자적인 연구로 신제품을 개발한 나로서는 터무니없는 일이었다. 이 문제로 나는 거의 패닉 상태에 빠졌지만, 다행히 유능한 변호사 딕 트룹의 도움으로 누명을 벗게 되었다.

파트너와의 불화도 큰 어려움 중의 하나였다. 창업을 하기 위해 차고로 들어갈 때 처음 1억 원을 투자한 세 명은 모두 우리 교포였다. 차고 시절까지만 해도 모두가 한마음 한뜻으로 일했었다. 그러다 딕 배스가 들어오고, 내가 딕과 함께 보내는 시간이 많아지자 이를 언짢아하기 시작했다.

한번은 회사의 회계와 비서 역할을 겸할 여직원을 채용했는데, 자신들과 상의하지 않았다고 불쾌감을 드러냈다. 그러나 매일 수많은 일을 처리하고 그때그때 결정을 내려야 할 CEO가, 사소한 일까지 매번 파트너들과 의논한 후에 결정을 내려야 한다면 일을 효율적으로 할 수가 없지 않은가? 나는 그들과 앞으로 어떻게 일해야 할지 걱정이 태산 같았다.

때마침 서미트 벤처(Summit Venture)라는 창업투자회사에서 우리 회사에 15억 원을 투자하고 싶다는 연락이 왔다. 이것이 기회다 싶어, 파트너들에게 제안했다.

"그동안 여러분이 원하는 대로 해주지 못해 늘 마음에 걸렸습니다. 이번 기회에 지분을 매각하는 게 어떻겠습니까? 지금 매각하면 5배의 투자수익을 낼 수 있습니다."

그러자 그들은 투자한 지 2년도 채 되지 않아서 큰 수익을 남긴 것에 만족하고, 지분을 넘겼다. 이로써 불편한 관계를 잘 정리할 수 있었다. 그들 모두 투자자로서의 역할은 컸지만 업무에 있어서 정확한 선을 긋지 않고 무조건 경영에 참여시킬 수는 없었다.

나는 서로에 대한 믿음과 명확한 역할분담이 없는 파트너십은 오래가기 어렵다는 것을 그때 뼈저리게 깨달았다.

헤어짐은 만남보다 어렵다

인재 영입과 관련해서도 많은 어려움을 겪었다. R&D(연구개발) 총책임자로 영입한 존 선은 첫 번째 직장이었던 리튼 데이터 시스템에 근무할 때 나의 상사였다. 존은 엔지니어로서는 탁월한 재능을 지니고 있었다. 그러나 리더로서의 역량이 부족하여 엔지니어들과 자주 마찰을 일으켜서 어쩔 수 없이 그를 내보내야 했다.

얼마 후, 그의 후임으로 들어온 얼(Earl)이라는 사람도 문제가 많았다. 일을 열심히 하지 않았고 계획대로 결과를 내지 못했다. 한번은 일요일 아침에 급한 문제로 전화를 했더니, 휴일 아침 일찍 전화했다고 불평하면서 나를 무척 당혹하게 만들었다. 결국 그도 내보낼 수밖에 없었다.

창업 동지인 딕 배스를 해고시킨 것은 나에게 가장 뼈아픈 결정이었다. 딕은 내가 차고에서 1년 동안 시제품을 개발하고 창업을 준비할 당시 사업계획서를 만들고 투자자를 끌어오는 데 결정적인 역할을 했다.

파이버 먹스가 본격 가동되면서 나는 딕에게 영업담당 부사장을 맡겼다. 그런데 유순한 성품 탓인지 영업담당 부사장임에도 불구하고 새로운 분야와 시장을 개척하는 일에 있어서, 내가 기대한 만큼의 열정을 쏟지 못했다. 그러나 우리와 같이 기술에 기반을 둔 기업들은, 끊임없이 새로운 시장을 개척해야만 한다. 우리가 이미 선점한 시장이라 하더라도, 언제든지 새로운 경쟁자가 생기고 다른 기업들이 합류할 가능성이 크기 때문이다.

나는 적극적으로 일하지 않고 수동적인 그의 태도에 점차 불만이 쌓여 갔다. 출장을 갈 때는 가기 전에 그 목적을 밝히고, 다녀와서는 그에 관하여 보고하는 것이 당연한데도 딕은 번번이 이를 기피하곤 했다. 언젠가 이탈리아 시장 개척을 위해 2주일간 출장을 다녀왔을 때도 마찬가지였다.

우리에게 이탈리아는 영국, 독일, 프랑스 다음으로 중요한 시장이었으므로 나는 출장 결과가 무척 궁금했다. 이제나 저제나 그가 와서 보고해주기를 기다렸는데 아무 얘기가 없었다. 나는 참다못해 딕을 불러서 물었다.

"딕, 이탈리아에는 잘 다녀왔어요?"

"네, 잘 다녀왔어요."

"결과는 어땠어요?"

"자세한 건 나중에 따로 이야기해 줄게요."

하지만 그 후로도 아무 얘기가 없었다. 나는 딕에게만 맡겨 두었다가는 큰 시장을 놓칠 수도 있겠다 싶어서 직접 이탈리아로 달려갔다. 가서 보니 딕이 다녀간 흔적을 찾을 수가 없었다.

나는 너무 당황스러웠고 화가 났다. '어떻게 이럴 수가 있을까?' 나는 더 이상 딕을 신뢰할 수 없었다. 그리고 그때부터 딕에 대한 고민이 시작되었다.

딕은 내가 믿고 의지했던 유일한 미국인이었고 그 역시 내게 큰 도움

청소년들의 멘토-**스티브 김** 아저씨의

을 주었다. 특히나 창업 초기에 딕이 없었더라면 매우 힘들었을 것이다. 그런 사람에게 회사를 떠나라고 말하자니 차마 입이 떨어지지 않았다. 며칠을 밤잠을 설치며 고민하다 결국 이사들을 만나서 조언을 구했다. 그러자 이사들은 회사의 장래를 위해서 딕을 내보내는 것이 좋겠다는 결론을 내렸다.

회사는 내 개인의 것이 아니라 주주들의 것이고, 그 성패에 많은 직원들과 그 가족들의 생계가 달려 있다. 아무리 경영자라고 해도, 회사의 성장에 적합하지 않은 사람을 인정에 이끌려 품고 갈 수는 없었다.

어쩔 수 없는 선택이었지만 딕 배스와의 이별은 지금까지도 내게 큰 아픔으로 남아 있다.

행운은 준비된 사람에게만 미소 짓는다

파이버먹스를 경영하면서 겪은 어려움은 이루 말로 다할 수 없다. 그때까지 사람을 채용해 본 적도 없었고 조직을 키워 본 경험도 없었다. 그렇다고 미래에 대한 구체적인 비전이 있었던 것도 아니었다. 광섬유를 쓰는 통신시장은 크지 않았고, 그 시장의 성장도 미미했다. 그런 가운데서 매 분기마다 성장을 끌어냈으니 얼마나 고군분투했겠는가?

1991년, 우리 회사는 연간 500억 원의 매출을 올리고 평균 순익은 100억 원에 달했다. 맨손으로 시작한 기업이 창업 6년 만에 이 정도로 성장한 것이다. 투자자들에게 이익을 돌려주기 위해서는 회사를 매각하거나 공개시장 나스닥에 상장해야 한다. 파이버먹스도 매각이냐, 나스닥 진출이냐를 놓고 선택해야 할 기로에 놓였다.

적임자를 찾아서 회사를 매각할 수 있으면 좋으련만, 쉬운 일은 아니었다. 회사를 팔려고 한다는 사실이 알려지면 경쟁 회사들이 그 사실을 역으로 이용할 수도 있기 때문이었다.

또 다른 선택으로, 나스닥에 상장하기 위해서는 갖추어야 할 조건이 많다. 일단 기업이 어느 정도 규모를 갖춰야 하고 최근 몇 년간 꾸준히 이익을 낸 기업실적자료(Track-record)가 필요하다. 특히 앞으로의 성장 가능성을 증명할 수 있어야 한다.

파이버먹스는 그동안 힘이 들기는 했어도 꾸준히 성장을 해왔다. 그러나 그로 인해 매출 규모가 이미 커져 버린 회사를 계속해서 성장시킬 생각을 하니 자신이 없었다. 이대로 나스닥에 나갔다가 성장률이 투자자의 기대 수준에 미치지 못하기라도 하면 주식은 폭락하고, 그로 인해 많은 주주들이 피해를 입게 된다.

1990년대 초반에는 IT산업이 급성장하면서 나스닥으로 진출하는 회사들이 많아졌다. 미래에 대한 성장은 불확실했지만, 우리도 나스닥 진출을 하기로 결정할 수밖에 없었다. 어쩔 수 없이 나스닥 상장을 준비하고 있는데, 때마침 이라크 전쟁이 터졌다. 전쟁으로 시장이 불안해지자 많은 회사들의 주가가 폭락했고, 새로 나스닥에 진출하려는 회사들의 상장도 자연히 뒤로 미뤄졌다.

그때 'ADC 텔레커뮤니케이션(ADC Telecommunication)'이라는 회사가 우리 회사에 관심을 갖고 찾아왔다.

"파이버먹스를 팔라는 말씀입니까?"

"잘 아시다시피 저희 회사는 데이터 통신 분야로 사업을 넓혀가려고 합니다. 처음부터 새로 시작하는 것보다는 파이버먹스를 인수하는 쪽이 저희에겐 도움이 될 것 같습니다. 파이버먹스도 큰 회사에 합병되면, 우리의 영업망을 통해서 더 크게 성장할 수 있을 겁니다."

"그렇지만 저희는 현재 나스닥 상장을 준비하는 중입니다."

"잘 알고 있습니다."

불확실한 회사의 미래를 놓고 고민하던 내게 그들의 제안은 사실 반가웠다. 한 달간의 밀고 당기는 협상 끝에, 6백억 원에 회사를 매각하기로 했다.

1억 원으로 차고에서 시작한 무모한 도전이 6년 뒤, 6백억 원에 회사를 매각할 정도로 큰 성과를 이루어냈다. 이는 나뿐만 아니라 누구도 예측하지 못했던 기적 같은 결과였다.

만약, 파이버먹스가 단 한 번이라도 목표실적을 맞추지 못했다면, 이러한 결과는 주어지지 않았을 것이다. 매 분기마다 성장이 멈추지 않도록 고군분투했기에 가능한 일이었다.

행운은 최선을 다하고 준비된 사람에게만 미소 짓는다.

'아시아의 빌 게이츠'가 되다

　파이버먹스를 매각하고 난 후, 지난 6년의 세월을 차분히 되돌아봤
다. 회사를 경영해본 적이 없어서 조직을 키우는 데 미숙했고 앞을 내
다볼 수 있는 안목도 없었다. 회사가 많은 이익을 내고 있음에도 불구
하고, 미래를 위해서 적절히 투자할 생각도 못했다. 오직 실패할 수 없
다는 각오 하나로 누구에게든지 묻고 배워가며, 상식에 의존해서 결정
하고 달려왔다. 다행히 운도 따라 주어서 그 당시 보기 드문 성공을 이
루었다.

　남들은 쾌거라고 했지만 지나고 보니 아쉬운 점이 한두 가지가 아니
었고, 내게는 절반의 성공에 불과했다.

　회사 매각을 통해 내 수중에 100억 원이 들어왔고, 앞으로 2년 동안

은 이 회사의 CEO로 남아서 일하기로 했다. 내 손에 큰돈이 쥐어졌지만 그 기쁨은 잠시였고, 2년 후 회사를 그만두고 나면 무슨 일을 해야할 지 새로운 고민이 시작되었다. 100억 원을 가지고 은퇴할 수도 있겠지만, 그러기에는 너무 젊었다. CEO로서 경험을 쌓았으니 다른 IT회사에 전문경영인으로 취직을 할까 하는 생각도 해봤다.

그러던 어느 날, 파이버 먹스에서 서부지역 영업담당 매니저로 일하고 있던 유리 피코버(Yuri Pikover)가 사무실로 찾아왔다. 맨손으로 러시아에서 이민 온 유리는 매우 스마트하고 진취적인 사람이다.

영업을 하다 혼자 해결하기 힘든 문제들에 부딪힐 때마다, 나를 찾아와서 해결책을 물었고 성격이 적극적이어서 나와 죽이 잘 맞았다.

"스티브, 회사를 그만두면 앞으로 무엇을 할 생각이에요?"

"글쎄, 그렇지 않아도 요즘 고민이 많아."

"혹시 창업을 한 번 더 할 생각은 없어요?"

"창업? 지난 6년 동안 얼마나 힘들었는데…… 그 고생을 나더러 또 하란 말이야?"

"그 때는 힘들었지만, 이제는 스티브가 창업하겠다고 하면, 투자자들이 서로 돈을 대겠다고 나설 겁니다. 투자자들은 다들 스티브를 영웅처럼 생각하잖아요. 그러니까 새로운 사업을 하기로 결정만 하면 다음은 걱정할 필요도 없어요."

"정말 그렇게 생각해?"

"그럼요. 파이버먹스를 창업하고 키우면서 쌓아온 경험을 이대로 묵

히는 건 너무 아까워요."

　그러지 않아도 파이버먹스 시절에 겪었던 시행착오들이 너무 안타깝
고 후회가 되던 참이었다. 그 때는 아무 경험도 없이 시작한 일이라 어
쩔 수 없었지만, 이번에는 제대로 할 수 있을 것 같았다. 유리의 제안은
나에게 새로운 의욕을 불러일으켰다.
　마침 그때 랜(LAN)이 등장하고 미국 IT업계에는 또 한 번의 기술의 전
환기(paradigm shift)가 찾아왔다. 당시의 컴퓨터 네트워크는 대부분 랜선
하나에 여러 대의 단말기들이 연결되어 있었다. 그러다 보니 컴퓨터가
많이 연결되면 속도가 느려지는 것을 피할 수가 없었다.
　나는 이러한 랜의 공유방식이, 컴퓨터 몇 대가 연결되든 상관없이 어
느 곳에서든 일정한 속도를 유지할 수 있는 '스위칭랜(Switching-LAN)'으
로 바뀔 것이라고 예측했다. 그래서 스위칭 랜 시장을 선점한다면 성공
하리라고 확신했다.

　이렇게 해서 나는 1993년 7월 자일랜을 창업했다. 파이버 먹스는 아
무 경험 없이 주먹구구식으로 시작을 했지만, 자일랜은 그 동안의 경험
을 살려 체계적으로 준비했다. 시작하는 과정은 첫 번째 창업과는 판이
하게 달랐다. 유리 피코버의 말대로 내가 창업을 하겠다고 하니, 창업
투자회사들과 예전의 개인 투자자들까지 서로 자기 돈을 받아달라고 줄
을 섰다. 삽시간에 50억 원의 자본금이 모였다. 3억을 모으기 위해 두
달 동안 힘들게 쫓아다니던 파이버 먹스 때와는 완전히 달랐다.

나는 경쟁사와 차별화 된 스위칭랜을 개발하여, 자일랜을 3년 안에 나스닥에 상장할 야심찬 목표를 갖고 출발했다.

확연히 다른 출발

두 번째 창업을 하면서 가장 심혈을 기울인 부분은 '인재등용'이었다. 파이버먹스를 경영하면서 비즈니스의 성패는 좋은 인재들을 뽑고 그들을 어떻게 관리하느냐에 달려있음을 뼈저리게 경험했기 때문이다. 차별화된 제품을 빨리 개발하기 위해서는, 우수한 엔지니어를 확보하는 일이 무엇보다도 중요했다. 하지만 유능한 엔지니어들은 이미 다른 회사에서 좋은 대우를 받으며 일하고 있기 때문에 채용시장에는 잘 나오질 않는다.

나는 주위 사람들에게 수소문을 해서 숨어있는 인재들을 직접 찾아나섰다. 그들이 어디에서 일하고 있건, 그들을 만나 회사의 비전을 나누고 같이 일할 것을 제안했다.

자일랜의 성패는 경쟁사들과 차별화된 제품을 빨리 개발해서 시장을 선점하는 것에 달려 있었으므로 우수한 인재를 확보하는 것에 돈을 아끼지 않았다. 훌륭한 인재들을 영입하기 위해서 그들이 거절할 수 없을 정도의 훨씬 더 좋은 연봉과 스톡옵션(stock option)을 제시했다. 유능한 엔지니어들뿐만 아니라 그들을 이끌어 갈 최고 책임자를 뽑는 것도 중요했다. 여러 곳에 수소문해서 알게 된 인물이 존 베일리(John Bailey)다.

존은 '타임플렉스(Timeplex)'라는 기업에서 R&D(제품개발)총책임자로 일하고 있었는데, 그의 능력이 출중하다고 엔지니어들 사이에 소문이 자자했다.

그를 만나보니 성격도 좋은데다가 젊고 총명해보였다. 경험도 풍부해서 일을 맡기기에 적임자라는 생각이 들었다.

"존, 나는 당신 같은 사람이 절실히 필요해요. 당신이 들어오면 반드시 회사를 성공시킬 수 있다고 확신합니다. 같이 일해 봅시다."

"글쎄요. 저는 지금 책임지고 있는 일이 많아서요."

그는 우리 회사로 옮기겠다는 약속을 쉽사리 하지 않았다. 그가 일하고 있는 회사는 우리와 직접 경쟁하는 회사는 아니었다. 그래서 우리 회사의 제품 개발에 자문이라도 해 달라고 부탁했다. 존은 여전히 신중한 태도를 고수했지만 나는 포기하지 않고 자주 그를 만나 설득했다.

6개월이 지날 무렵, 마침내 존이 함께 일하기로 결정했다. 만난 횟수나 들인 공으로 보면 삼고초려가 아니라 십고초려였다. 나는 인재 영입에 그만큼 정성을 쏟았다. 그가 우리 회사에 합류하자 존과 함께 일하던 열 명의 엔지니어들도 그를 따라 우리 회사로 옮겨 왔다.

나는 천군만마를 얻은 것 같았다. 존은 엔지니어들을 이끌며 R&D를 총괄했고, 그가 없는 자일랜의 성공은 상상할 수 없을 정도로 마지막까지 크게 기여했다.

그 외에도 모든 직원을 채용할 때마다 "우리 회사는 할 일이 많은데, 늘 사람이 부족해요. 주당 60시간 이상 일해야할 지도 모르는데, 할 수 있겠어요? 대신 그에 대한 보상은 충분히 해줄께요."라고 제안했고, 이에 동의하는 사람들만 채용했다.

미국사람들에게 주 40시간 이상 일하라고 하는 것은 상상도 못할 것이다. 그러나 회사가 나스닥에 상장하게 되면 그들에게 엄청난 이익이 돌아갈 것이라고 설득했다.

나의 이러한 기발한 생각과 추진력이 두 번의 성공을 가능케 했다고 믿는다.

처음부터 세계를 겨냥하다

처음 유치했던 50억 원의 자본금이 6개월도 안 돼서 바닥이 날 정도로 인재 영입에 과감한 투자를 했다. 50억을 다 쓰고 나자 곧바로 100억이 모였고, 나스닥에 진출할 때까지 총 300억 원의 투자를 어렵지 않게 받아냈다.

파이버먹스 시절과는 비교할 수 없는 다른 행보였다. 자신감이 넘치는 기업인으로 변신해서 과감하게 추진해나가는 내 모습에 스스로도 놀랄 정도였다.

우리 제품의 성능은 경쟁사들보다 월등히 앞서 있었고 제품을 시장에 내놓은 타이밍도 절묘했다. 2년 만에 제품이 개발되어 나오자마자 IBM, DEC, 알카텔(Alcatel), 후지쓰(Fujisu), 히타치(Hitachi) 등 세계적인 기업들이 우리 제품을 OEM 방식으로 판매하겠다고 줄을 섰다.

내 생각은 그대로 적중했다. 그러나 그들에게만 판매를 의지할 수는 없었다. 우리는 세계시장 전체를 겨냥했고 경쟁회사들보다 먼저 주요시장을 선점하기 위해서는 공격적인 영업망 확충이 필요했기 때문이다. 유리와 나는 런던, 파리, 서울, 도쿄 등 전 세계를 뛰어다니며 신속하게 지사 형태의 자체 영업망을 구축해 나갔다. 세계시장을 겨냥한 자일랜의 도전이 시작된 것이다.

20년 만에 이룬 꿈같은 성취

2년간의 제품 개발 기간을 거쳐 자일랜의 첫 제품이 나온 것은 1995년 하반기였다. 그해 4분기 매출액은 무려 3백억 원을 넘어섰다. 기대 이상의 대단한 성공이었다. 신제품 출시의 타이밍이 절묘했고 미리 영업망을 구축해놓았기에 가능한 일이었다.

쉴 새 없이 제품을 생산해도 주문을 감당하기가 어려웠다. 추세를 보면 다음해 매출은 1천억 원 이상, 그 다음해에는 2천억 원 달성도 무난해 보였다. 기업의 가치는 실적과 기간대비 성장률에 의해 매겨지고, 과거의 실적보다는 향후 성장가능성에 더 큰 비중을 둔다.

나는 지금이 나스닥에 나갈 적시라 판단하고 긴급 이사회를 소집했다.

청소년들의 멘토-스티브 김 아저씨의

"내 생각에는 지금이 나스닥 진출의 최적기라고 봅니다. 내년에는 금년에 비해 300% 이상 성장할 수 있고, 그 후에도 매년 배 이상 성장할 수 있을 것입니다."

"스티브, 정말 자신 있어요?"

"지금까지 제가 제시한 목표에 미달한 적이 한 번도 없지 않았습니까?"

성급한 판단이 아니냐는 의견도 있었지만 나는 이사들을 적극적으로 설득했다.

나스닥에 나가려면 먼저 IB(investment bank)를 선정하고 회사와 관련된 모든 자료와 시장의 전망, 경쟁회사들과의 비교 등 투자자들이 원하는 모든 정보를 담은 자료를 만들어야 한다.

변호사, 공인회계사, 감사 등 여러 명의 전문가들이 모여 꼬박 한 달 동안 자료를 준비했다. 준비를 마치고 나서 CFO와 함께 뉴욕, 런던, 파리 등을 돌아다니며 투자자들을 상대로 기업설명회를 했다. 설명회는 주로 조찬과 오찬에 그룹으로 진행하고, 나는 투자자들 앞에서 자일랜의 구체적인 비전과 미래의 성장 가능성에 대해 열정적으로 설명했다.

"앞으로 컴퓨터가 급속도로 보급되고 컴퓨터의 처리속도도 훨씬 빨라집니다. 그런 컴퓨터들을 연결하려면 자일랜이 만드는 스위칭 장비가 반드시 필요하고, 우리가 만드는 제품의 수요는 폭발적으로 늘어날 것입니다. 보시다시피 작년 4분기에 3백억 원의 매출을 이루었고, 금년에는 천억 원 이상의 매출을 달성할 수 있습니다. 그 후에도 매년 배 이상으로 성장할 것을 확신합니다."

여러 명의 수행원들을 이끌고 다니는 로드쇼(road show)는 많은 투자자들을 만나는 번거롭고 힘든 과정이었지만, 나스닥에 나가는 기업으로선 빠뜨릴 수 없는 통과의례이기도 하다. 기존의 항공 스케줄로는 세계 주요 도시를 2주 안에 다 돌 수가 없어서 전세기를 타고 다니기도 했다. 전세기에서 내리면 길고 큰 리무진이 기다리고 있었고 상상도 하지 못했던 긴장되고 흥미로운 여정이 이어졌다.

뉴욕 맨해탄에 있는 100년 역사의 유서 깊은 아스토리아(Astoria) 호텔에서 수많은 투자자들을 모아 놓고 설명회를 가졌을 때의 감회를 지금도 잊을 수가 없다.

1996년 3월, 자일랜이 나스닥에 상장되던 날은 내 평생 가장 기억에 남는 날이 되었다. 흥분 속에서 길게만 느껴지던 하루가 지나고 나스닥에서의 첫날이 끝났다. 상장 첫날, 하루 만에 100% 이상 폭등한 자일랜의 종가는 5만 4천 원이었다. 회사 창업 후 3년도 채 되지 않아서 회사의 가치가 무려 3조 원에 이르게 된 것이다.

나스닥 시장에서도 유례가 없었을 만큼, 자일랜의 데뷔는 이례적이었고 미국 금융시장에 일대 센세이션을 일으켰다.

가난으로 고생했던 한국에서의 어린 시절과 1976년, 낯선 미국 땅에 건너와서 보다 나은 삶을 살고자, 쉼 없이 달려왔던 시간들이 주마등처럼 스쳐갔다. 그로부터 20년 만에, 꿈도 꾸지 못했던 일들이 눈앞에서

청소년들의 멘토-**스티브 김** 아저씨의

펼쳐지고 있었다. 그동안 얼마나 많은 시간을 고군분투했던가.

미국 대기업에 엔지니어로 취직하는 것이 최고의 출세라 믿었던 가난했던 한국 청년이 말 그대로 '아메리칸 드림'을 이룬 순간이었다.

후지쓰와의 거래에서 얻은 소중한 교훈

자일랜 제품은 창업 초기부터 높은 신뢰를 얻었고, 많은 회사들이 우리 제품을 받기 위해 3개월 이상을 기다려야 할 정도로 인기가 좋았다. 자일랜 제품은 고객의 다양한 니즈를 충족해야하는 아주 복잡한 제품으로, 거래처마다 요구하는 사양이 다 달라서 주문을 받고 난 뒤에야 생산을 할 수 있었다.

생산과정이 다른 제품들과는 비교할 수 없을 정도로 복잡하고 여기에 장착되는 소프트웨어도 고객의 니즈만큼이나 다양했다. 그러다보니 각 제품들의 품질을 관리하는 것이 가장 힘들었다.

일본의 대기업 후지쓰에도 제품을 공급했는데, 일본의 전압사정이 미국과는 달리 변동 폭이 커서 현장에서 고장이 빈번히 발생했다. 문제는 이미 해결 했음에도 불구하고 후지쓰는 제품의 품질에 문제가 있어 더 이상 거래할 수 없다는 통보를 해왔다. 나는 담당자를 데리고 즉시 일본으로 건너갔다.

"더 이상 품질로 인한 문제는 없을테니 한 번 더 기회를 주십시오. 사실 처음부터 충분히 사전 테스트를 했더라면 이러한 문제를 방지할 수 있었을 텐데 저희의 불찰입니다."

"우리는 이미 많은 고객들로부터 신뢰를 잃었습니다. 돌이키기에는 너무 늦었습니다."

제품을 공급하기에 앞서 현지 상황에 맞는지 충분히 테스트를 했어야 하는데 이 과정을 제대로 거치지 못해서 생긴 문제였다. 결국 후지쓰는 우리와의 거래를 끊었고 품질은 무엇과도 바꿀 수 없다는 소중한 교훈을 남겼다.

성장 동력은 내부에서 찾아야

자일랜은 계획대로 공개시장에 나왔고, 주주들의 기대에 부응할 만큼 성장하고 있었다. 회사의 계속된 성장으로 자본력이 커지자 외부의 작은 회사들을 인수해서 회사의 외형을 키우자는 유혹들이 있었다.

유리 피코버는 비즈니스 개발(business development) 담당 부사장으로 일하면서, 비디오 통신 분야의 좋은 회사가 시장에 나왔다며 인수할 것을 제안하곤 했다. 그러나 M&A 시장에 나오는 기업들은, 자체 경영이 힘들어서 매각하려고 하는 경우가 대부분이다. 그러므로 합병을 잘못하게 되면 그 회사가 안고 있던 문제들을 우리가 고스란히 떠맡게 될 수도 있다.

나는 모든 에너지를 자일랜에 쏟아도 모자랄 판에, 위험을 감수하면서까지 다른 회사를 인수할 이유가 없다고 유리를 설득했다. 유리는 이런 내게 불만을 표시했지만 나로서는 어쩔 수 없는 결정이었다.

나는 기업의 경쟁력은 주력사업에서 찾는 것이 정도(正道)라고 생각한다. 위기를 밖에서 해결하려하기 보다는 내부에서 생산성과 효율을 높임으로써 해결책을 찾는 게 최선이다.

그럼에도 불구하고 외부에서 성장 동력을 찾아야 한다면, 그로 인해서 생길 수 있는 최악의 경우까지도 염두에 두어야만 한다.

내게 멘토가 있었더라면……

나스닥에서 성공적인 데뷔를 마쳤으나 기쁨은 잠시였고, 앞으로의 경영에 대한 엄청난 부담이 밀려왔다. 1996년, 나스닥에 상장할 당시, 1997년에는 1996년에 비해서 3배 이상의 성장을, 1998년에도 배의 성장을 할 수 있을 거라고 확신에 찬 설명을 했다. 그 후에도 매년 50% 이상의 성장을 끌어낼 수 있을 거라 장담하자, 우리 회사의 향후 성장가치를 보고 투자자들이 몰려왔던 것이다.

그래서 창업한지 불과 3년밖에 되지 않았고, 매출이 적은 회사임에도 불구하고 투자자들은 3조 원이라는 천문학적인 가치를 유례없이 매겨준 것이다.

매출규모가 작을 때는 두세 배의 성장도 어렵지 않았지만, 직원 수만 해도 1,000명이 넘을 만큼 회사의 규모가 커진 1998년 이후 부터는 매년 50% 이상의 성장을 이끌어내기가 쉽지 않았다. 회사가 성장하기 위해서는 많은 직원들을 계속 채용해서 적재적소에 배치해야 하는데, 그것 또한 만만치 않았다. 매출을 높이기 위해서 새로운 시장을 개척하려면 그곳을 관리할 지사를 열어야 했고, 미래에 대비해서 늘 새로운 제품들도 개발해야만 했다. 어디 그뿐인가? 새로운 경쟁사들이 생길 때마다 그들과 차별화할 수 있는 전략들을 마련하지 않으면 안 되었다.

사업 규모가 커지면 커질수록 예측하기 어려운 다양한 변수들이 많았고, 그것들을 관리하는 것도 규모가 작았을 때와는 차원이 다르다는 것을 뒤늦게야 깨달았다. 처음부터 높은 목표를 제시할 것이 아니라 회사가 성장하는 과정에서 서서히 기대치를 높였더라면, 투자자들을 만족시키기가 어렵지 않았을 것이고 나도 회사를 경영하기가 훨씬 쉬웠을 것이다.

그런데 의욕이 앞서서 처음부터 너무 높은 목표를 제시한 것이 화근이었다.

나스닥에 나갈 당시에 내게 조언을 해 줄 멘토가 있었더라면 이런 우를 범하지는 않았을 텐데…….

15년간 치른 60번의 전쟁

자일랜이 나스닥에서 성공적인 데뷔를 마치자, 남들은 성공한 CEO 라며 부러워했다. 하지만 높아진 기대치를 맞추기 위한 경영부담이 너무 컸다. 나스닥 상장을 통해 회사 가치는 높아졌지만, 그와 함께 회사의 각종 전략도 그대로 노출되었다. 매 3개월마다 회사 실적과 예상 매출 등을 발표해야 했고, 그것은 곧바로 주가의 변동으로 이어졌다.

기업의 연간 사업계획과 목표는 항상 분기별로 나뉘어 시장에 공개된다. 매 분기가 끝날 때마다 회사의 실적이 발표되면, 그에 따라 주가가 등락을 거듭하고 그에 따라 CEO의 경영 능력도 평가된다. 예를 들어, 분기에 주당 1,000원의 이익을 내기로 한 것이 995원에 그쳤다면 그 5원 때문에 하루아침에 주가가 10-20%씩 떨어지고 수많은 주주들로부터 불평의 전화가 빗발친다.

나는 경영 책임자로서 분기의 목표를 맞추기 위해 매 분기 동안 전력을 다 쏟았다. 실적에 대한 스트레스는 이루 말로 다 표현할 수도 없었고 하루 24시간이 늘 모자랐다. 한 분기를 힘겹게 마치고 나면 더 힘든 새로운 분기가 또 기다리고 있었다.

분기 초에는 그 분기에 달성해야할 목표에 비해 주문이 절반에도 미치지 않을 때가 있다. 이렇게 되면 해당 분기 내에 나머지 주문을 따내야만 그 목표를 달성할 수 있다.

영업책임자들은 목표달성에 문제가 없다고 큰소리치지만 나는 그들의 말만 믿고 가만히 앉아있을 수가 없었다. 현장으로 찾아가 직접 확인해야만 직성이 풀렸고, 시간을 아끼기 위해 대부분 주말에 출장을 떠났다. 미국 내 뿐만 아니라, 거래처 전역을 돌다시피 했고, 유럽이나 동남아 출장을 갈 때면 일주일에 5개국을 돌아보기도 했다.

납품에 차질이 생기면 분기 실적에도 영향을 미친다. 그런데 고객이 원하는 제품의 사양이 워낙 복잡하고 다양해서 미리 만들어 놓을 수 없는 것이 대부분이고, 주문을 받고 나서야 제작에 들어갈 수 있다. 그러므로 제품에 필요한 수백 개의 부품을 미리 준비해놓아야만 납품이 차질 없이 이루어질 수 있다.

고객의 니즈에 맞는 신제품을 제때에 출시하는 것도 매우 중요하다. 그런데 제품이 쓰이는 환경이 다 다르기 때문에 출시하기에 앞서 충분히 테스트를 하더라도, 현장에서 예기치 못한 문제가 생기기도 한다. 그럴 때는 고객사에 피해가 가지 않도록 급히 해결해주어야만 한다.

기업 경영은 총성 없는 전쟁이었고, 총칼만 들지 않았을 뿐 실적과 싸우는 전쟁터였다. 이순신 장군은 왜적에 맞서 6년간 23번의 전쟁을 치르면서 단 한 번도 패한 적이 없다.

나 역시 15년간 60번의 전쟁을 치렀고, 이 전쟁에서 한 번도 패한 적이 없다.

창업을 성공으로 이끈 CEO들이 많지만, 15년간 60번의 전쟁을 치르

청소년들의 멘토–**스티브 김** 아저씨의

면서 한 번도 패하지 않은 사람은 없을 것이다. 내게는 '성공했다'는 결과보다 이 사실이 더 중요하다. 더구나 동양인으로서 낯선 땅에 가서 이룬 쾌거이기에 더욱 자랑스럽다.

끝이 없는 여정

매 분기마다 힘든 전쟁을 치르면서도 회사 규모는 점점 더 커져 갔다. 프로젝트가 많아지고 직원들도 많아지다 보니 언젠가부터 효율이 떨어지는 것을 체감할 수 있었다. 조직이 커지면서 작은 단위로 나뉘자 레이어 (layer), 즉 층이 생겼고 거쳐야 하는 단계가 많아질수록 실무자들과 나 사이의 직접적인 소통은 점점 더 힘들어졌다. 회사가 작았을 때는 직원들을 채용하는데 내가 직접 참여했지만 나중에는 일일이 개입할 수도 없었다.

회사의 성장에 매우 중요한 신제품 개발 또한 늦어졌다. 그러나 제품 개발에 필요한 인재를 찾는 것도 쉽지 않았으므로 어렵게 찾아 낸 인재들이 LA로 이주할 형편이 안 되면 그들이 있는 곳에 R&D 센터를 세우기도 했다.

본사가 있는 LA뿐만 아니라 댈러스나 덴버, 코네티컷, 보스턴 나중에는 인도에까지 R&D 센터를 세워야 했다. 그러다보니 여러 곳에 분산되어 있는 R&D 센터의 업무를 한 곳에서 총괄하고 관리하는 것도 만만치 않은 일이었다.

영업과 기술개발, 경영의 삼박자가 맞아야 하는데, 여기저기서 엇박자가 나기 시작했다. 부사장이 12명이나 있었어도 각자 자기 부서 일들을 돌보기에 바빴다. 내가 혼자 모든 것을 챙기기에는 회사가 너무 커져서 돌아가는 상황들을 일일이 살피지 못할 때도 많았다. 그러는 사이에 새로운 경쟁회사도 생기고 뒤처졌던 회사들도 총력을 기울여 뒤쫓아 왔다.

나는 서서히 지쳐 갔고 너무 힘들어서 잠시라도 쉬고 싶었지만, 내가 하던 일을 누구에게 맡길 수도 없었다. 만약 내가 힘들다는 이유로 새로 CEO를 영입하려 하면, 주식시장에는 '내부에 무슨 문제가 있어서 그만두는 게 아니겠느냐'는 루머가 돌 수도 있었다. 그렇게 되면 그 즉시 주가가 곤두박질칠 것이 뻔했다. 나는 이러지도 저러지도 못한 채 끝이 보이지 않는 힘든 여정을 이어갔다.

'아시아의 빌 게이츠'

그러던 1999년 초 어느 날, 프랑스의 대기업인 알카텔(Alcatel) 통신담당 사장과 전략담당 임원(Chief Strategy Officer)이 나를 찾아왔다.
"어떻게 이렇게 갑자기 방문하게 되었습니까?"
"알카텔과 자일랜의 합병을 어떻게 생각하십니까? 두 회사가 합병을 하면 여러 면에서 시너지가 매우 크다고 생각합니다만……."
그들은 조심스럽게 회사 매각 문제를 거론했다. 알카텔은 자일랜 초기 시절부터 우리 제품을 자체브랜드화해서, 전 세계에 판매하던 유럽 최대의 통신회사였다. 우리 제품뿐만 아니라 경쟁사인 씨스코(Cisco)의 제품도 함께 판매하고 있었는데, 씨스코와의 관계가 틀어지면서 전략적인 파트너가 필요했던 것이다.

알카텔의 음성 통신과 자일랜의 데이터 통신 기술을 접목함으로써 향후 통신시장의 변화를 주도할 계획으로 합병을 제안한 것이다. 나는 겉으로는 태연한 척했지만 속으로는 굉장히 흥분되었다.

한 달 이상의 실사와 밀고 당기는 협상이 계속되다 결국 2조 원에 회사를 매각하기로 최종 합의했다. 마침내 직원들과 주주들에 대한 무거운 책임감으로부터 벗어날 수 있다는 생각에 안도의 한숨이 절로 나왔다.

자일랜 매각은 모두에게 행복한 결과를 안겨주었다. 투자자들에게 100배 이상의 수익이 돌아갔고, 많은 직원들이 백만장자가 되었다. 초기에 나를 믿고 두 번의 창업에 투자했던 이들은 무려 2500배의 수익을 얻었다. 대주주인 나 역시 큰돈을 벌었고, 주위사람들을 부자로 만들어줄 수 있었다. 이로써 서로에게 평생 잊지 못할 은인이 되었다.

자일랜과 알카텔의 인수합병계약이 체결되자 연일 언론이 떠들썩했다. 그 당시 업계에서 보기 힘든 거액의 인수합병이었고, 그 중심에는 아시아계 CEO인 스티브 김이 있었기 때문이다.

월스트리트저널, 타임 매거진, 비즈니스 위크 등 권위 있는 일간지와 잡지들이 앞을 다투어 '스티브 김이 이룬 자일랜 스토리'를 기사화했다.

한 언론에서는 나를 '아시아의 빌 게이츠'라고 이름 붙여 보도했다. 그 당시 동양인으로서 이런 큰 성공을 거둔 유례가 없었기 때문이다.

내려올 때를 아는 지혜

미국 IT산업의 최전선에서 고군분투한 결과 '아시아의 빌게이츠'라는 과분한 칭호를 얻고 그에 대한 자부심은 컸지만 돌이켜보면 내게 너무 힘든 시간들이었다.

주위 사람들은 "스티브 김 덕분에 자일랜이 이렇게 성장했는데, 회사를 매각할 것이 아니라 계속 키워야한다."고도 했다. 물론 계속 끌고 갔더라면 회사를 더 키울 수 있었을지도 모른다. 그러나 2000년대 초에 IT버블이 왔고 그로 인해 수많은 IT기업들이 어려움을 겪게 됐다. 만약 그 때 매각하지 않고 계속 경영을 했더라면 나는 과연 그 위기를 헤쳐 나올 수 있었을까?

그런데 때마침 회사를 매각하고 유종의 미를 거두게 되었으니 얼마나 감사한 일인가!

나는 숨 가쁘게 달려온 경영 일선에서 손을 떼고 지금 누구보다 행복하게 제3의 인생을 살고 있다.

사업할 때는 늘 바쁜 일정에 쫓기느라 제대로 못했던 헬스 · 골프 · 테니스 등 운동도 실컷 하고 자유롭게 여행도 하면서 건강하고 여유로운 생활을 즐기고 있다.

일과 돈에 대한 욕심이 없으니 스트레스 받을 일도 별로 없고 나눔 사업들을 통해서 많은 사람들로부터 감사와 박수를 받는다.

전국의 청소년들에게 찾아가서 깨우침을 주고 그들에게 새로운 동기를 부여할 수 있어서 얼마나 보람 있는지 모른다. 강연을 마치고 나면 덩치가 나보다 큰 녀석들이 나와서 나를 꼭 끌어안고 흐느끼곤 한다. 꺼이꺼이 울면서 강연으로부터 받은 감동과 굳은 각오를 표현할 때면 말로 형언할 수 없는 벅찬 감격과 보람을 느낀다. 이는 사업을 할 때와는 또 다른 차원의 희열이다.

잘 나갈 때 손을 떼는 것은 누구에게나 쉽지 않은 일이다. 조금만 더, 조금만 더 하는 욕심을 좇다 일을 그르치는 경우를 보면 '내려올 때를 아는 지혜'가 중요함을 깨닫게 된다.

나는 과거의 모든 삶이 오늘을 위해서 준비된 것이라고 믿으며, 떠날 때를 제대로 알고 떠났기에 오늘의 행복한 삶이 가능한 것이라 여긴다.

15년간 나를 믿고 함께한 고마운 사람들

회사를 매각하고 나서, 그동안 애써준 회사 직원들과 이사들을 초대

하여 집에서 파티를 열었다. 창업을 할 때부터 나와 함께 15년간 동고
동락한 이들은 나의 열정과 가능성을 믿고 항상 같이해 준 사람들이다.
돌아가면서 한마디씩 각자의 감회를 이야기하는 자리에서 폴 호프가 연
설을 했다.

"스티브가 처음 창업한 회사 파이버먹스에 투자를 제안 받았을 때는
이렇게 큰 성공을 거두리라고 상상하지 못했습니다. 더구나 그가 경영
까지 잘할 것이란 기대는 아예 하지도 않았습니다.

다만, 1억 원을 가지고 경쟁회사보다 훨씬 앞서가는 제품을 만들어
낸 그의 열정을 보고 투자하기로 결정했던 것입니다.

한 회사를 성공시키기도 힘든데, 스티브는 두 번의 성공을 이루었습
니다. 스티브는 그동안 내가 만나 본 최고의 경영자입니다. 고맙네! 스
티브, 자네가 내 인생을 바꿔 준 거야!"

"아니에요. 폴, 오히려 내가 고마워요. 당신이 없었다면 파이버먹스
의 성공이 불가능했을 겁니다. 당신은 보잘 것 없던 나를 믿어주었어
요. 결코 잊지 않을 겁니다."

폴은 한국에서 입양한 딸이 나의 도움으로 대학까지 잘 마칠 수 있었
다고 울먹이면서 고마워했다. 함께 수고한 많은 사람들이 부자가 되었
으니 내 기쁨은 이루 말로 다할 수 없었다.

무엇보다도 나의 능력을 의심했던 폴로부터 존경받고 있다는 사실에
가슴이 뭉클해졌다.

어떻게 이런 성공이 가능했을까?

두 번의 창업을 성공적으로 이끌고 '아시아의 빌게이츠'로 까지 불리게 되자 많은 사람들이 내게 물었다.

"회장님, 한국에서도 쉽지 않을 일을 하물며 미국에서, 두 번씩이나 크게 성공할 수 있었던 비결이 무엇입니까?"

"글쎄요! 나는 경영학을 전공한 것도 아니고 경영에 대한 특별한 경험도 없었습니다. 그렇기 때문에 몸으로 직접 뛰고 보여주는 수밖에 없었어요. 직원이든 고객이든 누구에게나 묻고 배워가면서 열심히 했던 것뿐이지요. 결국 그 덕분에 오히려 과분한 결과를 얻을 수 있었다고 생각해요."

"그렇다 하더라도 뭔가 남다른 시도랄까, 경영철학을 갖고 계실 것 같습니다만."

"사업은 사장 혼자 할 수 있는 것이 아니고, 직원들이 한마음 한 뜻으로 해주어야 합니다. 창업을 하기 전에 나는 여러 직장에서 일했습니다. 빌딩 야간 청소부터 시작해서 화분공장, 중소기업, 대기업 등 두루 거치면서 '만약 내가 사장이라면 이렇게 하지 않을 텐데……'하는 생각을 종종 했어요. 그래서 내가 회사를 시작했을 때, 우리 직원들은 이런 섭섭함을 느끼지 않도록 해야겠다고 다짐했어요. 내가 직원의 입장에서 느끼고 바랐던 점들을 경영에 적용해 본 것이지요. 직원들에 대한 세심한 배려가, 직원들로 하여금 자기 일처럼 열심히 하도록 감동을 준 것 같습니다."

처음 창업을 했을 때, IT회사의 CEO로서 제품개발이나 생산에 대한 기술적인 이해와 전문지식은 있었지만 그 외에는 아무 경험 없이 시작했다. 그래서 항상 묻고 배우며 상식에 의존하여 해결해나갔고 그 과정에서 많은 시행착오를 겪기도 했다.

회사를 경영하다보면 CEO는 회사 안팎에서 부딪히는 다양한 상황을 파악하고 최선의 해결책을 제시해야만 한다. 그러나 이러한 것들은 경영서적을 통해서 배울 수 있는 것이 아니었다. 다행히 상식에 의존한 경영으로 첫 번째 창업을 성공적으로 마무리할 수 있었다.

돌이켜보면 아쉬움도 많았지만 그것이 산 경험이 되었고 이를 통해 나름대로의 경영철학도 갖게 되었다. 그래서 두 번째 창업을 할 때는 확연히 다른 출발을 할 수 있었다.

청소년들의 멘토-스티브 김 아저씨의

이론을 통해서 얻은 지식보다는 실제 부딪히면서 얻은 경험이 무엇보다도 중요한 이유가 바로 여기에 있다.

방황도 학습이다

나는 외우고 시험보기를 반복하는 주입식 교육이 싫어서, 공부보다는 내가 하고 싶은 것들을 하면서 대부분의 학창시절을 보냈다. 미국에 가서 창업을 했을 때 나는 예기치 못한 수많은 문제들에 봉착했다. 그 때마다 상황을 정확히 파악하고, 남들보다 빠르게 문제를 해결하곤 했다. 이런 능력은 교과서에서 배운 것이 아니라 학창시절과 군복무시절에 쌓았던 다양한 경험을 통해서 알게 모르게 길러졌을 것이다.

만약 내가 주어진 공부에만 몰입했더라면 이러한 순발력과 문제해결 능력을 키울 수는 없었을 것이다. 그런데 우리 청소년들은 입시 위주의 주입식 교육에만 매달려서, 사회에서 필요로 하는 다양한 역량들을 개발할 기회를 놓치는 것이 안타깝다.

무한 경쟁에서 살아남기 위해서는 교과서에 있는 지식보다 실제 경험으로부터 터득한 지혜가 필요하다.

잠시 방황을 해도 괜찮으니, 다양한 경험을 통해서 상황에 대한 이해의 폭을 넓히고 판단능력을 기르는 것이 정말로 중요하다. 경영자나 직원, 교사 등 어떤 직업을 막론하고 모든 사회생활에는 '센스' 즉 감각이 필요하다.

이러한 감각은 이론으로 배울 수 있는 것이 아니다. 한참 감수성이 풍부할 때 경험으로 익혀야 한다. 다양한 감정들도 느껴보고 몰입의 즐거움도 깨달아야, 문제해결능력이 길러지고 열정도 생기지 않을까?

경영은 효율의 극대화

기업이 고성장을 지속하기 위해서는 역량 있는 직원들로 조직력을 갖추어야 한다. 경험이 풍부한 직원들을 적재적소에 배치하고, 그들이 열정적으로 일할 수 있도록 지속적으로 동기를 부여해야만 한다. 그러나 꼭 필요한 인재를 적시에 찾기가 쉽지 않고 그로 인해 기업을 키우는데 한계에 부딪히기도 한다.

기업의 성패는 직원들 모두가, 회사 일을 자기 일같이 하게끔 만드는 데 달려있다. 시키는 일을 마지못해 할 때와 신이 나서 자발적으로 일할 때는 그 효율에 있어서 엄청난 차이가 난다.

억지로 일하는 직원이 50%의 결과를 낼 때 열정적으로 일하는 직원은 200%의 성과를 내기도 한다. 한 사람이 네 사람의 몫을 하는 것이다.

그러므로 직원들이 자발적으로 일하게 하기 위해서 늘 고심했고, CEO인 내가 직원들로부터 존경과 신뢰를 받는 것이 무엇보다도 중요하다고 생각했다.

그래서 기업을 경영하는 내내 직원들이 나를 믿고 따를 수 있도록 솔선수범했고 효율을 극대화시키기 위해 애썼다.

모두가 신이 나서 자발적으로 일하는 회사는 효율성이 극대화될 수밖에 없고, 이것은 회사의 성공으로 이어진다.

솔선수범하는 CEO

회사가 성장을 멈추지 않고 계속 규모가 커지다보니 늘 해야 할 일들이 넘쳐났고 주말에도 출근해야하는 경우가 허다했다. 특히나 분기 말이 되면 납기일을 맞추느라 공장이 정신없이 돌아갔다. 그럴 때면 나도 출근을 해서 부사장들과 함께 제품 조립이나 박스 포장 등을 거들었다. 바쁘게 물량을 대고 있는 직원들을 두고 책상 앞에 앉아있는 것은 마음이 편치 않았다.

회사 구석구석 여러 부서들을 돌아다니며 직원들을 격려하고 진행 상황도 체크하며, 일이 제대로 되어가고 있는지 내 눈으로 확인하기도 했다. 경영자가 되었다고 해서 현장을 살피지 않고 사무실에 가만히 앉아있는 건 스스로에게 용납되지 않았다.

직원들은 주말까지 나와서 일을 하는데, 사장인 내가 골프를 치거나 놀고 있었다면 모두가 한마음으로 일하기 어려웠을 것이다.

나는 잦은 출장 속에서도 회사에 나와서 챙겨야 할 일들을 놓치지 않았고, 평소에도 가장 먼저 출근하고 맨 마지막에 퇴근하는 것이 예사였다. 고객들도 직접 만나고 만날 때마다 늘 호기심을 갖고 물어보았다. 새로운 배움과 아이디어가 생기면 그 즉시 메모해두었다가 적용하기를 게을리 하지 않았다.

성공하기 위해 직원들 보다 더 많이 일했고, 말을 앞세우기보다 행동으로 보여줌으로써 직원들로부터 존경과 신뢰를 받을 수 있었다.

보상을 통한 동기부여

처음 미국에 가서 막노동을 할 때였다. 나는 시간 당 3,000원을 받았는데, 다른 직원들은 나보다 조금 먼저 왔다는 이유로 4,000원을 받았다. 똑같은 일을 하면서 다른 직원보다 적은 임금을 받는 것은 부당하다고 생각되었고, 더 열심히 일할 마음이 내키지 않았다.

그 후에 매형 공장에서 일할 때도, 20여명의 직원들을 관리하며 열심히 일을 했지만 그에 따른 칭찬이나 보상이 제대로 주어지지 않아서 신이 나지 않았다.

'직원들이 자기 일처럼 열심히 일하기 위해서는 그에 따른 적절한 보상이 주어져야 한다.'는 사실을 그 때 깨달았다.

회사를 설립하면서 우리 직원들이 행복하기를 바라는 마음에서 그들을 최대한 배려하려고 애썼다. 그래서 다른 회사보다 충분한 복리후생 제도를 마련해서, 급여에 대한 불만이 없도록 했고 전 직원에게 스톡옵션도 주었다. 스톡옵션은 회사를 성장시켜서 매각하거나 나스닥에 나가게 되면 직원들도 그에 따라 목돈을 마련할 기회를 주기 위해서였다. 실제로 자일랜 초창기부터 일했던 수백 명의 직원들이 회사 매각과 함께 부자가 되었다.

소속감을 통한 동기부여

간절히 원했던 엔지니어가 되어 대기업에 취직했지만, 마치 '기계의 부속품'과 같은 존재로 여겨지자 더 이상 행복하게 일할 수가 없었다. 내가 하는 일이 왜 중요한지, 어디에 어떻게 쓰이는지를 설명해주는 사람이 단 한사람만 있었어도 존재감을 느끼며 열심히 일했을 것이다. 나는 남들보다 더 잘살기 위해서 빨리, 많이 배우고 싶었지만 여러 부서들이 서로 맞물려서 아주 천천히 움직였고, 배움을 통한 성장의 기회가 주어지지 않았다. 중소기업으로 옮겨간 후에야 호기심과 배움에 대한 나의 열정과 존재감을 채울 수 있었다.

이런 경험을 통해 '존재감과 배움을 통한 성장의 기회 없이는 행복하게 일하기 어렵다.'는 사실을 깨달았다.

그래서 내가 창업을 한 후에는 직원들에게 회사의 큰 그림(big picture)을 보여 주고자 애썼고, 매 분기가 끝날 때마다 모든 직원들과 함께 설명회(all-hands meeting)를 가짐으로써 소속감을 느낄 수 있도록 했다. 이 설명회를 통해서 회사의 분기실적뿐만 아니라 직원들이 알고 싶어 하는 회사의 제반 사항에 대해 있는 그대로 설명했다. 그리고 지난 분기 동안, 특별히 기여한 부서와 직원들에 대한 칭찬도 잊지 않았다. 더불어 다음 분기를 준비하는데 있어서, 직원들 각자의 역할이 얼마나 중요한지 충분히 인식시키고 적극적으로 일해 줄 것을 당부했다.

이런 노력을 통해서 직원들은 어떤 위치에서 무슨 일을 하든지, 각자의 역할이 회사의 성장에 어떻게 기여하고 있는지 알게 되고, 그로써 소속감과 존재감도 높일 수 있었다.

인정과 칭찬으로 동기부여

대기업을 그만두고 취직한 중소기업 페일로에서 소중한 경험을 했다. 그곳에서 1인 3역을 하며 회사에 기여한 것이 본사 부사장인 데이빗(David)의 귀에까지 들어갔는지, 어느 날 그에게서 전화가 왔다.

"스티브, 나와 저녁을 같이 하지?"

"예? 저녁이요?"

우리 회사의 상사도 아닌 본사의 부사장이 나를 찾다니, 대체 무슨 일인가 싶었다. 그가 예약한 레스토랑은 태어나서 처음으로 가 본 격조 높은 레스토랑이었다.

"스티브, 진작부터 자네와 식사를 하고 싶었다네."

"무슨 일이지요?"

"무슨 일이긴? 당연히 칭찬 좀 해주려는 것이지."

"예?"

"자네가 오고 나서 회사 실적이 많이 달라졌어. 자네처럼 일을 적극적으로 하는 사람은 처음 봤어. 정말 고맙네."

데이빗은 내가 한 일에 대해 속속들이 알고 있었고 그것을 구체적으로 거론하며 칭찬해주었다. 그리고 식사가 끝날 무렵 그는 내게 봉투 하나를 내밀었다.

"보너스야. 얼마 되지 않지만 자네가 열심히 해준 것에 대한 보상이라고 생각해 주게."

그 날 부사장과 함께 한 시간은 내게 엄청난 감동을 주었다. 그리고 그 후로부터 '회사를 위해서 내가 더 할 수 있는 일이 뭐가 있을까?' 늘 고민할 정도로 일에 대한 의욕이 넘쳤다. 무슨 일이든 해낼 수 있다는 자신감도 충만했다.

다른 사람으로부터 인정받고 있다는 사실이, 그 사람의 자존감을 높여 주고 돈보다 더 큰 동기부여가 된다는 것을 그 때 알게 되었다. 이때의 경험으로 직원뿐만 아니라 남들에게 작은 일에도 칭찬을 아끼지 않도록 애를 썼다.

나에게 빈 말은 없다

　내가 파이버먹스를 창업할 때 사업계획서와 마케팅 분야를 맡기기 위해 딕 배스를 만났다. 딕은 내게 신제품을 개발하는 데 돈이 얼마나 들었느냐고 물었다.

　'이 정도의 제품을 만들기 위해서는, 여러 명의 개발자들이 달라붙어서 10억을 들이고도 못해냈을 거야. 실제로 든 돈은 1억 이지만 주말도 없이 1인 10역을 하다시피 했으니까 가능했던 거지.'

　나는 잠시 망설이다 3억이 들었다고 대답했다. 그리고 난 후 얼마나 후회했는지 모른다.

　'같이 일하다 보면 자연히 알게 될 것을…… 왜 부풀려서 말했을까? 딕이 이 사실을 알기 전에 솔직하게 말하고 나에 대한 신뢰가 깨지지 않도록 해야 할 텐데.'

　나는 그날 밤을 뜬 눈으로 새고 다음날 아침 일찍 딕을 만났다. 그리고 모든 사실을 솔직하게 털어놓았다.

　"딕, 어제는 내가 당신한테 거짓말을 했어요. 개발비용은 3억이 아니라 1억이 들었어요. 하지만 어느 누가 하더라도 최소한 3억 이상이 들거에요. 그건 당신도 알잖아요? 당신에게 거짓말을 해서 미안해요. 다시는 이런 일이 없을 겁니다."

　"스티브, 충분히 이해해요. 당신이 솔직하게 말해 줘서 오히려 더욱 믿음이 생겼어요."

이후로 나는 선의의 거짓말도 하지 않을 것을 철칙으로 삼았다. 경영자로서 고객과 직원들을 대할 때도 그 원칙을 지켜 나갔다. 한번 잃은 신뢰는 결코 회복하기 어렵기 때문이다.

많은 직원들 중에 주어진 업무 외에도 특별히 일을 더 많이 하거나 두드러진 성과를 내는 직원들이 있다. 나는 그런 직원들을 빠뜨리지 않고 찾아가서 "열심히 해줘서 정말 고마워. 시간 내서 저녁 한 번 살게!"하며 칭찬하고 사기를 북돋아주었다. 그런데 만약 너무 바쁘다는 이유로 약속을 잊어버리거나 지키지 않는다면 '사장님의 공수표'에 그 직원은 크게 실망하고 나는 직원으로부터 신뢰를 잃게 될 것이다.

그래서 나는 어떠한 경우에도 '빈말'을 하지 않는 사람이 되기 위해 지금도 애쓰고 있다.

효율을 높이는 소통 문화

기업을 신체에 비유해보면 기업 내의 소통이란 사람의 몸에 흐르는 피와 같다. 온 몸에 피가 골고루 돌지 않으면 건강을 유지하기 어려운 것과 마찬가지로, 소통이 원활하지 않은 기업은 성공하기 힘들다. 경영자가 올바른 생각을 갖고 합리적인 목표를 제시한다 해도, 직원들이 정확히 이해하지 못한다면 그 기업은 삐걱거릴 수밖에 없는 것이다.

치열한 기업 현장에서 회사의 구성원들이 공동의 목표를 갖게 하는 것은 대단히 중요하고 그 목표를 달성하기 위해서는 원활한 소통이 필요하다. 또한 직원들의 마음을 움직여서 자발적으로 일하게 하는 데는 솔선수범도 필요하지만, 늘 그들의 생각을 끌어내고 어려운 문제를 함께 고민하며 의논하는 토론 문화도 중요하다. 왜냐하면 의사결정에 앞서 자신들의 의견을 반영하고 참여시켰다는 것이 직원들의 존재감을 크게 높일 수 있기 때문이다.

나는 경영자로 있는 동안 늘 '내 사무실 문을 열어 놓고(open-door policy)', 직원들이 쉽게 다가올 수 있도록 했다. 나 역시 궁금한 것이 생길 때면, 직급을 따지지 않고 실무자에게 직접 찾아가서 물어보았다. 그리고 시간이 날 때마다 회사 내의 여러 부서들을 다니면서 말을 걸고 대화를 나누었다.

내 방에만 있다 보면 직원들의 고충이나 애로사항들을 제대로 알기 어렵기 때문이다.

직원들과의 '쌍방향 소통창구(two-way communication)'를 열어 놓음으로써, 회사의 발전과 안위를 염려하는 진심어린 의견을 들을 수 있었다. 그들의 직접적인 건의와 제안으로 내가 미처 보지 못한 문제점들을 볼 수도 있었고, 직원들의 의견을 반영함으로써 효율성도 높일 수 있었다.

한국에서는 윗사람 앞에서 자신의 생각을 있는 그대로 말하는 것을 무례하다고 보는 경향이 있다. 그러나 이러한 편견은 상대방 특히 윗사람에게 자기 생각을 말하는 것에 대해 두려움을 갖게 한다.

미국 기업에서는 말단 직원도 사장 앞에서 자신의 의견을 말하는 데에 망설임이 없다. 일에 관한 한 윗사람이 뭐라고 해도 자신이 옳다고 생각하면 소신을 갖고 거리낌 없이(candor) 이야기한다.

나는 함께 일하는 직원들이 상사들의 눈치를 보지 않고 기탄없이 자기 의견을 털어놓기를 원했다. 열띤 토론을 하는 과정에서 의견이 상충되거나 토론이 격렬해질 때도 있지만 자신의 의견을 솔직하게 나누다보면 결국 합의점에 도달하게 된다.

그러나 위계를 중시하다 자유로운 토론 문화가 만들어지지 않으면 부하직원의 아이디어는 사장되고, 문제의 원인을 파악하는 데 많은 시간을 허비하게 된다.

직급에 관계없이 토론할 수 있는 문화가, 직원들의 소속감과 창의력을 향상시키고 기업의 효율성을 높이는 데 결정적인 기여를 한다고 믿는다.

No Surprise!

나는 기업을 경영하면서 '비즈니스에 서프라이즈가 있어서는 안 된다'는 신념을 갖게 됐다. 물론 일을 하다 보면, 의외의 변수나 돌발적인 상황이 일어나기 마련이다. 나는 이러한 문제들을 해결하기 위해서 그때그때 전략회의를 갖고 개인과 팀(team)에게 꼭 해야 할 일들을 맡겼다.

회의를 마치고 나면 어떤 직원은, 회의 내용을 정리해서 자신에게 주어진 업무가 맞는지 상사에게 메일로 묻고 기존에 하고 있던 일과의 우선순위도 재차 확인한다. 그리고 일의 진행 상황을 수시로 보고하면서 기한 내에 차질 없이 일을 해낸다.

그런가 하면 다른 직원은 자신에게 주어진 일을 제대로 이해하지 못하고 진행상황에 대해 중간보고도 하지 않다가 막판에 가서야 중요한 일에 차질이 생겼음을 알게 된다.

이런 서프라이즈가 생기면 회사가 큰 피해를 입고 이 직원을 더 이상 신뢰하기 어렵게 된다.

단 1%만 부족해도 제대로 된 소통이라고 할 수 없다. 그래서 일을 하기에 앞서 자신이 해야 할 일을 제대로 이해했는지 늘 확인하고 진행상황을 수시로 보고함으로써 서프라이즈가 없는 사람은 다른 직원들과 차별화된다.

경영은 살림이다

만약 우리 몸에 생긴 작은 상처나 염증을 방치하면 서서히 곪다가 나중에는 더 넓은 부위까지 도려내야 하는 결과를 초래할 수 있다. 기업도 이와 마찬가지여서, 경영을 하면서 부딪치는 큰 위기는 대부분 사소한 일을 간과한 데서 비롯된다.

청소년들의 멘토–**스티브 김** 아저씨의

그러므로 살림하듯이 꼼꼼하게, 사소해 보이는 작은 일까지 디테일(Detail)을 챙겨야만 한다.

회사를 경영하면서 매 분기마다 실적을 맞추기 위해서는 수백 가지의 크고 작은 일을 챙겨야만 했다. 작은 것들까지 하나하나 챙기다보면, 직원들에게는 잔소리로 들렸을 것이다.

"스티브 김 회사에 들어가면 노예처럼 일을 해야 한다면서?"

"사장이 작은 일까지 일일이 챙기는 마이크로-매니지먼트(Micro-management) 스타일이잖아."

"그 회사에 들어가면 일도 많고 숨통이 막힌대."

"아니 매니저에게 맡기면 알아서들 할 텐데, 왜 사장이 일일이 챙기는 거야?"

만약 사소한 일이라고 해서 다른 사람에게 시키거나 뒷짐 지고 있었다면 일이 제대로 진행되지 않았을 것이다. 나는 실패할 수 없다는 일종의 강박관념으로 늘 '최악의 경우'를 대비하는 것이 습관화되었다. 그래서 회사 살림살이도 구석구석 챙기고, 모든 부서들이 어떻게 돌아가고 있는지 일일이 파악하려고 애썼다.

내 사전에는 '적당히'라는 말이 없었다. 처음에는 나의 이런 방식에 불만을 품은 직원들도 꽤 있었다. 그러나 내가 일일이 챙겼기에 결과를 낼 수 있었다는 것을 직원들이 알고 나서는 나를 이해하고 따르게 되었다. 그러나 혼자서 챙기는 것이 너무 힘들다. 그럴 때 내 일처럼 꼼꼼히 챙기는 직원을 보게 되면 천군만마를 얻은 것처럼 고마울 것이다.

새로운 관리기법을 도입하다

자일랜의 규모가 최대로 커졌을 때, 전 세계에 60개의 지사를 두고 있었다. 그러다 보니 여러 곳에 흩어져 있는 직원들의 업무를 효율적으로 모니터링하고 관리할 특별한 방법이 필요했다.

고심 끝에, 전 직원이 이메일로 주간보고를 하게 했다. 주간 보고서에는 지난주 자신이 한 일과 이번 주 할 일 그리고 그에 대한 문제점은 무엇인지 간략하게 기록하도록 했다. 이렇게 작성한 보고서를 자기부서 뿐만 아니라 다른 부서와도 공유하도록 했다.

보고서를 통해서 회사의 중요한 업무들이 잘 진행되고 있는지, 또는 어려움은 없는지를 알 수 있었고 좀 더 자세히 알고 싶은 내용은 전화로 묻곤 했다. 덕분에 어느 곳에 출장을 가든지 회사의 모든 상황들을 한 눈에 파악할 수 있었다.

이를 통해 업무 파악을 위한 회의로 소모하던 비효율적인 시간도 현저히 줄었다. 정기적인 스태프 미팅(staff-meeting)을 모두 없애고, 대신에 문제해결을 위한 전략 회의를 수시로 열었다.

어떤 특정한 문제가 발생하면 그 문제를 해결하는 데 꼭 필요한 직원들이 한자리에 모여, 화이트보드를 놓고 각자의 의견을 개진하는 실무자 미팅(adhoc-meeting)으로 대체한 것이다.

스왓(SWOT) 분석법은 내가 처음 접했을 때 매우 유용한 도구라고 생각했다. 그래서 팀별·분기별 업무평가에 이것을 적극 활용했다. 기업의 각 부서별 요소를 분석해 강점(Strength)과 약점(Weakness)을 발견하고, 그것을 통해 새로운 기회요소(Opportunity)와 언제 닥칠지 모르는 위협(Threat) 요소를 찾아낼 수 있었기 때문이다.

또한 MBO(Management by objectives) 목표관리 방식을 도입해 각 팀별로 그 분기에 달성해야 할 목표를 세우도록 했다. 목표는 측정이 가능하도록 하였으며, 매 분기마다 팀별로 업무 목표를 설정했고, 분기가 끝나면 성과를 분석했다. 그래서 원래 제시했던 목표 대비 달성 정도에 따라 성과급을 차등지급했다.

40개가 넘는 팀들의 MBO를 직접 관리하는 것이 무척 힘들었지만, 각 팀들이 분기 내내 명확한 목표를 세우고 그것을 달성하게 하기 위해서는 반드시 필요한 도구였다. 부서장급 이상의 직원들에게 보너스를 줄 때도, 회사 전체의 실적이 아닌 팀별 성과에 준해서 지급했다.

만남, 그보다 더 어려운 헤어짐

고성장을 지속하기 위해서는 가장 중요한 것이 능력 있는 직원들을 채용하는 것이다. 경험이 풍부하고 역량을 갖춘 직원들을 적재적소에 배치하고 그들이 열정적으로 일할 수 있도록 지속적으로 동기를 부여해야 한다. 그러나 그러한 역량을 갖춘 사람들을 찾기가 쉽지 않다.

사람을 잘 못 채용하면 회사는 그 동안의 업무공백으로 크게 손실을 입는다. 따라서 직원의 역량을 빠른 시간 안에 파악하고 기대에 부응하기 어렵다는 판단이 섰을 때는, 결국 그 사람을 내보낼 수밖에 없다. 그래서 사람을 잘 뽑는 것도 CEO의 필수 역량이다.

파이버먹스를 경영할 때는, 내가 직접 수소문해서 사람을 추천 받고 여러 차례 인터뷰를 통해 능력을 평가했다. 또 여러 사람들로부터 그 사람에 대한 객관적인 평가도 들어봤다. 그만큼 인재 채용에 신중을 기했다.

그러나 이렇게 신중한 과정을 거쳐서 채용하더라도, 막상 함께 일해보면 기대에 미치지 못하는 경우가 종종 있다. 앞으로 그에게 업무를 믿고 맡길만한지 가늠해보기 위해서 내가 직접 과제를 부여하고 역량을 평가하고자 했다.

직원들은 자신에게 주어진 구체적인 과제를 수행하다 보면, 본인이 그 업무에 적절한 사람인지, 자신의 역량으로 해낼 수 있는 일인지를 객관적으로 파악할 수 있게 된다. 만약 이런 과정을 거치지 않고 해고를 하게 되면, 그 직원은 부당하다고 여기거나 평생 우리 회사를 원망할지도 모른다.

그러나 아무리 이러한 과정을 거친다 하더라도 직원을 그만두게 하는 것은 너무 힘들고 안타까운 일이다.

"탐(Tom). 그동안 일해 보니 어때요?"

"생각보다 쉽지 않네요."

"그렇지요? 기대가 컸는데…… 아쉽습니다. 어떻게 하면 좋을까요?"

"제 능력으로는 버거운 것 같습니다. 새 직장(job)을 알아보겠습니다."

"그렇다면 앞으로 3개월 동안 일하면서 알아보도록 하세요. 직장을 그만 둔 상태에서 구직활동을 하는 것보다 그 편이 훨씬 나을 겁니다."

하루아침에 직장을 잃고 길거리로 나앉게 되면, 본인은 물론이고 가족들까지 고통스러울 것이다. 사실 잘못된 채용에는 내 책임도 있는데…… 회사의 입장에서 어쩔 수 없는 선택이었다 하더라도 직원들의 원망을 사지 않도록 최대한 배려하고자 애썼다.

입사 전에 그들의 능력을 제대로 평가하기가 쉽지 않아, 창업 초기에는 많은 시행착오를 겪었다. 그래서 잘못된 채용으로 인한 손실을 최소화하기 위해, 인터뷰 외에 PT면접을 추가했다. 지원자의 발표를 통해서 해당 업무와 관련된 구체적인 경험, 지원하게 된 동기 그리고 의식 수준 등을 가늠하기 위해서였다.

능력보다 중요한 요소, 책임감

신제품을 개발하거나 새로운 패러다임을 열어 가기 위해서는, 비범하고 창의적인 아이디어를 가진 사람이 필요하다. 하지만 대부분의 조직에서는, 소수의 탁월한 능력가보다 책임감이 강한 평범한 인재들을 더 많이 필요로 한다. 나 역시 많은 사람들을 채용하고 일을 맡겨 보니, 책임감이 그 어떤 것보다도 중요했다.

모르는 것이 있으면 물어가면서까지 적극적으로 수행하고 문제를 해결해나가는 사람은, 능력이 좀 부족하다고 하더라도 신뢰할 수 있다. 책임감이 강한 사람은 자신에게 주어진 일을 기대 이상으로 해내기 때문이다. 그래서 다른 사람으로부터 인정받고 성공하기 위한 차별화전략 중 가장 으뜸인 것은 바로 책임감이다.

나는 머리가 뛰어나거나 출중한 능력을 가진 사람이 아니다. 중소기업의 직원으로 있을 때도 탁월한 능력을 발휘하기 보다는 오히려 강한 책임감으로 일했다. 내게 한번 맡겨진 업무에 관해서는 무슨 일이 있어도 마무리를 지었고, 사장은 그런 내게 점점 중요한 업무를 맡기기 시작했다. 그 덕분에 나는 회사에서 비중 있는 일들을 할 수 있었고, 이것을 통해서 많은 배움과 성장이 있었다.

누가 시키지 않았지만, 가능한 한 많은 고객을 만나고 시장분석을 통해서 제품에 대한 감각을 익히고자 했다. 신제품에 대한 아이디어 역시 탁월한 능력이나 비범함이 있어서가 아니라, 항상 호기심을 갖고 끊임없이 질문함으로써 얻은 것이다.

내가 성공할 수 있었던 요인은 능력보다 더 큰 책임감에 있다.

네, 제가 하겠습니다

　기업에는 각 부서마다 전문성을 가진 사람 외에도, 다양한 능력을 가진 사람이 필요하다. 크고 작은 문제가 발생했을 때, 빨리 원인을 찾고 적절히 해결할 수 있는 능력을 갖춘 사람, 동료들과의 협업과 소통능력이 뛰어난 사람, 또 더 해야 할 일이 있을 때, 근무시간을 초과해서라도 자발적으로 나서서 그 일들을 해내는 헌신적인 사람이 있어야 한다.

　한번은 한국의 모 은행으로부터, 우리가 납품한 제품에 이상이 생겼다는 연락이 왔다. 그런데 문제가 터진 날이 하필이면 금요일 오후였다. 은행은 월요일부터 정상 업무를 해야 하므로, 당장 이번 주말 안에 문제를 해결해 주어야만 했다.

　나는 곧바로 대책회의를 소집해서 직원들에게 상황을 설명하고, 어떻게 하면 좋을지 물었다. 그러나 주말에 출장을 떠나는 것이 반가울 리 없어 서로들 눈치만 보고 있었다.

　그 때 엔지니어 크리스가 침묵을 깨자, 모두의 시선이 그곳으로 쏠렸다.

　"사장님, 제가 한국에 다녀오겠습니다."

　"크리스, 주말인데 괜찮겠어?"

　"고객이 위기에 처했는데 당장이라도 떠나야 하지 않겠습니까? 이번 문제는 제가 충분히 해결할 수 있을 것 같습니다. 제가 한국에 가겠습니다."

크리스는 선량하고 착했지만, 능력이 그렇게 뛰어난 사람은 아니었다. 프로젝트 팀 안에서도 업무의 중심에 서기 보다는 다른 사람들을 뒤에서 돕고 무난하게 협력하는 편이었다. 황급히 비행기표를 마련하고 그를 서울로 보냈다. 서울에 도착한 크리스는 발생한 문제가 어떤 것이고, 자신이 그 문제를 어떻게 해결하고 있는지를, 이메일로 상세히 보고했다.

그는 이 일 말고도 다른 직원들이 꺼리거나 기피하는 일을 마다하지 않고 늘 헌신적으로 일했다. 그런 크리스에게 더 큰 기회와 보상이 따르는 것은 당연하다.

내게는 머리 좋고 능력이 뛰어난 직원들보다, 책임감 있고 헌신적인 크리스가 더욱 귀하게 느껴졌다.

스펙≠능력

공개기업은 매 분기가 끝날 때마다, 기관투자자들과 애널리스트들에게 전화로 '컨퍼런스 콜(Conference call)'을 한다. 지난 분기 실적을 발표하고, 이에 대한 자세한 부가설명과, 질의응답이 이어지는 컨퍼런스 콜은, 기업의 주가에 영향을 미치는 중요한 행사다.

따라서 미리 치밀하게 전략을 짜고, 각종 예리한 질문에도 조리 있게 대답해야 한다. 그리고 나스닥에서 투자자들을 관리하는 것(Investor relations) 역시 매우 중요한 일이다. 회사와 관련된 모든 사항들을 투자자

청소년들의 멘토-**스티브 김** 아저씨의

와 긴밀하게 소통해야 하기 때문이다.

자일랜이 나스닥에 나가기 직전, 이와 같은 일을 맡길 CFO를 찾았다. 스탠포드 대학을 나오고 다른 회사에서도 CFO로 일한 적이 있어서 경력이 화려해 보였다. 그런데 그를 인터뷰하는 과정에서 뭔가 석연치 않은 느낌을 받았다. 하지만 나스닥에 나가기 직전이라, 다른 사람을 찾을 시간적인 여유가 없어서 어쩔 수 없이 채용하기로 결정했다.

채용 후 그에게 일을 맡겼지만, 그는 전략적이지 못할 뿐더러 소통능력도 부족했다. 그 부족함을 내가 채우자니 부담이 너무 커서 결국 이사들의 동의를 얻고 그를 내보내야 했다. 그러나 그 과정이 순탄치 않았다.

공개기업에서 CFO를 내보내게 되면, 기업의 투명성에 문제가 있는 것으로 오해받을 수 있고, 그로 인해 회사에 치명적인 결과를 초래할 수 있기 때문이다. 실제로 그를 내보냈을 때 투자자들의 전화가 빗발쳤고, 주가도 10%이상 빠졌다. 나에게는 평생 잊지 못할 악몽 같은 날이었다.

대부분의 기업들이 직원들을 채용할 때, 학력과 스펙을 주로 보고 결정하지만 그보다 더 중요한 것은 인성, 품성, 책임감이라는 것을 많은 경험을 통해 깨닫게 되었다.

협력업체와의 '진정한 상생'

한국에 와서 보니 대기업들이 많은 이윤을 내고 성장을 하는데, 협력업체들의 기업 환경은 점점 더 악화되는 것을 보면서 참으로 안타까웠다. 협력업체들이 대기업의 동등한 파트너로 인정받지 못하고, '갑'과 '을'의 관계에서 피해를 보고 힘들어 한다.

나는 기업을 경영하는 동안 협력업체의 직원들도 우리 직원과 다름이 없다고 생각했다. 야근을 해서까지 납기일을 맞출 수 있도록 도와주면, 나도 협력업체의 직원들에게 회식비를 주며 감사를 표했다. 신제품을 제 때에 시장에 내놓고 제품의 납기일을 맞추기 위해서는, 협력업체의 직원들이라 하더라도 밤새우는 것을 마다하지 않고 일해 줬기 때문이다.

미국 기업들은, 협력업체로부터 제품을 받고 나서 한 달 후에 결제하는 것이 일반적이지만, 우리 협력업체들로부터 미리 결제를 해달라는 부탁을 받는 경우가 더러 있었다.

"사장님, 우리 회사에 지금 당장 자금이 필요한데, 미안하지만 바로 결제가 가능합니까?"

"좋습니다. 그렇게 하지요. 어려울 때 서로 도와야지요."

만약 협력회사가 잘못되면 회사는 좋은 파트너를 잃게 된다. 그러므로 기업이 잘 되기 위해서는, 협력업체와의 '진정한 상생'이 이루어져야 한다.

독립된 사외이사제도

창업을 했을 때, 투자자들 중 세 명이 사외이사로 참여해서 이사회가 열렸다. 흔히 사외이사들은 주주를 대표해서 경험이 있는 전ㆍ현직 CEO나 창업투자회사 임원들로 구성된다.

미국에서 성공한 큰 기업의 CEO들은 은퇴 후, 다른 기업의 이사로 봉사하면서 자신들의 경험을 의미 있게 나눈다.

정기적으로 이사회를 열어 주요 사안을 보고받고 그에 따른 여러 결정들을 내린다. 임원들을 채용할 때도, 당연히 이사회의 승인을 거쳐야 하고, CEO를 선임하거나 해고하는 권한도 이사회에 있다.

결국 CEO는 한 명의 이사로서 회사를 운영하는 역할만 주어질 뿐, 중요한 사안은 이사회에서 결정한다. 그리고 이사회의 결정이 잘못되어 회사에 큰 손실을 입히거나 주주들이 피해를 보면, 주주들은 이사회에 그 책임을 묻는다. 왜냐하면, 사외이사제도는 주주들의 이익을 보호하기 위한 것이기 때문이다.

내가 본 한국 기업의 '이사회'는 형식에 그치는 경우가 대부분이다. 이사들의 가장 중요한 역할은, 자신의 능력과 경험을 살려서 회사의 경영이 제대로 이루어지는지 감독하여 주주들의 이익을 대변하는 것이다. 그러나 이사회가 제대로 기능하지 못하고 거수기에 그친다면 공기업도 개인의 사유물처럼 전락하기 십상이다.

이사회의 감독과 기능이 제대로 작동되지 않고 기업의 투명성이 결여되면, 보도나 공식적으로 배포하는 기업분석 자료를 신뢰하기가 어렵다. 이렇게 되면 투자자들은 언제 어떤 문제가 터질지 몰라서 투자를 꺼릴 수밖에 없다. 그러다 만약 회사가 잘못되면 그 피해는 고스란히 주주들에게 돌아간다.

자신의 전 재산을 맡긴 수천 명에게 손해를 끼치고 물의를 일으킨 저축은행과 같은 사태가 심심찮게 일어나는데도, 독립된 사외이사 제도를 국가차원에서 법제화하지 못하는 것이 참으로 안타깝다. 우리 기업들이 국제 반열에 오르기 위해서는 기업 경영이 투명해야 하고, 무엇보다도 독립된 사외이사제도가 보장되어야 한다.

공정한 기업문화

미국은 유태인 · 중국인 · 인도사람 · 한국사람 누구나 할 것 없이 맨손으로 건너와서도 '아메리칸 드림'을 이룰 수 있도록 '공정한 기회'가 주어지는 나라이다. 이런 환경이었기에 나의 성공도 가능했을 것이다.

반면 한국에서는 이민 온 사람들이 '코리안 드림'을 이루기란 거의 불가능해 보인다. 그도 그럴 것이 실력을 갖춘 한국 사람들조차도 학연 · 지연 · 혈연 등이 없으면 성공하기 어렵다고 느끼기 때문이다. 동창 · 동문회에 각종 동호회 심지어는 대학의 최고위과정 등을 통해서까지 인맥을 형성하고 네트워킹 하는 데 많은 시간을 쏟고 있는 것도 실력보다

청소년들의 멘토–**스티브 김** 아저씨의

연줄이 성공의 열쇠가 되고 인맥 없이는 기회가 주어지지 않는다고 생각하기 때문이 아닐까?

일부 고위 공직자들은 퇴직 후에도 전관예우로 고액 연봉을 받으며 학연 지연 고리를 써서 청탁을 일삼지만 내가 미국에서 사업을 하는 동안에 관계자들에게 청탁을 하거나 대접을 한 적은 단 한 번도 없었다. 미국의 기업 환경은 실력으로 정당하게 승부할 수 있고 공직자들이 과거의 지위를 이용해서 특혜를 누린다는 것은 상상도 할 수 없기 때문이다.

시민을 위한 사명감으로 일해야 할 공직자들의 부정과 부패는 아무리 열심히 살아도 평생 집 한 채 장만하기가 힘든 국민들을 심한 괴리감과 허탈감에 빠지게 한다.

실패에 대한 위기의식

내가 처음 파이버먹스를 창업했을 때, 크게 두 가지 위기의식을 느꼈다. 첫째는 이사들로부터 내 경영능력을 인정받지 못해 쫓겨나고 싶지 않은 것이었고, 둘째는 내가 경영을 제대로 못해서 회사가 문을 닫게 되면, 직원들이 일자리를 잃게 되는 것이었다. 생각만 해도 아찔했다. 그래서 어떻게 해서든지 회사를 성공시켜서 나의 능력을 인정받고 싶었고, 나를 믿고 온 직원들에게 안정된 일터를 제공하고 싶었다. 내가 매 분기별 높은 목표를 제시하고, 그것을 달성하기 위해 치열하게 달려간 것도, 나뿐만 아니라 직원들과 그 가족들의 안위를 위해서였다.

회사가 성공을 하면 나와 투자자들뿐만 아니라, 나를 믿고 따르는 직원들에게도 보상을 해주고 싶었다. 그래서 직급에 따라 차등은 두었지만, 전 직원에게 '스톡옵션'을 주었다.

스톡옵션을 통해서 모든 직원이 주주가 되었고, 월급만으로는 불가능한 좋은 차, 좋은 집도 마련할 수 있는 꿈을 품게 되었다. 직원들이 실망하지 않고 꿈을 실현하게 하기 위해서는, 어떻게든 회사를 성장시켜야 했기에 쉬지 않고 매일 달려갔다.

기업현장은 전쟁터와 같아서, 잠시라도 성장이 주춤해지면 순식간에 경쟁사에게 자리를 내주어야 한다. 15년 60분기 동안 매 분기마다 목표를 달성할 수 있었던 것은, '실패에 대한 위기의식'이 나를 항상 사로잡고 있었기 때문이다.

헝그리 정신, 파이팅 정신

1년 동안 차고에서 시제품을 개발하고, 3억 원의 투자를 유치해서 150평가량 되는 창고로 자리를 옮겼다. 창업 초기라 고정비용을 최대한 줄이고자, 개발·생산·관리 등 모든 부서가 한 곳에 모여 일했고, 나는 창고 구석에 붙은 작은 사무실에서 업무를 시작했다.

청소년들의 멘토-**스티브 김** 아저씨의

30명의 투자자들로부터 3억 원의 창업자금을 모으면서, 다른사람들로부터 투자를 받기가 얼마나 힘든 것인지를 뼈저리게 느꼈다. 그래서 어떻게 해서든지 이 돈 3억 원으로 승부를 내야겠다고 다짐하며, 단 돈 천 원도 낭비하지 않으려 했다. 회사가 계속 이익을 내고 성장하고 있었지만, 나는 직원들과 똑같이 이코노미 좌석을 타고, 가장 싼 체인 호텔을 이용했다.

미국사람들은 개인의 프라이버시를 중요시하기 때문에, 출장을 갈 때는 각각 다른 방을 사용한다. 그러나 잠시 잠만 자고 나오는데, 따로따로 방을 쓰는 것은 낭비라고 생각되었다. 나는 방 하나를 빌려 함께 간 직원과 같이 사용했다. 그리고 출장을 마칠 때까지, 잠시도 흐트러진 모습을 보이지 않고 항상 일에만 매진했다. 거래처 고객을 만났을 때도 마찬가지로 적극적이고 집요하게 세일즈에 매달렸다.

나는 사장이라고 해서 거드름을 피우거나 특권을 누릴 생각은 애초부터 없었다. 어린 시절부터 부모님께 배운 대로 절약을 실천하고 솔선수범 하고자 했다.

직원들은 이런 내 모습이, 보통 CEO들과는 많이 다르다고 여겼을 것이다.

또 한국인 근로자들 역시 '경쟁에서 반드시 이겨야 한다.'는 도전적인 분위기로 다른 직원들을 리드했다. 생산부서에서 밤을 새워 가며 일하는 한국인들을 보면서 미국인들은 고개를 절레절레 흔들었다. 이게 바로 한국인 특유의 '파이팅 정신'이다.

한솥밥 경영

나는 직원들을 채용할 때, "할 일은 많은데 인재 부족으로 회사의 성장에 한계를 느낀다." 설득하고, 일주일에 60시간 이상씩 일해 줄 것을 부탁했다.

직원들이 내 뜻을 이해하고, 즐거운 마음으로 회사에 나오기를 바랐기 때문이다. 나는 그런 그들에게 행복한 일터가 되도록 최선을 다했다.

아침 일찍부터 늦게까지 일하는 직원들에게 식사 걱정을 하지 않게 하기 위해서, 하루 세끼 식사를 모두 제공했다. 아침이면 간단히 커피와 도넛을 준비했고, 점심과 저녁은 케이터링 서비스를 이용해서 다양한 식사를 할 수 있도록 했다. 금요일 점심에는 바비큐파티를 하고, 출장이나 다른 특별한 약속이 없는 한, 나도 직원들과 함께 회사에서 하루 세 끼를 먹었다.

직원들과 함께 식사를 하면서 나의 마음도 전달할 수 있었고, 식사와 동시에 회의를 진행하면서 시간도 절약할 수 있었다. 한솥밥을 같이 먹으면서 생산부서에서 일하던 한국인 직원들과 미국인 직원들이 단합할 수 있는 계기도 만들어졌다.

직원들을 가족처럼 보살피고 챙기고자 했던 나의 마음이, 직원들에게 그대로 전해졌기에 직원들도 자기 일처럼 최선을 다했을 것이다.

한국인의 DNA

1980년 후반에 비즈니스 차 일본에 방문할 기회가 여러 번 있었다. 공항에서 내리면, 어디를 가도 깨끗하고 질서 정연한 모습이 한눈에 들어왔다. 어디 그 뿐인가? SONY에서 만든 TV, 오디오 제품들, 토요타의 자동차 등이 전 세계를 압도하고 있었다. 그에 비해 우리나라는, 하늘이 시커멓고 도시나 시골 할 것 없이 무질서하고 지저분했다.

'우리나라는 언제쯤에나 일본과 같이 잘살 수 있을까? 50년 후에나 가능할까?' 하는 생각을 하곤 했는데, 불과 20년 만에 삼성이 SONY를 앞질렀고 반도체, 조선, 자동차 등 여러 산업들이 일본을 제쳤다. 누구도 상상할 수 없었던 일이다. 전 세계 어느 나라도, 이렇게 짧은 시간에 우리 같은 '한강의 기적'을 이룬 예를 찾아볼 수가 없다. 아무리 생각해도 가슴 벅차고 뿌듯한 일이다.

1998년 박세리가 LPGA무대에서 우승을 하는 모습을 보았을 때는 감격해서 눈물이 나기도 했다. 그러나 그것은 시작에 불과했고, 얼마 후 박세리 키즈들이 LPGA무대를 석권하는가 하면 김연아, 박태환, 이상화 같은 선수들이, 불모지였던 종목에서 우승하는 것을 지켜보면서, 우리 민족이 정말 대단하다는 것을 새삼 깨달았다.

내가 맨 손으로 미국에 건너갈 때만 해도 그들은 '한국'의 존재를 몰랐다. 작고 못사는 나라에서 왔다는 열등감을 극복하기 위해서 누구보다 열심히 살았고 이러한 노력의 결과로, 기적 같은 성공을 이룰 수 있었다고 생각했다. 그러나 한강의 기적을 보면서, 내 안에 '한국인 특유의 성공 DNA'가 흐르고 있었기에 가능했음을 알게 되었다.

청소년들의 멘토–**스티브 김** 아저씨의

파이버먹스 시절,
IT쇼에 매그넘 출시 기념

자일랜시절 IBM 사장과
OEM 계약 체결

1999년 알카텔사 사장, 유리 피코버와
함께 자일랜 매각을 축하하며

Chapter 3

'미래'

행복한 삶을 찾아서

'성공하면 행복할 것이다.' 라는 기대로 달려갔지만, 원했던 것을 이루고 난 후에 주어지는 행복은 잠시 뿐이었다.

새로운 변화와 도전을 통한 행복한 삶을 찾아서 한국으로 영구 귀국하였다. 2001년부터 해오던 장학 및 나눔 사업을 확장해가던 중, 청소년들에 대한 새로운 사명을 발견하였고 2009년 〈꿈희망미래 리더십센터〉를 설립하여 청소년을 살리는 일에 열정을 쏟고 있다.

교육에 대해 문외한이었던 내가 무모하게 시작한 사업이, 매년 배의 성장을 거듭하고 무기력한 청소년들을 '살리는 일'이 되리라고는 상상하지 못했다. 행복은 '성공으로 주어지는 결과'가 아니라, 더 나은 삶을 위한 변화 속에 있다. 나는 '의미 있는 일, 열정을 쏟을 수 있는 일'을 통해서 행복한 삶을 살고 있다.

화려한 삶을 살다

자일랜을 2조원에 매각하여 수백 명의 직원들이 백만장자가 되었고나도 실감나지 않을 정도의 큰돈을 벌었다. 1976년 미국으로 건너갈 당시 내 수중에 있던 돈은 단돈 200만 원이었다. 당시 미국에 도착해서 중고차를 사는 데 100만 원을 쓰고, 남은 돈으로는 한 달 생활하기도 빠듯했다.

생활비와 야간대학원 학비를 벌기 위해서 빌딩청소, 화분장사 등 주말도 없이 일해야만 했다. 그랬던 내가 23년 만에 이렇게 놀라운 결실을 이루었고 미국으로 건너 간 후 처음으로 시간적 여유와 경제적 자유를 누리게 되었다.

그래서 비벌리힐스 중에서도 거부(巨富)들이 사는 홈비힐스에 대지가

1,000평이나 되는 집을 250억에 샀다. 그 안에 수영장, 테니스코트는 물론 욕실이 11개나 있고, 건물 면적만도 400평이 넘는 집이었다. 현관까지 들어오려면 자동차가 게이트를 통해 한참을 돌아야 했다. 얼마나 웅장하고 큰지, 정원 관리비로만 매년 1억 이상의 비용이 들었다. 그림을 사들여 집안의 빈 벽을 채우는 데 2년이나 걸렸고, 러시아 화가를 불러 천장에 벽화도 그렸다.

나를 통해 큰돈을 벌게 된 투자자로부터, 비싼 스포츠카도 선물 받았고 아름다운 호숫가에 큰 별장도 사고 요트도 띄웠다.

기업을 할 때는 회사의 경비를 아끼느라 늘 3등석을 타고 다녔지만, 이제는 세계 각국의 휴양지들을 1등석을 타고 호화로운 여행을 했다. 골프를 좋아했으므로 미국에서 의사를 하다 부동산 재벌이 된 친구 데이빗과 같이, LA에서 약 40분 거리에 있는 36홀 골프장을 매입해서 직접 운영도 해봤다.

나는 손님초대하기를 즐겼다. 화려한 꽃들로 집안을 장식하고 최고급 음식과 와인을 대접하면 모두들 행복해했고 나도 더불어 뿌듯하고 행복했다.

성공은 내가 생각했던 것 이상으로 화려한 삶을 누릴 수 있게 해주었고, 그와 동시에 미국 상류층의 고급 사교문화를 접할 수 있는 계기를 마련해 주었다.

　자일랜을 매각하고 난 뒤 어느 날, 나의 오랜 투자자이며 친구인 변호사 딕 트룹(Dick Troop)이 찾아왔다.

　"스티브, 자네 LA 오페라 이사로 들어올 생각 없나? LA 오페라 이사회에는 동양인 이사가 한 명도 없어. 스티브 자네야말로 최초의 동양인 이사가 될 자격이 있지 않겠나?"

　"오페라 이사가 되면 어떤 일을 하는데?"

　"오페라단을 후원하고 운영에 대해 자문해주지. 자네처럼 성공한 사람이 문화예술에 기여해야하지 않을까? 더구나 이건 돈이 많다고 해서 누구에게나 자격이 주어지는 것은 아니야. 사회적으로 존경받을 수 있어야 이사로 들어올 수 있다네. 자네가 원하면 내가 이사회에 적극 추천하지. 아마 다른 이사들도 찬성할 거야."

　나는 그렇게 LA 오페라의 이사가 되었고, 딕 트룹의 말처럼 재력으로만 할 수 있는 것이 아니어서 명예롭게 여겨졌다. 40명가량 되는 LA 오페라의 이사들이 1년에 기부하는 돈은 결코 적은 액수가 아니었다. 이사 한 사람당 5천만 원의 기부금을 내고, 정기 연주회나 갈라 콘서트 등의 티켓을 구입하는 것까지 합하면 상당한 액수였다.

　미국에 오래 살았지만, 비즈니스 외에 별도의 사교모임에 참여할 기회는 별로 없었는데, 이사회에 가입한 지 얼마 후 레슬리 팸(Leslie Pam)

이라는 오페라 이사로부터 연락이 왔다.

"스티브, LA 오페라단의 이사로 참여하게 된 걸 환영합니다. 나는 당신의 멘토를 맡게 된 레슬리입니다."

레슬리는 할리우드 산꼭대기에 있는 그의 집으로 우리 부부를 초대했다. 그의 집에 당도하자 아름다운 선율의 오페라 아리아가 들려왔다. 오디오 사운드가 매우 훌륭하다고 생각하며 실내에 들어서자 젊은 테너가 실제로 노래를 부르고 있었다. 그는 당시 LA 오페라 감독으로 있었던 플라시도 도밍고(Placido Domingo)에게 오디션을 받기 위해 이탈리아에서 온 젊은 성악가였다.

나는 처음으로 접한 살롱(Salon) 음악회를 통해서 매우 황홀하고 행복한 시간을 보냈다.

살롱 콘서트를 주최하다

새로운 파티문화를 접하고 난 후로, 나도 집에서 살롱 콘서트를 자주 열었다. 그리고 외국인보다는 한국 출신의 음악가들을 주로 무대에 세웠다. 우리 젊은 음악가들의 역량이 뛰어남에도 불구하고, 정작 그들이 설 무대는 많지 않았기 때문이다. 나는 그들에게 무대를 마련해 주는 한편, 미국 사람들에게는 한국인의 우수한 예술성을 보여 주고 싶었다.

그래서 예술가들을 돕는 자선 파티를 자주 열었고, 파티에서 모은 기금으로 예술가들을 후원했다. 손님들에게 소정의 후원금을 받아서, 재능이 있음에도 불구하고 경제적으로 어려운 음악가들에게 전달했고, 파티에 들어가는 모든 비용은 내가 부담했다. 파티에 참가한 사람들은 최고의 음식과 와인, 수준 높은 음악을 한자리에서 누리며 무척 흡족해했다. 그들과 함께하면서 나 역시 행복했음은 두말할 나위가 없다.

자연히 한국의 유명 음악가들과도 교류할 기회가 생겼다. 한국이 낳은 세계적인 소프라노 가수 조수미 씨를 집으로 초대해서, LA 오페라 기금모음 파티를 열기도 했다. 그 외에도 소프라노 홍혜경, 세종 솔로이스츠와 같은 한국 음악가들이 LA에 올 때면, 그들을 위해 많은 손님들을 우리 집으로 초대해서 멋진 파티를 열어 주었다.

내가 처음 미국에 갔을 때만 해도, 미국 사람들은 한국이 어디에 있는지도 모르고, 나를 보면 중국 사람이냐고 묻는 것이 예사였다. 한국에서 왔다고 대답하면 북한에서 왔는지 남한에서 왔는지를 묻곤 했다. 그래서 나는 이런 파티를 통해서, 그들에게 한국인의 위상과 존재를 알리는 것이 애국이라고 생각했다.

젊은 예술가를 후원하는 기쁨

일에 파묻혀 바쁠 때는 클래식 음악을 접할 기회가 거의 없었고 하물며 예술가들을 지원하리라고는 상상도 못했다. LA 오페라 이사로 참여하면서부터 오페라 공연을 즐기게 되었고, 그 후 우연한 기회에 젊은 음악인들의 콩쿠르 대회에 가게 되었다. 이 때 세계적으로 권위 있는 콩쿠르에서 우수한 성적으로 입상한 한국인이 많고, 미국 뉴욕시의 맨해튼에 있는 유명한 '줄리어드 음악대학원'에 다니는 학생들 중 25% 이상이 한국 학생이라는 사실도 알게 되었다.

나는 '클래식 분야에서 뛰어난 재능을 발휘하는 우리 젊은 음악가들을 위해서 할 수 있는 일이 뭐가 있을까?' 생각하던 끝에 'KIMF(Korea International Music Foundation)재단'을 설립했다. 내가 이사장을 맡고, LA에서 부동산 재벌이 된 데이빗 리(David Lee), 하연 초(Ha-yeon, Cho) 등이 이사로 참여하였다. 1년에 5천만 원의 기금을 조성하고, 세계 각지에서 활약하고 있는 한국의 젊은 음악가들을 모아 콩쿠르를 열었다.

서울은 물론이고, 뉴욕을 비롯한 미국 각 지역과 유럽 등지에서 젊은 한국인 예술가들이, 콩쿠르에 참가하기 위해 모여들었다. 가벼운 마음으로 시작한 것이 기대 이상의 성과를 거두었고, 교포들은 참가자들에게 홈스테이(home-stay)를 제공하면서 함께 즐거워했다.

행복은 인정받는 데서 온다

베벌리 힐즈 근처에 있는 명문대학 UCLA에 1억 원 이상 기부한 사람들은 매년 총장이 주관하는 성대한 파티에 초청받는다. UCLA 치과대학에 10억 원을 기부한 나에게도 초청장이 와서 들뜬 마음으로 아내와 함께 초대에 응했다. 파티장에 들어서자 멋진 드레스 차림으로 참석한 200여 명의 부부들이 저마다 자태를 뽐내고 있었고, 그 가운데 동양 사람은 나와 아내 둘뿐이었다.

나는 당시 미국의 주요 언론들이 앞을 다투어 보도하고 '아시아의 빌 게이츠'라고 이름 지어 준 '자일랜 성공신화'의 주인공이었다. 그뿐만 아니라 미국 IT역사 상 가장 이례적인 성공을 거두고 세간의 화제가 되었음에도 불구하고 우리를 알아보는 사람은 아무도 없었다. 화려한 군중들 속에 있었지만 우리는 그들과 어울리지 못했고 아는 사람 하나 없는 이방인처럼 고독하게 여겨졌다. 큰 성공을 거두고 거금을 쾌척했기에 자랑스러운 마음으로 파티에 참석했으나 오히려 허탈함만 안고 돌아왔다.

그날 이후로 행복은 '다른 사람들로부터 인정받는 데서 오는 것'임을 새삼 깨달았다. 많은 돈을 벌고 큰 성공을 거두더라도 남들이 알아주지 않으면 아무 소용이 없다.

대부분의 사람들은 많은 돈과 명예를 얻는 것이 '더 나은 삶'을 사는 길이라 생각하고 그래야만 행복할 수 있다고 여길 것이다. 그래서 그렇게 되기까지 현재의 행복은 유보하고 오직 높은 목표를 향해 달려간다. 그러나 더 높은 목표를 세우고 끝도 알 수 없는 길을 계속 달려가다 보면 목적은 잃어버리고 목표만 남게 된다. 진정한 행복이란 열정을 쏟으며 남들로부터 인정받는 현재의 삶, 바로 거기에서 미소 짓고 있음을 나는 분명히 알았다.

파이버먹스를 창업하고 '절대로 실패하지 않겠다.'는 각오로 최선을 다한 결과, 회사를 매각할 때는 100억이라는 거액이 손에 쥐어졌다. 내 생애 처음으로 만져 보는 큰돈이었지만 돈의 액수보다는 '내가 드디어 해냈구나!' 하는 감회가 더욱 컸다. 그리고 이어서 '앞으로 무슨 일을 해야 할까?' 하는 고민이 본능적으로 시작되었다. 그 고민은 자일랜 창업으로 이어졌고, 6년 만에 이룬 쾌거는 이전보다 훨씬 더 큰돈과 명성을 가져다주었다.

많은 사람들이 나의 성공과 화려한 삶을 부러워했다. 누구나가 갖고 싶어 하는 호화로운 주택, 파티, 여행 등 돈과 시간에 구애받지 않고 하고 싶은 것들을 실컷 할 수 있어서 나 역시 흥분되고 좋았다. 그러나 물질적인 쾌락과 여유로운 시간이 가져다주는 즐거움은 그리 오래가지 않았다. 아무리 값비싸고 좋은 것도 어렵사리 모아 가며 피나는 노력 끝에 소유하게 되었을 때 그 가치가 큰 것이지, 언제든지 쉽게 마련할 수 있게 되자 더 이상 귀하게 여겨지지 않았다.

휴식과 여유도 마찬가지로 분초를 다투는 바쁜 시간을 쪼개서 쓸 때가 훨씬 소중하고 달콤했다. 하루하루를 쉼 없이 달려갈 때는 '대체 언제쯤에나 마음 편히 쉴 수 있을까? 시간에 쫓기지 않고 여행이라도 할수 있었으면!' 하고 갈망했었다. 그러나 사업을 정리하고 난 후에는 특별한 일없이 남아도는 시간을 채우기가 쉽지 않았다.

지루한 일상에 변화를 주고자 파티도 자주 열었다. 손님들을 초대하고 최고의 대접을 하기 위해 정성껏 준비하고 분주하다 보면 외로움도 잊고 기분도 들떴다. 그러나 화려한 파티가 끝나고 모두가 떠난 자리에는 더 큰 허전함이 덩그러니 남겨졌다. 부자일수록, 성공한 사람일수록 행복하기 더 어려운 이유가 바로 이것이다.

이전에는 느낄 수 없었던 외로움을 달래고자 미국 친구들과 어울려 골프도 하고 식사도 함께하긴 했지만, 그들의 문화와 정서에 충분히 동화되기는 어려웠다. 한인사회에도 물론 많은 사람들이 있기는 했지만 다들 이국 생활에 정착하느라 너무 바빴다. 예상치 못한 불청객 '외로움'이 수시로 나를 찾아왔고 이 외로움에서 벗어나기 위해서는 열정을 쏟을 수 있는 새로운 일을 찾아야만 했다.

열정을 찾기 위한 여러 가지 시도

주위의 많은 사람들이 찾아와 사업을 다시 시작해 보라고 했다. 그 생각도 안 해 본 것은 아니지만 치열한 경영일선으로 돌아가는 것은 생각만으로도 끔찍했다. 게다가 돈을 더 벌어야 할 이유도 없었다. 그보다는 크게 부담 갖지 않고 경험을 살려서 할 수 있는 일을 찾고 싶었다. 그래서 관심을 갖게 된 것이 창업투자회사(Venture-capital firm)이다.

나는 이미 많은 투자자들을 알고 있었으므로 투자금을 모으는 것은 크게 어렵지 않을 것 같았다. 또 기업 경영을 통해서 성공 가능성이 높

청소년들의 멘토-스티브 김 아저씨의

은 사업을 찾아내는 안목도 생겼다. 이런저런 생각 끝에 별 무리 없이 잘해낼 수 있겠다는 판단이 들어 창업투자회사를 설립하기로 마음먹고 천억 원의 자본을 모았다.

그 무렵 프랑스 파리에서 알카텔사 회장과 우연히 점심식사를 하게 되었다.

"스티브, 앞으로 무슨 일을 할 계획이에요?"

"창업투자회사를 설립하려고 합니다. 창업하려는 사람들이 성공적으로 사업을 이끌 수 있도록 제 경험을 나누면 보람 있을 것 같아서요. 창업 아이템과 시장을 보는 식견 또한 여느 투자자들보다는 나을 것이라 생각합니다."

"아, 그래요? 우리도 마침 미국 쪽에 투자할 것을 구상하고 있던 참인데, 우리가 절반을 투자하면 어떨까요?"

이렇게 해서 알카텔 벤처스(Alcatel Ventures)를 설립하고 다시 비즈니스 일선에 뛰어들었다.

그러나 막상 시작하고 보니 1990년대 초와는 비교할 수 없을 만큼 벤처 열기가 최고조에 다다랐고, 너도나도 벤처를 하겠다고 나섰다. 그 바람에 창업투자회사 뿐만 아니라 소액투자자들까지 수를 헤아릴 수 없을 정도로 많아져서 옥석을 가리기가 마치 모래 속에서 진주를 찾는 것만큼이나 힘들었다. 어느 분야를 막론하고 성공 확률은 낮아지고 투자 자금을 회수하는 사이클도 갈수록 길어졌다. 경쟁이 너무 심해진 탓이다.

게다가 창업을 시작하려는 사람들 중에는 정직하게 기업을 이끌어 온 내 원칙과 맞지 않는 경우도 많았다. 어떻게든 투자를 받기 위해서 회사의 가치를 부풀리기에만 급급했지 정보를 있는 그대로 제공하지 않았다. 그러다 보니 그들이 내놓은 자료를 신뢰하기도 어려웠고 자기들이 제시한 목표를 한 분기도 못 맞추는 회사가 태반이었다.

이런 상태에서 불확실한 투자를 계속할 수는 없는 노릇이었다. 그러던 중 IT버블이 터지고 말았다. 나는 남은 돈을 투자자들에게 돌려주고 이미 투자한 회사들의 관리에만 힘썼다.

보람 있고 의미 있는 일에 열정을 쏟고 싶어서 다양한 시도를 했지만 웬만한 것에는 흥미를 느끼지 못했고, 하고 싶은 것을 딱히 찾지 못했다. '어떻게 하면 행복한 삶을 살 수 있을까?' 하는 고민이 그치지 않았다.

여보, 우리 한국에서 살면 어떨까요?

사업을 정리하고 경영 일선에서 물러난 후부터는 세계 곳곳으로 가족여행을 다녔고 한국에도 여러 차례 다녀갔다. 미국에서 태어난 아이들에게 모국인 한국에 대해서 알려 주고 싶었기 때문이다. 2006년 8월에도 가족들과 함께 한 달 동안 머물다 갔다.

공항에 내리자 맑은 하늘과 쭉 뻗은 도로가 한눈에 들어왔다. 세련된 건물들이 우뚝 솟아 있었고 어디를 가도 깨끗하게 정돈되어 있었다. 사업 차 선진국에 출장을 갈 때면 기품 있고 깨끗한 도시들이 무척 부러웠다. '우리나라는 언제쯤 되어야 이렇게 발전할 수 있을까?' 아득했던 것이 엊그제 같은데 그 사이에 몰라보게 변모해 있었다. 그도 그럴 것이 내가 한국을 떠날 때만 해도 도로는 좁고 지저분했으며 조잡한 건물들이 질서 없이 난무했기 때문이다. 불가능해 보였던 것이 현실이 되어 있었다.

식당, 관공서 할 것 없이 어디를 가도 친절하고 신속했다. 세계 여러 나라의 음식들을 고루 맛볼 수 있고 한식당에 들어가자 무엇부터 먹어야 할지 모를 정도로 상다리가 휘어지게 차려 내왔다. 이것저것 맛있게 먹다 반찬이 떨어지기라도 하면 부리나케 날라다 주었다. 맛이며 서비스가 전 세계 최고였다.

설악산부터 동해안을 거쳐 통영까지 다녀오기도 하고 변산반도와 서해안을 돌아보기도 했다. 전국 어디를 가더라도 산에는 숲이 우거져 있고 내에는 맑은 물이 흐르고 있었다. 시골로 갈수록 후한 인심은 절로 감사가 나오게 했다. 내가 살던 캘리포니아는 날씨도 단조롭고 주위 환경도 거의 변화가 없었다. 그런데 우리나라는 사시사철 각기 다른 풍경이 무척이나 아름다웠고, 바삐 움직이는 사람들에게서도 활기와 생동감이 느껴졌다.

한국에 머무는 동안 우리말을 거의 못했던 아이들이 신기해하며 한두 마디씩 따라 하더니 금세 말이 제법 늘었고, 나 역시 한 달이라는 시간이 짧게 느껴질 정도로 온 가족이 즐겁게 여행했다.

미국에 도착하자 여행 짐도 채 풀기 전에 아내가 먼저 말을 꺼냈다.

"한국에 있다가 오니까, LA에 있는 우리 집이 오히려 휴양지 같아요. 아예 한국에 가서 살면 어떨까요?"

"갑자기 한국에 가서 살자니? 그게 정말이야?"

"네. 아이들에게 한국말과 문화를 가르치기에는 미국보다 한국이 훨씬 좋을 것 같아요."

아내의 말을 듣고 나니, 언젠가 막내 딸 세영이가 유치원에 다녀와서 했던 말이 생각났다.

"엄마, 왜 내 머리는 까만색이에요? 나도 내 친구 제니처럼 금발머리에 파란 눈이면 좋겠어요."

엄마 아빠가 한국에서 태어나 이민 온 것과 동양인의 특징에 대해서 설명해 주었지만, 어려서 그런지 잘 이해하지 못했다. 아내의 말대로 한국에서 몇 년이라도 산다면 한국말과 문화뿐만 아니라 정체성을 찾는 데도 도움이 될 것 같았다. 먼저 말을 꺼낸 건 아내였지만 내 생각도 그와 다르지 않았다.

"실은 나도 얼마 전부터 한국으로 영구 귀국하는 것에 대해서 생각해 봤어. 돌아가면 한국과 연변에서 하고 있는 장학사업을 더욱 본격적으로 할 수 있을 테고, 한국에서는 뭔가 의미 있는 일을 찾아서 새롭게 인생을 시작할 수 있을 것 같아. 당신 말대로 아이들 교육에도 그 편이 나을 것 같아."

그래서 나는 오랜 미국 생활을 정리하고, 2007년 6월에 가족과 함께 한국으로 오게 되었다.

스물일곱 젊은 나이에 한국을 떠나 중년이 되어 돌아왔다. 내가 떠날 때만 해도 가난으로부터 벗어날 희망이 보이지 않던 우리나라가 20~30년 만에 '한강의 기적'을 이루어내고 선진국들과 어깨를 나란히 겨루게 되었다. 그 30년 동안 나 역시 '기회의 땅'에서 누구보다 치열하게 살았고 금의환향하게 되었음을 떠올리자 만감이 교차하고 감회가 새로웠다.

한국에서의 새로운 생활이 시작되자 놀라운 것이 한두 가지가 아니었다. 몇 천원 만 주면 웬만한 물건들이 하루 만에 현관 앞에 도착했다. 통영 굴이며 군산 앞바다에서 잡은 꽃게 등이 그날 서울에 도착하여 저녁 상에 올라오다니……. 미국에서는 상상도 못할 일이었다.

새벽부터 밤늦게까지 열심히 일하는 사람들 덕분에 택배, 대리운전, 포장이사 등 이만저만 편리한 게 아니다. 식당이나 마트에만 가더라도 얼마나 친절한지 감탄할 수밖에 없었다.

한국으로 올 결심을 하고 난 후부터 나는 줄곧 설레고 흥분했었다. 오랜 미국 생활을 정리함과 동시에 이민족으로서 겪은 고독과 외로움도 함께 날려 보내고 한국에서 좋은 친구를 많이 사귈 수 있으리라는 기대가 무엇보다 컸다. 그래서 오자마자 여러 초대나 모임에 거절하지 않고 참석했다.

한번은 정재계의 유명인사들이 모여 골프치고 와인 마시는 모임에 초대받았다. 이름만 들어도 알 만한 사람이 여럿 있었고 다양한 사람들이 모인다기에 들뜬 마음으로 참석했다. 18홀을 돌면서 다른 사람에게 다가가 내 소개도 하고 무슨 일을 하는지 어떻게 이 모임에 오게 됐는지 상대방에게 질문했다. 그런데 그들은 말붙인 내가 무색할 정도로 성의 없는 대답을 하는가 하면 나에게 되묻지도 않았다. 마치 서로 관심을 갖고 대화하는 자체를 불편해하는 것 같았다.

처음 만나는 사람들에게 관심을 보이고 즐겁게 대화하는 것을 당연하게 여겼던 나는 이런 사람들의 태도를 도무지 이해할 수가 없었다. 몇 시간을 함께 운동하면서 즐거운 시간을 보내리라 기대했지만 실망만 남았다. 그렇게 골프 라운딩을 마치고 저녁 식사 시간이 되었다. 와인이 한 잔씩 들어가자 한 사람씩 돌아가며 멋지게 건배사들을 외쳤지만 진솔한 자기 얘기를 하는 것이 아니라 그 자리에 없는 제3자 또는 군대 얘기를 하다가 의미 없는 잡담으로 이어졌다. 새로운 사람들과의 즐거운 교제를 기대했던 나는 씁쓸한 마음으로 돌아왔다.

미국에서의 저녁 만찬은 샴페인을 들고 다니며 서서 가벼운 담소를 나누는 것으로 시작된다. 처음 보는 사람들이라도 스스럼없이 다가가 인사를 나누고 상대방의 관심사에 대해 질문을 주고받으며 유쾌하게 대화를 이어 간다. 이런 기회를 통해서 서로에 대해 알게 되고 더욱 진지한 관심사로 깊어지다 따로 식사에 초대하거나 친해질 수 있는 계기를 마련한다.

언젠가 나의 귀국을 환영하기 위한 동문회가 열린다고 해서 참석했던 적이 있다. 몇 십 년 만에 만나는 동창들이라 반갑기도 하고 궁금한 것도 많았다. 먼저 다가가 악수를 하고 얘기를 건네 보려 했지만 모두들 형식적인 인사만 하고 명함주기에 바빴다. 미국 생활은 어땠는지, 한국에는 왜 오게 됐는지, 앞으로의 계획은 어떤지 등 묻지도 않고 관심도 없어 보였다. 그리고 내가 묻는 말에도 "그저 그래, 사는 게 다 그렇지 뭐." 등 형식적이고 성의 없는 대답에 그쳤다. 나는 이 많은 사람들이 그 자리에 왜 모였는지 도무지 알 수가 없었다.

그 후에 다른 모임에도 몇 번 나가봤지만 상황은 크게 다르지 않았다. 나는 더 이상 의미 없는 만남에 시간을 쏟고 싶지 않아서 이후에는 일체의 행사나 형식적인 모임에는 나가지 않고 있다. 좋은 친구를 많이 만나리라는 나의 기대가 무색해지면서 미국에서 느꼈던 이방인 같은 느낌이 한국에서도 들기 시작했다.

글로벌 사회의 경쟁력 '매너'

미국에 막 도착한 지 얼마 되지 않았을 때인데 맞은편에서 걸어오던 멋진 중년의 신사가 "굿모닝" 하고 인사를 했다. 처음 보는 사람이라 나도 모르게 뒤를 돌아보았으나 아무도 없었다. 그 신사가 인사를 건넨 사람은 다름 아닌 나였던 것이다. 모르는 사람에게 인사를 하다니……. 그런 모습을 한 번도 본 적이 없던 내게는 충격이었다. 누구하고라도 눈이 마주치면 미소 지으며 가볍게 눈인사를 나눌 정도로 다른 사람에 대한 존중과 배려가 몸에 밴 그들의 문화에 적응하는데 꽤 오랜 시간이 걸렸다.

그런데 30년 만에 돌아 온 모국에서 또 다 른 문화적 충격을 받았다. 바삐 오가는 사람들 표정은 하나같이 굳어 있었고 다른 사람과 마주쳤을 때 미소 짓거나 눈인사를 건네기는커녕 내가 인사를 해도 마치 "당신 나알아?" 하는 식으로 경계하듯 쳐다봤다. 심지어는 같은 아파트에 사는 주민을 엘리베이터 안에서 만나도 내릴 때까지 허공을 두리번 거리거나 스마트 폰에서 눈을 떼지 않 는 경우가 대부분이었다. 아이들도 마찬가지였다. 어른을 보고도 인사할 줄을 모르고 스마트 폰에 빠져 있다.

손님에 대한 서비스는 세계 최고인데 왜 오가며 부딪히는 사람에게는 이토록 무표정으로 경계할까? 다른 사람에 대한 존중과 배려는 꼭 '손님' 일 때만 가능한가? 우리나라에 드나드는 많은 외국인들에게도 이런 모습이 낯설게만 느껴질 것이다. 밝게 인사를 주고받는 매너 속에서 일상의 여유를 찾고 스스로의 격을 높일 수 있다.

한번은 어느 건물에 들어가려다 닫히는 문에 내 이마를 부딪힐 뻔했다. 앞서 들어간 사람이 문을 잡아 주지 않고 자기만 빠져나갔기 때문

청소년들의 멘토—스티브 김 아저씨의

이다. 자기가 열었던 문이 닫히기 전에 뒤를 한 번만 돌아보면 좋을 것을……. 아마 외국에서 이런 행동을 한다면 야만인 취급을 받을 것이다.

글로벌 사회의 경쟁력은 영어가 아니라 '매너'인 이유가 바로 이것이다.

소통을 통한 행복의 선순환

우리나라 사람들은 모르는 사이뿐만 아니라 아는 사람에게조차 먼저 다가가서 스스럼없이 대화하는 것을 어려워한다. 그러나 상대방의 눈을 보면서 의미 있는 대화를 주고받는 것은 인간관계에서 매우 중요한 요소이며 다른 사람과의 소통이 원만하지 않고서는 결코 행복할 수 없다.

마주한 사람과 눈 맞춤을 해야만 지금 나누는 대화에 상대방의 관심이 있는지 혹시 지루해하지 않는지 확인할 수 있다. 혹자는 상대의 눈을 똑바로 쳐다보거나 질문하는 것을 실례라고 여길지도 모른다. 그러나 일방적으로 말하거나 듣기만 해서는 상대방을 제대로 이해할 수 없고 순수한 관심과 공감을 표현할 수도 없다.

누구를 만나든 열린 대화 즉 주고받는 대화를 할 수 있어야만 그 시간이 의미 있고 즐거운 만남으로 이어질 수 있다. 그런데 대부분의 사람들은 '대화의 기술' 즉 소통의 기술을 제대로 배울 기회가 없어서인지 묻고 대답하는 요령을 잘 모른다. 상대방이 관심을 갖고 하는 질문에 "예" 또는 "아니요"로 성의 없이 대답하고 끝내버리는가 하면 일반인들은 잘 알지도 못하는 전문지식이나 제3자를 들먹거려 가며 장황하게 늘어놓는 사람들도 있다.

처음 만나는 자리이면 특히나 서로에 대해서 잘 모르기 때문에 간결한 질문과 대답을 성의 있게 주고받으며 공통의 관심사를 찾아가는 것이 순서이자 예의다. 아무리 하고 싶은 말이 많아도 상대방을 먼저 배려하며 자신을 절제할 필요가 있고, 상대방이 궁금하게 여기는 것에 대해서 성의 있게 대답하는 것이 올바른 대화의 기술이다. 그리고 상대방의 질문만 기다릴 것이 아니라 관심을 갖고 물어보는 것도 상대를 존중하는 마음의 표현일 것이다.

다른 사람을 만나는 기회는 우연히 주어지더라도 이후에 의미 있는 만남으로 이어 가는 것은 각자의 몫이다. 나 역시 강연과 교육 사업 등으로 각계각층의 다양한 사람을 만나게 되지만, 첫 만남에서 주고받는 대화의 내용과 분위기에 따라 한 번의 형식적인 만남에 그치는 경우도 있고 친밀하고 의미 있는 만남으로 이어지기도 한다. 외롭지 않기 위해서는 진솔하게 대화하고 소통을 잘해야만 한다. 그리고 그것이 바로 행복한 삶의 비결이라 생각한다.

베벌리 힐즈 주택 전경

실내로 향하는 현관 입구

하우스 콘서트

한국에서 찾은 새로운 열정

모국으로의 영구 귀국을 결심하고부터 가졌던 흥분과 기대는 점점 실망으로 다가왔다. 여유 없이 앞만 보고 바쁘게 달려가는 사람들 속에서 나는 딴 세상 사람 같았다. 나를 찾아오는 사람들은 많았지만 '미국에서 많은 돈을 벌고 크게 성공한 사람'에 대한 가벼운 호기심이 대부분이었지 '김윤종'이라는 사람에 대해서 순수한 관심을 갖고 진솔하게 다가온 사람은 거의 없었다. 처음에는 좋은 친구를 얻고 싶은 마음에서 거절하지 않고 시간을 할애했지만, 시간이 갈수록 이런 만남들에 회의가 생겼다. 미국과 한국 각기 다른 문화 속에서 형언할 수 없는 외로움과 허탈함이 밀려왔다.

새롭게 열정을 쏟을 만한 의미 있는 일을 찾는 것도 쉽지가 않았다.

청소년들의 멘토–스티브 김 아저씨의

2001년에 설립한 꿈희망미래 재단의 장학사업도 구체적으로 들여다보고, 이 외에도 '더 의미 있게 할 수 있는 일이 무엇일까?' 고민했다.

많은 사람들이 학교를 세우라고 했지만 학교운영에 대한 구체적인 지식도 없는데다 단지 보여 주기 식의 형식적인 일에 나의 시간과 돈을 쓰고 싶지는 않았다. 그보다 사각지대를 찾아서 직접 관여하고 실제적으로 기여할 수 있는 일을 찾는 것이 더 의미 있는 것이라 생각했으나 구체적인 아이디어가 떠오르지 않았다. 돈을 제대로 잘 쓰기란 버는 것보다 더 어려움을 실감했다.

그러던 중 어느 헤드헌터로부터 연락이 왔다.

"회장님, 혹시 '하이닉스'라는 회사에 대해 들어보셨습니까?"

"하이닉스요? 잘 알고말고요."

"회장님, 하이닉스에서 지금 CEO를 찾고 있습니다. 회장님은 한국인으로서 유일하게 미국 IT업계에서 크게 성공하시고 나스닥에 상장한 경험도 있지 않습니까? 하이닉스 같은 글로벌 회사에 회장님 같은 분이 꼭 필요하다고 생각됩니다."

"저도 신문에서 기사를 보았습니다. 미국에서의 제 경험이 우리나라에서 유용하게 쓰일 수 있다면야 좋은 일이지만 그런 기회가 주어질까요? 저는 오랫동안 미국에서 생활했기 때문에 한국에는 아무런 인맥이 없습니다."

"회장님, 이번에는 아주 투명하고 공정한 경쟁이 될 겁니다. 그러므로 인맥이 없어도 회장님께서 꼭 지원하셔야 합니다."

그는 하이닉스가 국가적으로도 대단히 중요한 기업이므로 국제 비즈니스를 성공적으로 이룬 경험이 절대적으로 필요하고 더구나 IT업계에서 전문성을 인정받은 나야말로 하이닉스 CEO로서 적임자라고 강조했다. 워낙 적극적으로 설득하기에 생각해 보겠다고는 했으나 선뜻 나설 만한 일은 아니었다. 여느 분야도 예외는 아니겠지만 특히나 반도체 같은 산업은 그와 관련된 산업의 트렌드와 해당 기술의 변화에 대한 남다른 안목을 필요로 한다.

그뿐만 아니라 신기술을 개발하기 위해서는 적어도 5년 이후의 변화까지 예측할 수 있어야 한다. IT산업 전체에 대한 큰 그림이 없이는 그때그때 현명한 판단을 내리기가 쉽지 않기 때문이다. 설령 회사 내에 실무 전문가들이 있다 하더라도 CEO가 기술과 시장 트렌드를 알고 있어야만 중요한 결정들을 내릴 수 있다. 더구나 하이닉스는 글로벌 마켓을 상대하는 기업이므로 세계화에 대한 경험과 감각도 갖추어야만 했다.

'만약 내가 하이닉스를 책임지게 된다면 적어도 3년 동안은 모든 정력을 다 쏟아야 할 텐데…….'

연봉 1달러

미국에서 경영자로 일할 때처럼 치열하게 살 것을 생각하니 썩 내키지가 않았다. 그러나 하이닉스와 같은 기업을 성공적으로 회생시켜서

청소년들의 멘토-스티브 김 아저씨의

한국 경제에 크게 기여할 수만 있다면 그것도 의미 있는 일이라는 판단이 섰다. 며칠을 고민한 끝에, '그래, 한번 해 보자! 돈을 벌기 위해서가 아니라 내가 태어난 나라를 위해서……. 연봉은 1달러로 하지.'라고 생각을 굳힐 무렵 헤드헌터에게서 다시 연락이 왔다.

"CEO로 물망에 오르는 분들이 몇 분이나 됩니까?"

"한 10명 정도 됩니다."

"이미 내정된 사람을 두고 제가 들러리 서게 되는 것은 아닐까요? 그런 상황이라면 저는 참여할 생각이 없습니다."

"절대 그렇지 않습니다. 회장님을 모신다는 것이 하이닉스에 정말로 큰 행운이라고 생각합니다."

"잘 알겠습니다. 대신 저의 경영철학과 하이닉스에 대한 비전을 제시할 기회를 갖고 싶습니다."

"회장님, 그런 과정을 거치는 것은 당연합니다. 힘든 결정을 해 주셔서 정말로 감사합니다." 이 대화를 끝으로 헤어졌다.

다음 절차를 기다리고 있는데 며칠 후 신문에서 재계의 고위 관료 출신이 하이닉스의 새 CEO로 결정되었다는 기사를 보았다. 나는 아무 연락도 받지 못했는데……. 그때 내가 느낀 당혹감이란 말로 다할 수가 없다. 당초에 약속한 대로 면접의 기회가 주어졌거나 다른 사람이 선택된 이유라도 사전에 알았더라면 그렇게 어이없지는 않았을 것이다. 이것이 '한국의 기업 문화'임을 통감했고 비일비재한 관행을 모른 채 국가에 기여하고자 했던 순수한 마음에 큰 상처를 입었다.

한국에 돌아온 것이 모교인 서강대학교에 알려지자, 경영대학원에서 모교 출신으로는 처음으로 내게 명예박사 학위를 수여하고 초빙교수로서 강의해 줄 것을 요청했다. MBA를 전공하지도 않은 내게 쉬운 일이 아니었지만 모교의 청을 거절할 수도 없고 이것 또한 새로운 도전이겠다 싶어 수락했다.

'실전경영'이라는 과목을 맡아서 두 번의 창업과 경영하는 동안 체득한 실제적인 노하우를 이론이 아닌 경험 그대로 쏟아냈다. 빈번했던 시행착오들과 그것을 해결해 나가는 과정에서 얻게 된 삶의 지혜를 진솔하게 들려주자 학생들은 호기심 가득한 눈빛으로 강의에 집중했고 야간수업이었음에도 불구하고 매 수업 시간마다 의욕과 생동감이 넘쳐났다.

학생들은 삶의 고민이나 현장에서 부딪히는 다양한 어려움들에 대해 수시로 질문했다. 나는 이들이 처한 어려움과 고민을 누구보다 깊이 이해할 수 있었다. 나역시 노동으로 지친 몸을 이끌고 야간대학원에 다녔던 시절이 있었기 때문이다. 이들에게 성심 성의껏 조언하고 용기를 북돋아 주었다. 그리고 나와의 수업시간이 1분1초도 헛되지 않도록 최선을 다했다. 학생들은 나의 따뜻한 마음과 열정에 고마워했고 나 역시 다른 사람의 삶에 소중한 영향을 끼칠 수 있다는 사실이 얼마나 감사했는지 모른다.

강의를 마치고 문을 나설 때면 미국에서 야간대학원을 다녔던 시절이 새삼 떠올랐고 감회가 남달랐다.

소통을 통한 맞춤형 강의

그 무렵 '인간개발연구원'에서 주최하는 30주년 기념행사의 주강사로 초청을 받았다. 큰 행사에 모인 다양한 청중들을 어떻게 감동시켜야 할지 조금은 부담되었지만 강의 요청을 거절할 수가 없어 내 경험과 생각들을 가식 없이 풀어냈다. 그리고 삶의 지혜를 함께 나누고자 이른 아침부터 모인 사람들에게 의미 있는 시간이 되기를 바라며 성심을 다했다.

강연이 끝나자 청중들은 일제히 기립박수를 쳤다. 내가 말을 잘한 것도 아닐 텐데 이렇게 뜨겁게 환호하다니……. 나의 강연이 다른 사람에게 감동을 주었다는 사실이 놀랍기만 했다. 그리고 그날 이후로 강연에 대한 새로운 자신감이 붙었고 남 앞에 서는 것이 더 이상 두렵지 않았다. 그 후로 나에 대한 얘기들이 사람들 입에서 입으로 전해져 강연 요청이 이어졌고 그 대상도 CEO, 직장인, 학부모, 대학생, 청소년, 일반시민 등 다양했다.

나는 모든 강연에 앞서 각각의 대상이 갖고 있는 관심과 니즈를 파악하고 그에 맞는 내용으로 준비했다. 청소년과 청년들에게는 '성공의 7키워즈', '도전 없는 행복은 없다', 학부모들에게 '부자들의 자녀교육 방법', CEO들을 위한 '미국에서 통한 한국식 경영'과 '소통의 리더십', 일반 시민들에게는 '행복을 주도하는 삶', '하나님의 섭리' 등의 주제로 강연을 했다.

어떤 복잡한 이론이나 학문적인 개념보다 나의 삶을 통해서 얻은 경험과 깨달음을 편하게 주고받으며 재미있게 이끌어 나갔다. 최근에는 안타까운 교육 현실 속에서 오직 한길만을 향해 가는 청소년들을 찾아가 "차별화가 살길이다!"라고 일깨운다.

강연을 준비할 때마다 그들이 내 강의를 들을 수 있는 단 한 번의 기회일지도 모른다는 생각을 하면 절대로 게으름을 부리거나 대충 할 수가 없다. 대상을 막론하고 그 날 강연을 듣는 사람들로 부터 최대의 감동을 끌어내기 위해 매 순간 애쓰고 있다.

몇 년 전부터 석좌교수로 있는 서울사이버대학에서 녹화 한 10회의 기획특강은 서울사이버대학교와 우리 꿈희망미래재단의 홈페이지와 유투브에서 쉽게 볼 수 있다.

〈아시아의 빌게이츠 스티브 김의 성공신화〉 출간

내가 태어나고 자란 고국인데도 30년 만에 돌아오자 여러모로 적응하기가 어려웠다. 사람에 대한 실망과 문화적 충격이 거듭 되었지만 이에 게의치 않고 새로운 일을 찾아 열정을 쏟고자 골몰했다. 그러다 우연히 어느 교수님의 권유로 책을 출간하게 되었다.

"회장님, 요즘 우리 청소년들에게 롤 모델이 누구냐고 물으면 빌게이츠나 스티브 잡스 등을 듭니다. 그러나 회장님께서 이룬 성공이야말로 우리 청소년들에게 귀감이 될 텐데 아직 회장님을 모르는 사람들이 너무 많습니다. 게다가 성공한 이후 회장님께서 실천하시는 '노블리스 오블리제' 또한 청소년들이 롤 모델로 삼고 배워야 하지 않겠습니까? 우리 청소년들을 위해 책을 쓰시면 어떨까요?"

"책을 쓰라고요? 아유 저는 학교 다닐 때도 국어를 잘 못했어요. 말도 잘 못하고 글은 더더욱 쓸 줄 모릅니다."

"회장님, 무조건 아니라고만 하실 게 아니라 진지하게 생각해 보시지요. 글 솜씨가 중요한 것이 아니고 회장님의 경험과 삶의 지혜를 나누어 주신다는 것에 의미를 두십시오. 회장님의 도전 정신과 성공 스토리가 다른 사람에게 분명한 꿈과 희망이 될 것입니다."

내 얘기를 책으로 쓴다는 것이 썩 내키지 않았지만 교수님은 줄곧 권유했고, 그 외에도 여기저기서 책을 쓰라는 얘기가 심심찮게 나왔다. 얘기가 거듭되자 책 출간을 놓고 구체적으로 고민하기 시작했다.

'현재 상황이 너무 힘들어서 좌절하거나 꿈을 포기하는 청소년들에게 나의 힘들었던 시절과 역경을 딛고 일어난 스토리로 희망을 줄 수 있다면 의미가 있지 않을까? 창업을 하려는 사람들에게도 내 경험에서 나온 실제적인 조언이 큰 도움이 될 수 있을 거야.'

이렇게 해서 2007년 9월에 〈아시아의 빌 게이츠 스티브 김의 성공신화 꿈 희망 미래〉라는 제목으로 책을 냈다. 가난했던 어린 시절부터 방황했던 학창시절과 창업을 하면서 겪었던 시행착오 등 내 경험을 있는 그대로 나눔으로써 독자들에게 실제적인 도움이 되기를 바랐다. 책을 내면서 '부족한 나를 믿고 따라 준 많은 사람들과 함께 이루어 낸 결과'가 자칫 나만의 성공이나 자랑이 되지 않을까 염려스러웠다.

책이 나오자마자 독자들에게 큰 반향을 일으켰고 언론 매체 등 다양한 곳에서 인터뷰와 강연 요청이 쇄도했다. 〈희망특강 파랑새〉, 〈백지연의 피플 인사이드〉, 〈일류로 가는 길〉, 〈이야기 쇼 두드림〉, 〈아침마당〉, 〈허참의 토크 & 조이〉, 〈EBS 초대석〉 등의 공중파와 케이블TV 프로그램에 출연하고 여러 언론들의 취재를 통해서 내 경험을 나누었다. 지금은 연간 120회 정도의 강연으로 전국을 돌지만 출간 직후에는 무려 200회가 넘는 강연을 했으니 얼마나 바빴겠는가?

그뿐만 아니라 강연을 들었던 많은 사람들이 고민을 털어놓고 조언을 구하기 위해서 수시로 찾아왔다. 사업을 할 때처럼 쫓기지는 않았으나 하루하루가 의미 있고 바쁘게 지나갔다. 내 이야기를 책으로 쓴다는 것은 한 번도 상상해 본 적이 없었지만 책을 출간함으로써 치열하게 살아온 나의 삶에 위로와 박수를 받고 비로소 열정을 다시 찾을 수 있었다.

우리 아이들을 살려 주세요

나의 경험과 시간이 이토록 귀하게 쓰이기를 얼마나 간절히 원했던가! 다양한 사람들과 고민을 함께 나누며 강연으로 바쁘게 지내는 것이 보람되고 행복했다. 그러나 강연에서 아무리 강조를 해도 자기 생각이나 행동방식을 바꾸려고 하지 않는 성인들을 상대로 하는 강의에는 회의도 들었다.

어느 날 강경상업고등학교 교장 선생님으로부터 전화를 받았다.

"회장님, 우리 아이들에게 회장님의 강연을 꼭 들려주고 싶습니다. 제발 와주십시오."

강연 일정을 잡고 충남 논산에 있는 강경으로 내려갔다. 몇 해 전만 해도 재학생이 1,500여 명에 이르는 3대 명문상고 중의 하나였던 학교가 지금은 겨우 400명에 그칠 정도로 규모가 작아졌다. 서울과 대도시로의 인구쏠림 현상이 그만큼 심각해진 것이다. 그보다 더욱 놀라운 사실은 절반 이상의 학생들이 기초생활 수급 대상자이고 결손 또는 조손 가정이라는 점이었다.

"이 아이들은 아무 꿈도 꾸지 못하고 있습니다. 뚜렷한 목표도 없고 동기가 없다보니 하루하루를 그냥 흘려보내는 실정입니다. 이 아이들이 졸업하면 어떻게 되겠어요? 지금 이대로 방치하면 훗날 엄청난 사회문제가 될 수 있습니다. 호미로 막을 것을 가래로도 못 막는 지경이 될 것입니다. 심각해요."

교장 선생님의 걱정은 이만 저만이 아니었다. 말씀을 듣고 있자니 학교라기보다 무슨 보호시설처럼 여겨졌다. 학생들을 위한 교육은 커녕 3년 동안 학교라는 울타리 안에 수용하고 있다가 때가 되면 내보내고 마는 것이다. 내가 학교 다닐 때는 가난한 아이들도 열심히 공부해서 가난으로부터 벗어날 수 있었고 나뿐만 아니라 성공한 대부분의 사람들이 어려운 환경을 딛고 일어섰다. 그런데 더 이상 '개천에서 용이 나는 것'은 불가능하다고 했다. 나는 엄청난 충격을 받았다.

강당에 들어서자 아이들은 마치 세상을 다 산 것처럼 널브러져 있었다. 새로운 것에 대한 호기심이라고는 찾아볼 수 없었고 아예 강의를 들으려고 조차 하지 않았다. 한참 팔딱거리고 탐구해야 할 청소년들이 어쩌다 이 지경이 되었는지 도무지 알 수가 없었다.

'이 아이들이 과연 행복하게 살 수 있을까?'

'감수성이 가장 풍부하고 중요한 이 시기를 그냥 흘려보내지 말아야 할 텐데!'

'어떻게 이 아이들을 일깨울 수 있을까?'

강연을 마치고 돌아오는 내내 고민들을 떨쳐 버릴 수가 없었다. 그리고 어떻게 해서든지 이 아이들을 돕고 싶었다.

청소년을 품은 새로운 사명

그날 이후로 성인들을 위한 강의보다 청소년을 더 우선적으로 찾아가서 꿈과 희망을 주기로 결심했다. 청소년들이야말로 우리의 미래인데 더 이상 방치해서는 안된다고 생각했고 나라도 나서서 뭔가를 해 주고 싶었기 때문이다.

청소년들의 멘토-스티브 김 아저씨의

아이들이 처한 상황이 너무 안타까운 나머지 간절함을 안고 갔지만 아이들은 매일 반복되는 주입식 교육에 지쳐 아무런 호기심도 없이 억지로 끌려와서 앉아 있었다. 조금만 재미없어도 졸거나 잡담하는 아이들의 관심을 끌기란 여간 힘든 게 아니다. 게다가 아이들만 강당에 몰아넣고 선생님들이 자리를 지키지 않으면 아이들 상태는 더욱 심각하고 애써 찾아간 나 역시 선생님들의 성의 없는 태도에 상처받는다.

어떻게든 아이들이 내 말에 귀를 기울이고 깨닫게 하기 위해 늘 고민하며 다양한 시도를 했다. 정장보다는 캐주얼한 옷차림을 하고 노래도 함께 부르면서 아이들과의 경계를 허물어 갔다. 그리고 좀 더 주의를 집중시키기 위해 마술도 배웠다. 가난했던 나의 어린 시절과 방황했던 학창시절, 군대에서의 경험, 창업하면서 겪었던 애로사항 등 아이들의 흥미를 유발해가면서 어떤 상황에서도 용기와 자신감을 가지라고 설득했다.

"사람은 누구나 행복하기 위해서 태어났단다. 그런데 행복은 그냥 주어지는 것이 아니라 자기 스스로 고민하면서 만들어가는 거란다. 자기가 처한 환경에 맹목적으로 끌려갈 것이 아니라 어떻게든 행복하기 위한 돌파구를 찾아야지."

"사람마다 흥미와 관심분야가 다르고 타고 난 재능도 제각각이야. 공부에 재능이 있으면 몰라도 그렇지 않다면 공부 외에 자신이 잘할 수 있는 것을 부지런히 찾아봐야 하지 않겠니? 남들이 학원에 가니까 나도 가고 친구가 대학에 가니까 덩달아 가는 식으로 시간을 허비하다 10년, 20년 후의 자기 모습이 어떨지 상상해 봐. 뭘 하든 목표와 목적이 있어야 능률도 오르고 즐겁단다."

"지금 너희들은 감수성이 예민해서 새로운 것을 습득하기에 가장 좋은 때야. 책도 많이 읽고 동아리 활동이나 예·체능 등 다양한 경험을 하면서 자기가 좋아하는 것과 잘할 수 있는 것을 발견하면 좋겠어. 자기가 하고 싶은 것, 잘하는 것을 하다보면 새로운 것을 알아가는 즐거움에 빠져서 시간 가는 줄 모를 거야. 그 과정이 얼마나 뿌듯하고 행복하겠니? 스스로 얻은 자신감과 성취감이야 말로 뭐든지 할 수 있는 소중한 자산이 된단다. 다른 사람으로 부터 인정받고 신뢰와 지지를 받게 되면 매 순간이 행복할꺼야."

아이들은 내 말에 수긍이 가고 감동될 때마다 크게 환호하며 박수를 친다. 남의 말에 좀처럼 귀 기울이지 않고 10분도 집중하기 어려운 청소년이라고들 하지만 수시로 질문을 주고받으며 공감하다 보면 2시간이 훌쩍 지나간다. 강연 도중 던지는 질문에 대답한 학생들에게 내 책을 선물로 주고 강연이 끝난 후에는 일일이 사인을 해 준다.

아이들의 어깨를 감싸고 사진을 찍으며 진심으로 격려해 주면 저마다 상기된 표정으로 흥분을 감추지 못한다. 그리고 "꼭 실천하겠습니다. 오늘 들은 말씀을 오래 기억하겠습니다. 아저씨도 저 잊지 마세요." 하며 결의에 찬 약속을 한다. 어른들의 욕심으로 안타까운 교육 현실에

처한 아이들에게 꿈과 희망을 주는 시간이야말로 내게 매우 특별하고
행복한 일이다.

예순에 들은 황홀한 고백

강연을 마치고나면 그날 받은 감동과 결심을 학생들 스스로 손을 들
고 나와서 발표하는 '용기 선언식'을 하게 한다. 무대 위로 올라와 여러
사람들 앞에서 말하기까지는 큰 용기가 필요하지만 실제 해봄으로써 무
대 공포증을 이기고 자신감을 얻게 되기 때문이다. 그리고 이 경험은
매우 오래 동안 기억될 뿐만 아니라 자기가 말한 것을 지키고자 하는 책
임감도 훨씬 커져서 강연을 통해 깨달은 것을 실천하고 삶에 적용시키
고자 더욱 애쓸 것이라 믿기 때문이다.

"저는 매일 똑같이 반복되는 생활에 숨이 막힐 지경이었습니
다. 그런데 부모님이나 선생님들은 저의 이런 마음을 이해해
주지 않았어요. 좋은 직장에 취직하고 잘살기 위해서는 공부를
잘하는 것밖에는 길이 없다고 했습니다. 그런데 오늘 아저씨
께서는 '방황도 학습이다.'라고 하시면서 잠시 책을 덮고 우리
가 뭘 좋아하는지, 잘하는 것이 무엇인지 발견하는 것이 더 중
요하다고 하셨습니다. 그리고 제발 해 보고 싶은 것 좀 해 보
라고 하시는 아저씨 말씀을 들었을 때 제 가슴이 뻥 뚫리는 것

같았습니다.

'아, 이 세상에 나를 이해해주는 사람도 있구나!' 하는 생각
과 함께 경험보다 귀한 공부는 없다는 것도 알게 되었습니다.
그동안 아무 의욕이 없고 재미없었던 이유는 제 인생의 목표
가 부모님에 의해서 결정되었기 때문인지도 모르겠습니다. 저
는 오늘 제 삶에 대한 새로운 애착을 갖게 되었습니다. 행복
한 삶을 위해서 진지하게 고민하고 의미 있는 방황을 해 보겠
습니다. 제가 최선을 다하고 제 행동에 스스로 책임질 수 있다
면 부모님께서도 저를 신뢰하고 지지해 주시리라 믿습니다. 아
저씨, 오늘 제게 큰 충격을 주셨습니다. 제가 반드시 성공해서
아저씨를 찾아가겠습니다. 저를 잊지 말고 꼭 기억해 주세요.
고맙습니다."

"결과보다는 과정을 중시하라는 말씀에 정말 큰 감동을 받았
습니다. 그동안 최선을 다하지 않고 늘 좋은 결과만 바란 제
행동과 생각에 문제가 있음을 깨달았습니다. 노력도 하지 않고
성적만 좋게 나오기를 바란 제가 너무 부끄러웠습니다."

"대부분의 사람들은 대기업에 다닌다고 하면 부러워하는 반면
중소기업에 다닌다고 하면 낯빛을 바꾸면서 화제를 돌리곤 하
죠. 그런데도 중소기업을 추천하시는 선생님께 깊은 감명을 받

았어요. 대기업에서는 부속품에 불과하지만 오히려 중소기업에 더 기회가 많다는 것을 깨닫게 해 주셨어요. 지금부터 열심히 공부하고 자격증도 따서 제가 취직하는 회사에서 없어서는 안 될 사람이 되겠습니다."

"공부가 싫으면 하지 말고 책을 덮으라는 말씀이 저에겐 충격이었어요. 늘 공부만 생각하고 높은 성적을 요구받아 온 저로서는 미국의 대학 진학률이 40%밖에 되지 않는다는 사실이 매우 놀라웠고 한편으로는 부럽기도 했습니다. 그 아이들은 고등학교 때 이미 자신의 꿈을 정했기 때문이겠죠? 저도 빨리 꿈을 찾고 구체적인 목표를 정해야겠다고 결심했습니다. 부모님은 무조건 대학을 나와야 된다고 하시지만 제게 꼭 맞는 진로를 찾아서 빨리 사회로 나갈 준비를 하겠습니다."

덩치는 나보다도 큰 녀석들이 무대 위로 올라와 수백 명이 바라보는 앞에서 어깨가 들썩이도록 울먹거린다. 재능이며 흥미가 제각각 다른 녀석들을 한곳에 몰아넣고 한 길로 가게 하니 얼마나 힘들까? 무대 위로 올라 온 학생들이 가슴 속 깊이 억눌린 감정들을 토로하면, 강당을 빼곡히 채운 남은 학생들도 숙연해진다. 밝고 열정적으로 뛰어다녀야 할 청소년들이 왜 이렇게 힘들어야 하는지……. 따지고 보면 아이들만 힘든 것도 아니다. 선생님, 부모 할 것 없이 모두가 고통을 짊어지고 있다. 우리 교육 현실을 바라보면 뭔가 잘못돼도 한참 잘못된 것 같은 생각을 떨쳐 버릴 수가 없다.

아이들은 자신들의 처지를 이해하고 애기를 들어 주는 것만으로도 행복해하는 것 같다. 나이가 들수록 아이들로부터 외면당하고 멀어지기 십상인데 나는 예순이 넘은 나이에 이런 황홀한 고백을 들으며 감동을 나누고 있으니 얼마나 행복한 삶인가?

티셔츠에 청바지 입은 아저씨

"이런 대단한 강연을 들을 수 있어서 정말 좋았습니다. 안녕하세요. 저는 2013년 3월 20일에 경남 사천의 용남고등학교에서 스티브 김 아저씨의 강의를 들은 1학년 황○○입니다.
강연이 끝나고 사인해 주실 때 "할 수 있다."라고 써 주시면 안 되냐고 울면서 부탁드렸던 그 여학생 기억하시죠?
아저씨의 강의는 정말 감동적이었어요. 저는 그동안 몸도 마음도 모두 지쳐 있었습니다. 그래서 강연이 있다는 애기를 들었을 때만 해도 '또 똑같은 말만 하겠지.'라고 구시렁거리며 강당으로 갔습니다.
그런데 아저씨께서 '성공의 7 키워드'라며 간절한 목표, 자존감, 열정, 자신감, 호감도, 습관화, 소통의 기술을 말씀하실 때, 저는 정말 '아차!' 하는 생각이 들었습니다.
그동안 꿈과 목표가 없어서 꿈이 있는 친구들을 부러워만 했

청소년들의 멘토—스티브 김 아저씨의

는데 "나도 27살에야 꿈을 찾았어. 지금 꿈이 없는 것은 당연해."라고 하신 그 말씀이, 저에게는 가슴에 아주 깊게 와 닿았습니다.

한 번도 이런 말을 들어본 적이 없었거든요. 하지만 아저씨는 다르셨습니다. 입시에 쫓기고, 내신과 수능에 숨이 막혀 가슴이 답답했던 저는 천천히 찾아도 된다고 하는 아저씨의 한마디에 정말 눈물이 났습니다.
저는 아저씨의 말씀처럼, 나에 대한 자존감을 높이고 절실한 목표를 찾아서, 끊임없이 열정을 쏟을 것입니다. 또한 '나도 할 수 있다.'는 자신감도 갖고 좋은 버릇들을 습관화시키며, 남들에게 호감을 주는 사람이 될 수 있도록 노력할 것입니다. 지금 이 글을 쓰면서, 제게 사인해 준 종이가 들어 있는 액자를 보고 있습니다. 이렇게 보고 있으니, 강의를 듣던 때의 감동이 자꾸 떠오릅니다."

"아저씨께서는 청바지에 가죽 자켓을 입고 우리 학교에 오셨어요. 저는 "우리가 보아 오던 강사님들이랑은 다르다. 어쩜 저렇게 남을 배려하고 여유 있어 보이지? 완전 신기하다!"고 제 친구와 얘기했습니다.
아저씨를 보면서 저도 꼭 그렇게 되어야 겠다고 생각했습니다. 물론 아저씨처럼 돈도 많이 벌면 좋겠지만, 무엇보다 여유 있는 사람이 되고 싶습니다. 오래전부터 찾아보았지만, 제 주변에는 딱히 이렇다 할 롤 모델이 없었습니다. 이제는 아저씨가 저의 롤 모델이 되셨습니다.

이렇게 강연 후기를 쓰면서, 아저씨의 강연이 나에게 많은 변화와 긍정적인 영향을 주었다는 것을 다시 한 번 알게 되었습니다. 앞으로 저는 아저씨께서 말씀하신 모든 것을 실천해 보려 합니다.
저의 꿈을 꼭 이루어서, 아저씨의 강의가 내 인생의 터닝 포인트 였다고 말하고 싶습니다. 한 여학생의 삶을 바꿔 놓을 좋은 강연을 해주셔서 정말 감사합니다."

후기들을 하나하나 챙겨 읽다 보면, 내 강의를 통해서 그들이 깨달음과 새롭게 도전할 용기를 얻었음을 알게 된다. 그때마다 가슴 뿌듯한 보람을 느끼게 되고, 더 많은 청소년들을 향해 벅찬 마음으로 달려갈 채비를 하게 된다.

청소년들의 멘토-스티브 김 아저씨의

2009년 CEO대상 특강

태봉대안고등학교 강연

하나고등학교 강연 후 용기선언

강연 후 책에 사인해주고,
기념촬영

강연 후 아쉬움으로
길을 막는 학생들과 함께

2015년 건양대 강연콘서트

청소년들의 멘토-**스티브 김** 아저씨의

세 번째 창업, 꿈희망미래 리더십센터

헤어지기 아쉬워하는 아이들을 뒤로하고 차에 올라타면 가슴 뿌듯한 감동이 밀려오는 반면 환경이 바뀌지 않고서야 이 아이들이 과연 얼마나 변화를 시도할 수 있을지 의문이 들었다.

'자신이 처한 환경이 바뀌지 않고 감동조차 식으면 삶에 적용하기가 쉽지 않을 텐데……. 다람쥐 쳇바퀴 돌 듯 다시 교실로 돌아가 밤늦도록 자율학습을 하고 학원으로 돌면서 과연 지금 결심대로 새로운 시도를 할 수 있을까? 우리 청소년들이 돌파구를 찾고 행복하게 하기 위해서 가장 필요한 것이 무엇일까?'

강연이 거듭될 때마다, 자기 자신의 미래를 스스로 고민하고 능동적으로 준비하지 못하는 청소년들에 대한 나의 고민은 깊어만 갔다.

그리고 내가 오랜 시간 동안 고민했던 '열정을 쏟을 만한 의미 있는 일'이 바로 청소년들에게 꿈과 희망을 주는 것임을 깨닫게 되었다. '청소년을 살리기 위한 새로운 사명'을 발견한 것이다. 우리 아이들 각자가 뚜렷한 삶의 동기를 찾고 주도적인 삶을 살게 할 것을 생각하니 가슴이 뛰기 시작했다.

2009년 11월 '꿈희망미래 리더십센터'를 설립했다. 이것 또한 교육사업에 전혀 문외한이었던 내가 오직 청소년에 대한 사명과 열정만으로 무모하게 시작한 세 번째 창업이었다. 한국에 처음 들어왔을 때 좋은 직장이 드물다는 사실을 알고 매우 안타까웠다. 그래서 수익을 목적으로 하지 않고 청년들에게 좋은 일자리를 창출하는 것도 매우 의미 있는 사업이라 생각했다.

새로운 시도, 놀라운 결과

나는 어릴 때부터 말을 조리 있게 잘하지 못해서 말 잘하는 아이들이 늘 부러웠다. 회사를 경영하는 동안에도 이사들과 직원들을 상대로 프레젠테이션 또는 연설을 할 때마다 무대에 올라가자마자 머리가 하얘져서 너무나 힘들었다. 쥐구멍에라도 들어가고 싶었던 적이 한두 번이 아니었다.

청소년들의 멘토—스티브 김 아저씨의

미국 사람들은 대부분 말이 유창하고 발표도 세련되게 잘하는데 비결은 다름 아닌 학교 수업방식에 있다. 학생 스스로 자료를 찾고 요약하도록 과제를 부여하고 수업시간에는 그것을 바탕으로 토론하고 발표하게 한다. 초등학교부터 학창시절 내내 이런 훈련을 받으므로 말도 발표도 잘할 수밖에 없는 것이다.

그런데 우리나라 교육은 내가 어렸을 때나 지금이나 변함없이 주입식, 암기식 수업이다. 그러다 보니 논리적 사고도 부족하고 창의성을 키우거나 문제해결능력을 기르기가 쉽지 않다. 발표할 기회도 드물어서 남 앞에만 서면 다리가 후들거리고 머리가 하얘질 수밖에 없다.

교육사업을 구상하면서 가장 염두에 둔 것이 바로 학생들 스스로 참여하게 하는 것이었다. 이미 수동적인 교육에 길들여져 주도성이 떨어진 아이들에게 똑같은 방식으로 교육하는 것은 의미가 없기 때문이다. 아이들 스스로 변화를 경험하고 결과를 내기 위해서는 차별화된 방식이 필요했다. 교육의 '교'자만 들어도 귀를 닫아 버리는 아이들을 어떻게 하면 즐겁고 행복하게 해 줄 수 있을까? 자나 깨나 늘 그 생각뿐이었다.

내가 아이들이라면 가장 원하는 것이 무엇일까 골몰하다 '달리는 쳇바퀴를 멈추게 하고 자기들의 이야기에 귀기울여 공감해주는 것'이 필요하겠다는 생각이 들었다. 이 시간을 통해서 비로소 자기 자신을 돌아보고 새롭게 시작할 동기를 찾게 될 것이기 때문이다.

컨텐츠 연구와 강사 교육 등 한참의 준비기간을 거친 다음 2010년 초에 서울여대에서 처음 우리교육을 시작했다. 여러 직원들이 열과 성을 다해 준비했지만, 막상 교육을 시작하려니 기대 반 염려 반이었다. 3일 간의 교육을 마치는 날, 과연 그 결과가 어떨지 두려운 마음으로 학교 관계자들과 함께 수료식을 지켜보았다.

한 여학생이 손을 들고 앞에 나오더니, "총장님, 이 교육을 통해서 저에게 꼭 필요한 것들을 얻었습니다. 우리 학교 학생들 모두가 이 교육을 받게 해 주십시오." 하고 눈물을 흘리며 지난 3일 동안의 감동을 얘기했다. 그뿐이 아니었다. 너 나 할 것 없이 모든 학생들이 한 사람씩 나와서 자기의 깨달음과 변화를 감격에 찬 모습으로 발표했다.

수료식을 지켜보는 모든 사람들이 깜짝 놀랄 정도였으니 내가 받은 감동이란 이루 말할 수 없다. 나는 교육학을 전공한 것도 아니고 청소년에 대한 전문지식도 없었다. 단지 '힘든 교육환경에서 신음하는 청소년들을 위해서 내가 할 수 있는 일이 없을까?' 하는 고민만으로 시작한 일이다. 전혀 해 보지 않았던 일을 그저 안타까운 마음 하나로 시작했을 뿐인데 이런 놀라운 결과를 내다니……. 나조차도 믿어지지 않았다.

우리 콘텐츠에 대한 자신감과 더불어 교육 사업에 대한 확신이 들었다. 그래서 이후에 어떻게 확장시켜 나갈지 새로운 고민을 하기 시작했다.

청소년들의 멘토-스티브 김 아저씨의

3일 간의 여행

'꿈희망미래 셀프리더십' 교육은 3일로 구성된 '자아발견 여행'이다. 3일 동안 자기를 깨우고, 찾고, 표현하는 과정을 통해서 자신감을 키우고 자존감도 높아진다. 강사와 코치들은 교육이 시작되기 전날 장비와 교재, 물품 등을 승합차에 가득 싣고 전국의 학교로 찾아가서 학교 관계자들과 사전 미팅을 하고 곧바로 교육장 세팅에 들어간다.

우리 교육은 이론식 주입식이 아니므로 책상들은 다른 곳으로 모두 이동시키고 의자만 남겨둔다. 아이들이 호기심을 갖고 시작할 수 있도록 교실을 꾸미고 다음 날 교육이 시작되면 아침 이른 시간부터 교실에서 대기하고 있다가 아이들이 들어올 때마다 반갑게 맞으며 환호한다. 10분도 집중하기 어려운 아이들을 붙잡고 강사와 코치 3명이 똘똘 뭉쳐 3일 동안 온 열정을 쏟는다.

우리 교육은 강사가 일방적으로 진행하지 않으며 몇 가지 원칙이 있다. 첫째, 누구도 시키지 않는다. 둘째, 모두가 참여할 때까지 기다려준다. 셋째, 비난하거나 평가하지 않는다. 그러나 말이 그렇지 이게 어디 쉬운 일인가? 아무리 신나게 교육을 하고 싶어도 아이들이 반응하지 않고 따라 주지 않으면 인내하기 힘들다. 그런데도 우리 강사와 코치들이 포기하지 않고 3일간 혼신을 쏟으면 지난 몇 년 동안 한 번도 발표해본 적 없던 학생들까지 스스로 손을 들고 앞으로 나온다. 이런 변화된 모습에 아이들 자신이 먼저 놀라곤 한다.

우리 교육을 지켜 본 영신간호비즈니스 고등학교의 윤 종덕 교장선생님은 "이것이 바로 기적이에요. 선생님이 시켜도 안 하던 아이들이 스스로 손을 들고 앞으로 나온다는 것은 상상도 못할 일이거든요. 대체 뭘 어떻게 하셨길래 한명도 빠짐없이 솔직한 자기표현을 할 수 있습니까?" 하고 물었다. 이는 우리 교육을 받는 내내 빈번한 자기표현을 통해서 성취감을 느끼고 자신감이 커졌기 때문이다.

3일 교육의 첫째 날은 자기도 모르게 형성된 부정적인 생각과 태도들을 점검하고 새로운 변화를 위해 빗장을 여는 것으로 시작한다. 그래서 다양한 활동을 통해서 그동안 해 보지 않았던 것을 시도해 보고 생각의 틀을 깨 나간다. 이는 현재 자신이 처한 환경이 아무리 견디기 힘들어도 체념하고 포기할 것이 아니라 오히려 그것을 기회로 삼고 역경을 극복해 내기 위한 준비이다.

교육 내용 중에는 자기 안에 해결되지 않은 상처와 트라우마 등을 끌어내서 다른 사람을 용서하고 자기 자신을 위로하는 시간이 있다. 자기 방에 혼자 앉아서도 마주하기 힘든 또 다른 자기 자신을, 혼자가 아닌 30여 명의 친구들 앞에서 만나자면 얼마나 많은 용기가 필요하겠는가? 그런데도 아이들은 기어이 해낸다. 무겁게 짓눌린 상황들을 입 밖으로 토로하고 후련하게 털어내는 광경을 지켜본 아이들은 그 친구에게 다가가 진심으로 위로하고 격려한다. 이런 과정에서 아이들은 자신이 소중한 존재임을 깨닫고 감사할 요소들을 찾아 말할 수 있게 된다.

자신이 좋아하는 것, 잘하는 것이 무엇인지 모르고 꿈과 목표도 없던 아이들에게 흥미, 관심사 등을 찾아보고 가치관을 탐색하게 하여 자기만의 꿈을 설계하도록 돕는다. 공부해야 하는 이유를 발견하고 저마다의 목표가 생기는 것이다. 무엇이든 스스로 필요를 느끼고 나면 하라고 강요하지 않아도 열심히 한다. 이렇게 하는 공부는 즐겁고 능률도 오르기 마련이다.

마지막 날에는 자신을 제대로 표현하고 상대방과 소통을 잘하는 방법들을 배운다. 어른들은 알아듣지도 못하는 줄임말과 험한 욕설을 주로 사용하는 청소년들이 자기 생각을 정확하게 전달하고 상대방의 말을 경청하도록 훈련한다. 상대방과 자신의 취미, 공통의 관심사 등을 찾아서 주고받는 대화를 하고 상대를 배려하고 존중하는 매너와 소통의 기술을 익히게 된다.

이렇게 구성되는 3일 간의 모든 활동에는 재미와 의미 그리고 감동이 녹아져 있어 마지막 날 수료식이 되면 아이들이나 강사, 코치 할 것 없이 엄청난 감동 속에서 서로 헤어짐을 아쉬워한다.

어떻게 이런 변화가 가능합니까?

우리 꿈희망미래 리더십센터의 교육과정은 입시 부담과 사교육에 희생당하는 청소년들을 살리기 위해 만든 것이다. 자신의 미래에 대해서 진지하게 고민하고 의미 있게 방황하면서 열정적으로 살게 하고자 하는

것이다. 그래서 우리 프로그램은 청소년들 스스로 자아를 발견하고 주
도적으로 살아가는 방법을 구체적으로 익힐 수 있게 만들어졌다.

우리 교육이 필요한 곳이면 도서 산간벽지 어디나 마다하지 않고 전국
의 학교로 찾아갔다. 막상 아이들을 만나고 보면 입시부담뿐만이 아니라
돌봄조차 제대로 받지 못하는 경우가 많았다. 시골로 내려갈수록 기초생
활수급대상이 많았고 어떤 곳은 절반 이상의 학생들이 한 부모 또는 조
부모와 생활하고 있었으며 어린 학생 혼자 사는 경우도 적지 않았다.

상황이 이렇다 보니 밥상머리 교육도 제대로 받지 못하고 자신의 진
로를 함께 고민해 줄 사람도 없다. 기초학력까지 부진한 이 아이들의
자존감은 거의 바닥상태여서 누가 자기를 괴롭혀도 저항하지 못하고 다
른 학생에게 폭력을 행사하고도 죄책감을 느끼지 못했다. 어른에 대한
예의나 다른 사람에 대한 배려는 찾아볼 수 없고 짧게나마 주고받는 말
은 욕설이 대부분일 정도로 인성이 망가질 대로 망가져 있었다.

이런 아이들이 교육이 진행되는 3일 동안 서서히 자기를 개방하고 강
사와 코치는 물론 친구들 앞에서 솔직하게 자기를 뉘우쳤다. 원망과 분
노를 주체하지 못하고 위험한 생각을 서슴지 않았던 아이들이 진심으로
서로를 이해하는 친구로 바뀌었다. 이런 변화야말로 학교폭력을 근본
적으로 예방할 수 있지 않을까? 다음은 3일 동안의 교육을 마치는 '수료
식'에서 학생들이 얘기한 소감들이다.

"저는 부끄러움이 많고 내성적이어서 남들 앞에서 발표해 본
적이 아직까지 한 번도 없었습니다. 그런데 하루하루 시간이

지나면서, 시키지도 않았는데 점점 더 빨리 손들고 나가는 제 자신을 발견하게 되었어요. 다른 사람들 앞에 나가서 얘기한 다는 것은 상상도 못했어요. 아마 아무도 안 믿을 거예요. 저 자신도 믿기 어려울 만큼 제가 이렇게 달라졌어요."

"저는 누구에게도 하지 못한 힘든 얘기를 이렇게 많은 사람 앞에서 털어놓았어요. 빈 의자 앞에 앉아서 제 이름을 부르자, 나도 모르게 눈물이 나와서 주체할 수가 없었어요. 그런데 제 자신과 대화를 하고 나서 속이 후련해지는 것을 느꼈고 앞으로는 저 자신에게 사랑한다, 힘내라고 수시로 말해 줄 수 있을 것 같아요. 그리고 사실은 친구들이 저를 이해해 주거나 위로 해 줄 거라고 기대하지 않았어요. 그런데 모두 나를 격려해 주고 안아 줘서 정말 고마워요. 꿈희망미래 완전 대박이에요."

"저는 그동안 왜 살아야 하는지 몰랐습니다. 아무도 나에게 관심을 가져 주지 않았고 나 같은 사람은 죽어도 아무 상관이 없을 것 같았어요. 살아가기가 너무나 힘들었습니다. 뛰어내리려고 옥상에 여러 번 올라갔습니다. 그런데 앞으로는 절대로 그런 생각을 하지 않겠습니다. 저도 소중한 사람이고 혼자가 아니라는 것을 알았습니다. 꿈희망미래 리더십 교육을 통해서 내가 살아야 할 이유를 찾았습니다."

꿈희망미래 스토리   177

"저는 어릴 때부터 할머니와 둘이 살고 있어요. 그래서 부모님께 투정을 부리는 친구들을 보면 어이없기도 하고 부럽기도 했어요. 부모님 얼굴도 모르고 할머니는 연세가 많아서 말도 잘 통하지 않아요. 눈도 잘 안보이셔서 밥이랑 반찬에 머리카락이 들어있을 때가 많아요. 저를 낳아놓고 무책임한 부모님이 너무 원망스럽고 제가 사는 것이 참 재수 없다고 생각했어요.

그런데 나보다 더 힘든 친구들 얘기를 들으면서 나를 늘 걱정해 주는 할머니가 계시다는 것만으로도 감사했어요.

그리고 불평이나 하면서 시간을 낭비할 게 아니라 열심히 공부해야겠다고 다짐했어요. 하루라도 빨리 돈 벌어서 고생하신 우리 할머니가 돌아가시기 전에 꼭 효도할 겁니다. 제 생각을 이렇게 바꿀 수 있게 해 주셔서 고맙습니다. 제가 이 교육을 받을 수 있게 돼서 참 행운이에요. 대한민국의 모든 학생들이 이 교육을 받으면 좋겠어요. 강사님, 코치님, 정말 고맙습니다."

한 사람 한사람이 앞에 나와서 지난 3일 동안 자기가 받은 감동과 변화를 얘기하고 앞으로의 실천을 다짐한다. 30여 명의 학생들 모두의 소감을 듣자면 2시간은 족히 걸리고 일일이 다 열거할 수 없을 정도로 구체적이고 감동적이다. 수료식을 지켜본 학부모님과 선생님들은 놀라움을 금치 못한다.

청소년들의 멘토-스티브 김 아저씨의

"저 아이는 원래 저런 아이가 아니에요. 제가 2년 동안 담임을 했는데 누구하고도 얘기하는 것을 못 봤고 저렇게 환하게 웃는 표정도 처음이에요. 그런데 앞에 나가서 또박또박 발표를 하다니……. 어떻게 이런 일이 있어요? 믿어지지가 않아요."

"제가 이 학교에 와서부터 지금까지 가졌던 바람은 제발 큰 사고만 치지 말고 졸업해 주면 좋겠다는 거였어요. 이미 들어올 때부터 학교에 적응하는 것 자체가 불가능해 보였거든요. 애초부터 안 되는 애들이라 생각했고 제가 할 수 있는 건 아무 것도 없는 것 같았어요. 그런데 꿈희망미래 강사와 코치님들을 보니까 문제는 아이들이 아니라 제게 있었던 것 같습니다. 저도 모르는 사이에 교사로서 사명감을 잃고 말았어요. 부끄럽습니다."

교육 기간 중에는 학교 관계자라 할지라도 일체의 출입을 사양한다. 이유는 아이들이 다른 사람의 시선을 의식하지 않고 오직 교육에만 몰입하게 하기 위해서다. 자기 개방이 조금이라도 방해받게 되면 교육의 효과는 그만큼 떨어지기 때문이다. 그러나 수료식만큼은 학교 관계자는 물론 학부모님들까지 초대하여 감동을 함께 나누고 있다.

학생들이 깨닫고 교사들이 발 벗고 나서면 학교는 자연히 바뀌기 마련이다. 우리 교육을 잘 모를 때는 시험 삼아 한 클래스 정도 해 보다 그 결과를 지켜보고 나서 한 학년 또는 전체 학생으로 확대하게 된다. 우리 교육을 신뢰하게 된 후로 몇 해 동안 지속적으로 실시함으로써 학교 문화가 바뀐 곳들이 전국에 여럿이다.

그중 하나가 전남 목포의 유달산 자락 아래에 위치한 목포혜인여고이다. 원도심의 학교들이 대부분 그렇듯 이곳도 예외가 아니어서 우수한 학생들은 대도시로 빠져나가고 학교 분위기는 침체되기 시작했다. 몇 년 전만 해도 이 학교에 배정되면 엄마와 딸이 붙잡고 울었단다. 학교는 혁신이 절대적으로 필요했고 김은미 교장 선생님께서 변화를 주도하기 시작했다.

4년 전 교장선생님께서는 우리 교육을 반신반의 하면서 한 클래스를 모아 교육해보자고 하셨다. 그러다 기대 이상의 결과가 나자 교장선생님께서 흥분된 목소리로 전화하셨다.

"아니, 우리 애들을 데리고 뭘 어떻게 하신 거예요? 대체 3일 만에 아이들을 이렇게 바꿔 놓은 비밀이 무엇인지 궁금해요. 아이들이 자신감이 넘치고 표정이 엄청 밝아졌어요. 아직 못 받은 아이들이 자기들도 캠프에 참여시켜달라며 날마다 교장실에 와서 조르고 있어요." 그리고는 매 달 한 클래스씩 지속적으로 교육을 요청했다.

우리 교육으로 아이들의 변화가 두드러지자 학부모들 입에서 입으로 소문이 퍼져나갔다. 수료식을 할 때면 마치 기다리기라도 한 듯이 거의 모든 학부모가 참여했다. 수료식을 지켜본 어느 학부모는 "우리 애가 하는 말이 '엄마, 저 때문에 많이 속상하셨죠? 앞으로 제 걱정은 하지 마세요. 저 스스로 잘 해나갈 자신이 있어요. 대충대충 살지 않고 정말로 열심히 제 미래를 준비할 테니 지켜봐 주세요. 엄마, 사랑해요.' 하는 거예요. 정말이지 고맙고 대견해서 나도 모르게 눈물이 났어요. 공부하라고 노래를 불러도 안하던 애가 지금은 얼마나 열심히 하는지……. 잔소리는커녕 안쓰러울 정도에요. 리더십 캠프 한다고는 했어도 다른 교육과 별반 다르지 않을 거라 생각하고 큰 기대 안했어요. 그런데 이정도일 줄은 몰랐어요."라며 흥분을 감추지 못했다.

　옆에 계시던 다른 학부모님도 "저는 사실 해마다 가는 수학여행에 회의적이었어요. 아이들끼리 우르르 몰려가다 줄서기를 반복하는 게 30년 전 제가 학교 다닐 때와 똑같은 거잖아요. 게다가 뜻하지 않은 사고 소식들을 듣고 나면 혹시 무슨 일이 생기지나 않을까 가슴 졸이게 돼요. 수학여행이나 체험학습 대신 이런 교육을 하는 것이 훨씬 의미 있을 것 같아요. 아이들이 저렇게 행복해하고 감동하는데 안 할 이유가 없지 않나요?"라며 거들었다.

　4년 째 꿈희망미래 리더십캠프를 계속해 온 목포혜인여고는 짧은 시간 안에 인성뿐만 아니라 학업성취수준이 괄목할 만큼 신장되어 교과부

가 인정하는 우수학교로 선정되었고, 많은 학교들이 벤치마킹 할 정도
가 되었다. 학교에 들어서면 교사와 학생 할 것 없이 모두가 행복한 표
정으로 활기가 넘친다. 교장 선생님께 학교 변화의 비결을 여쭤 보자
이렇게 대답하셨다.

"처음 제가 이 학교에 왔을 때만 해도 바닥에 붙은 껌을 떼어내는 게
일이었어요. 여기저기가 너무 지저분하고 선생님이나 학생들 할 것 없
이 소극적이고 부정적이어서 뭘 해 보려고 해도 할 수가 없었어요. 이
대로는 안 되겠다 싶었지만 딱히 대안을 찾지 못하고 있던 중 '꿈희망미
래 셀프리더십 교육'을 만난 거죠.

교육을 받은 아이들이 정말로 기적같이 변했어요. 아이들이 자발적으
로 나서서 열심히 하니까 선생님들도 움직이기 시작하더군요. 그때부
터는 모든 게 쉬워졌어요. 목표를 정하고 나면 교사와 학생, 학부모가
한 마음이 되어서 신나게 달려가는 거죠. 저를 믿고 따라 준 선생님들
과 아이들 뒤에 꿈희망미래 교육이 있었기 때문에 가능했어요."

이 분 외에도 우리 교육을 전적으로 신뢰하고 힘을 실어 주는 리더
들이 전국에 계신다. 강원도 평창에서부터 횡성, 원주에 이르기까지
'아이들을 살리는 일'에 적극 나서며 몸을 아끼지 않는 이경애 장학사
님, 대전공고에 계시다 충남기계공고로 가신 박준태 교장 선생님, 전
북 고창에 있는 강호항공고 강인숙 교장 선생님, 남양주 심석고등학
교의 이길순 교장 선생님 등 일일이 열거하기 어려운 많은 분들이 오
직 학생만을 생각하며 특별한 사명감으로 헌신하신다. 이분들을 보면

리더 한 사람의 역할이 얼마나 소중한지 절감하게 되고 존경이 절로 우러난다.

이분들을 통해서 우리 교육이 전국에 알려져 연간 10,000명 이상 의 청소년들이 꿈희망미래 셀프리더십 교육을 받았다. 2015년에는 26,000명 이상을 교육할 정도로 배의 성장을 거듭하고 있다.

아무리 좋은 것도 알리기가 힘들다

꿈희망미래 리더십센터를 설립하고 처음 교육을 했던 서울여대에서의 감동을 지켜본 나는 교육 수요가 엄청날 것으로 예상했었다. 리더십 프 로그램이야 수십 종류겠지만 이런 결과를 내기란 좀처럼 쉽지 않은 일이 라고 여겼기 때문이다. 그러나 내 생각과 달리 알리기가 너무 힘들었다. 교육사업을 시작한 지난 6년 동안 우리 교육을 지켜보고 꿈희망미래 전 도사가 되신 분들이 점점 늘어나고는 있지만 아직도 우리 교육을 모르는 사람들이 많다.

지난 2013년에는 〈이야기 쇼 두드림〉을 보신 고영진 당시 경남도 교 육감님으로부터 강연 요청을 받았다. 강연을 마치고 지역의 교육관계 자들과 저녁 식사를 함께하면서 교육사업을 시작하게 된 배경과 교육 후의 결과 등을 나누었다. 교육감님은 SKY대학에 몇 명 보내는 것보다 학업중단 위기에 있는 학생들을 구하는 것이 더욱 시급하다고 했다. 나

역시 적극 공감하는 부분이라 진지한 대화가 한참 오고갔다.

"교육감님, 그 학생들에게 우리 꿈희망미래 셀프리더십 교육을 한번 해 보시죠? 그동안 많은 학생들을 교육하면서 지켜본 바로는 분명 해결책이 될 수 있을 것 같습니다."

나는 휴대폰을 열어 각 학교에서 올라오는 우리 강사들의 업무메일을 보여 주며 가능성을 설명했다. 그러자 교육감께서는

"실제 이런 변화가 있다는 얘기세요? 어떻게 그게 가능합니까? 선생님들도 손을 못 대는 아이들이에요."

"물론이죠. 말로 설명하기는 어렵습니다. 일단 우리 교육을 한번 해 보면 알게 되실 겁니다."

"그렇다면 두 학교를 시범적으로 해 주세요. 이 학교들이 변한다면 경남도 교육 전체가 바뀔 것입니다. 이사장님 말씀대로 이 학교에서 그런 결과를 이끌어 낼 수 있다면 내년에 우리 지역 학생 10,000명을 부탁드리겠습니다."

이때 교육감께서 말씀하신 두 학교가 바로 진영제일고와 통영에 있는 충무고등학교이다. 이야기가 오고간 뒤 얼마되지 않아 두 학교를 차례로 교육했다.

진영제일고는 전교생이 140명밖에 되지 않는 작은 학교였다. 교장선생님께서 이 학교에 부임한 첫날 지역 주민으로부터 "지금 11시인데 교복 입은 여학생이 학교 옆에서 버젓이 담배를 피우고 있어요. 그 학교는 대체 뭐하는 곳이에요?" 하는 전화를 받으셨단다.

이렇게 늦은 시간에 등교했다가 오후 2시만 되면 어디론가 사라지는 일이 다반사여서 학교가 지역의 혐오시설이 될 정도였다. 이런 곳에서 긍지와 자부심을 가질 수 없기는 학생이나 교사 마찬가지였다.

우리 강사와 코치들 18명이 비장한 각오를 갖고 경남 진영으로 내려갔다. 학교에 도착하자 교장 선생님은 "우리 아이들은 아무 희망도 목표도 없습니다. 아이들이 꿈을 찾을 수 있도록 도와주십시오." 하며 간곡히 부탁했다. 경상남도 교육관계자들의 이목이 집중된 가운데, 3일간의 교육을 마치자 기대했던 대로 학교 안에 놀라운 변화가 일기 시작했다. 교육이 진행되는 동안 복도에서 귀를 기울이다 눈물을 흘린 선생님은 아이들과 눈을 맞추고 기대에 찬 파이팅을 외쳤다.

수료식에 참여한 어느 선생님은 "너희들이 졸업하기 전에 여기에서 새로운 삶을 시작할 수 있도록 내가 반드시 도와줄게."라고 약속하셨다. 선생님들이 사명감을 회복하고 팔을 걷어붙이기 시작했고, 학생들은 자기 자신을 돌아보며 새로운 결심을 다졌다. 명확한 목표와 동기가 생기자 학교에서 밤을 새워가며 기능대회를 준비한 학생들은 상을 거머쥐기도 했다. 교문에 입상 플래카드가 걸리자 지역 주민들의 시선도 자연히 달라졌다.

교장 선생님은 "학교가 완전히 축제 분위기입니다. 앞으로는 꿈희망미래가 하라는 대로 해야 할 것 같습니다." 하시며 흥분된 표정을 감추지 못했다.

이를 지켜본 교육관계자들 역시

"말로만 들었을 때는 믿어지지 않았는데 실제로 이런 변화가 일어나다니, '기적의 3일'이 맞네요."

"정말 놀랍습니다. 아이들의 저 행복한 표정 좀 보세요. 뭔가 할 수 있다는 자신감에 차있어요. 이것만이 우리 교육의 대안인 것 같습니다."

"학교폭력을 예방하려고 여러 시도들을 하고 있습니다만 제대로 해결을 못하고 있어요. 이것이 묘약이 되지 않을까요?"

라고 입을 모았다.

창원, 대전에 지사를 열다

우리 교육을 지켜본 관계자들로부터 효과를 인정받고 구체적인 파급력이 눈앞에 보이자 창원에 지사를 내는 편이 좋을 것 같았다. 마침 창신 대학교에서 사무실을 내어주겠다고 해서 서둘러 지사 준비에 들어갔다. 지역 일자리 창출을 염두에 두고 경남도내 4개 대학을 순회하면서 채용 설명회를 가졌다. 강의 경험은 없다 하더라도 채용 후에 교육시키면 될 일이므로 졸업 예정자들을 찾아간 것이다. 청소년에 대한 안타까움과 열정적으로 일할 각오만 되어 있다면 전공학과나 대학, 스펙 등은 중요하지 않았다.

2014년 1월, 16명의 청년들을 채용한 후에 곧바로 강사훈련에 들어갔다. 그리고 교육이 열리기만을 기다렸다. 그러나 교육감 선거를 앞두고

청소년들의 멘토-**스티브 김** 아저씨의

있는 시점에서 예산을 편성하지 않고 여러 이유를 들어 난색을 표했다. 학생들에게 꼭 필요한 교육으로 인정하고 어떻게 실시할 것인지까지 구체적인 약속을 했음에도 불구하고, 다른 이해관계들이 얽혀 학생들을 위한 교육 추진이 가로 막히는 것을 납득할 수가 없었다.

비단 이곳뿐만 아니라 타 시도 역시 사람이 바뀌면 정책도 일관된 수행이 어려웠다. 경상남도 교육청과의 큰 프로젝트에는 차질이 생겼지만 창원지사를 설립하는 계기가 되었으므로 감사한다.

2015년 1월에는 건양대학교 김희수 총장님의 배려로 건양대학교 대전 캠퍼스 내에 꿈희망미래 리더십센터 대전지사를 열게 되었다. 5년 전 특강 차 논산 캠퍼스에 내려갔을 때 교직원과 학생들이 빼곡한 가운데 총장님께서 맨 앞자리에 앉으시더니 시종 메모를 하시며 내 강의를 경청하셨다. 강연을 마치자 총장님께서는 건양대학생들을 대상으로 꿈희망미래 셀프 리더십 교육을 해 보자고 하셔서 흔쾌히 수락했다. 총장님께서 우리 교육을 지켜보시고는

"스티브 김 회장님 생각이 나와 다르지 않습니다. 우리 학생들을 보면서 내가 가장 안타까운 것이 자신감이 없다는 거예요. 뭐든 할 수 있다는 자신감을 갖고 열심히 살아야하는데 너무 수동적이고 무기력해요. 젊은 패기가 느껴지지 않아요. 그런데 꿈희망미래 셀프리더십 교육을 지켜보니까 자신감을 키우는 데 이만한 교육이 없다는 생각이 들어요. 아이들의 표정이 그걸 말해 주고 있잖아요? 우리 대학이 스스로 할 수 없는 것을 꿈희망미래가 해 주면 좋겠어요. 앞으로 건양대학교 신입

생 전원이 이 교육을 받을 수 있도록 하겠습니다."

하고 약속하셨다.

건양대학교는 전국 최초로 동기유발학기를 실시하면서 지방대학의 한계를 극복하고 역량 있는 대학으로 자리매김하여 전국의 대학들이 벤치마킹 하는 곳이다. 전교생에게 무료 건강검진을 해 주고 낮은 등록금에도 불구하고 다양한 장학금 혜택과 높은 취업률을 자랑하는 대학이다.

김희수 총장님은 나보다 훨씬 연세가 많으시지만 지금도 새벽 4시부터 활동하신다. 우리 교육이 진행되는 동안에도 수시로 강의실을 둘러보시고 모든 말씀 뒤에는 반드시 실천이 따르는 매우 훌륭하신 분이다. 오지 학생만을 생각하는 총장님의 면면을 뵐 때마다 '어떻게 이런 분이 계실까?' 싶을 정도로 감탄과 존경이 우러난다.

총장님께서 약속하신 대로 올해 2015년 2월 말에는 2,000여 명의 신입생 전원이 꿈희망미래 셀프리더십 교육으로 대학생활을 시작했다. 대부분의 대학생들이 입학 후 첫 학기는 서먹서먹한 가운데 새로운 생활에 적응하느라 알차게 보내기 어렵다. 그러나 꿈희망미래 셀프리더십 교육에 참여하면서 3일 만에 낯가림을 극복하고 친해져서 대학생활에의 적응이 훨씬 빨라지고 학습과 삶에 있어서 명확한 동기를 갖게 된다.

지난 5년 동안 건양대학교 동기유발학기의 파트너로 참여하면서 신입생뿐만 아니라 재학생들에게도 다양한 프로그램을 공급해달라고 할 정도로 큰 신뢰와 지지를 받고 있다. 대전지사에 사무실을 흔쾌히 내어주신 것 역시 총장님 이하 교직원들의 기대를 표현한 것이라 여기고 이에 부응하고자 최선을 다하고 있다.

창원에 이어 대전까지 지사가 생기자 접근성이 좋아지고 강사와 코치들의 피로를 훨씬 줄일 수 있게 되었다. 향후에도 전남, 전북, 경북, 충북 등에 지사를 확장하여 지역 청년들에게 행복한 일자리를 창출하고 보람찬 일에 함께하기를 바란다.

기적을 만드는 사람들

교육을 통하여 '3일 간의 기적'이 곳곳에서 일어나자, 사람들은 우리를 '기적을 만드는 사람들'이라고 부르기 시작했다. 무기력한 청소년들이 새로운 삶을 살 수 있도록 용기와 자신감을 주기 때문이다. 그리고 그것이 씨앗이 되어 꿈과 희망을 키우고 행복한 미래를 준비할 수 있다고 믿기 때문이다.

아이들의 변화사례와 수료 소감을 듣다 보면, 삶의 의미를 찾지 못한 채 위험한 생각을 하고 있을 청소년들에게 한시라도 빨리 달려가야겠다는 절박감으로 마음이 급해진다. 그러나 이 일은 나 혼자서 할 수도 없고 아무나 할 수 있는 일도 아니다. 오직 청소년에 대한 사명감과 특별한 각오로 헌신된 사람들만이 해낼 수 있다. 나에게는 이렇게 귀한 강

사와 코치들이 이미 50여 명이나 있지만 더 많은 교육을 감당하기 위해
서 훌륭한 청년들에게 항상 문을 열어 놓고 있다.

얼마 전에는 전교생이 36명밖에 되지 않는 원주의 어느 중학교에 가
서 교육을 했다. 이 아이들 중 절반가량이 어려서부터 보호 시설에서
지내고 있었으며 1분도 집중하기가 어려울 만큼 산만하고 학습능력도
현저하게 낮았다.

서로에게 상처가 되는 말들을 아무렇지도 않게 내뱉는 아이들을 어디
서부터 손대야 할지, 우리 강사와 코치들의 고민은 이만저만이 아니었
다. 밤새 모여서 머리를 맞대고 토론하기를 반복한 결과 이번에도 '3일
간의 기적'을 만들어 냈다. 다음은 이 과정을 맡았던 강사들 중 한명이
우리 직원들 모두와 공유한 메일의 내용이다.

> 과정을 마치고 돌아온 지 벌써 하루가 지났네요.
> 일상으로 돌아와, 아이들이 준 편지들을 다시 읽어보고 전화통
> 화도 하면서 지난 3일을 되돌아보고 있습니다.
> 아침에 일어났는데 "보고 싶어요."라고 문자가 와 있었습니다.
> 지난 3일은 제가 꿈희망미래의 강사가 되고 난 후로 가장 많이
> 울었던 과정이었습니다.
> 아이들 각자가 갖고 있는 상처를 이해하고 공감해 주고 싶었지
> 만, 저 조차 이해하기 어려울 만큼 벅차고 감당하기 어려운 상
> 황에 처한 아이들에게 어떻게 다가가고 어디서부터 들어 주어야

할지 고민이 많았습니다.

강의를 하려고 마이크를 잡는 순간 귀를 닫아 버리고 잘 놀다가도 갑자기 화를 내며 욕을 하는 아이들, 존중이나 배려는 아예 모르고 규칙을 무시해버리는 아이들이었지만, 밝고 착하고 순수한 아이들이었습니다.

함께한 다른 강사와 코치님들의 희생과 헌신 덕분에 아이들은 가슴 벅찬 변화와 감동을 경험 할 수 있었습니다.

그중 몇 몇 아이들의 이야기를 해 보려 합니다(아이들의 이름은 가명을 사용합니다.).

먼저 중1 답지 않게 생각이 깊은 정현이는 첫날 '나 이런 사람이야'라고 공유할 때 앞에 나와서 바닥만 보고 표정 없이 서 있었습니다. 그런데 그날 마지막 시간이 되자 "김동흥 강사님은 진짜 밝은 에너지를 가진 것 같아요. 저한테도 좋은 에너지 주셔서 감사해요."라고 말했습니다. 조금씩 밝아지는 정현이의 모습을 보면서 저희들도 힘을 얻었습니다.

마지막 날 점심시간에는 웃으면서 달려오더니

"강사님! 방금 교장 쌤 만났는데요. 제가 이렇게 변할지 몰랐대요. 그래서 이 캠프 또 해야겠다고 하셨어요."

정현이의 변화로 인해 우리가 인정받은 것 같아 또 하나의 성취감을 느꼈습니다.

수료식 때 정현이가 펑펑 울었습니다. 조용히 밖으로 나가 아이를 꼭 껴안자 "저는 항상 사람들에게 먼저 다가가려하고 밝은 에너지를 주려고 노력하는데 사람들이 몰라주는 거 같아요. 힘들어도 아닌 척하고 밝게 지내 보려 하는데 사람들이 몰라주면 너무 마음이 아파요. 저도 힘든데 제 이야기를 들어 줄 사람이 없어요."라고 울면서 말했습니다.

'이 아이를 두고 어떻게 가나?' 하는 생각에 저도 눈물이 쏟아졌습니다. 이 아이들에게는 단순한 이벤트와 물질적 도움이 아닌 지속적인 관심과 얘기를 들어 줄 사람이 필요한 것 같습니다. 어른들에게 이미 상처받은 아이들이 또다시 어른에 대한 신뢰가 무너지지 않도록 지속적으로 노력하려 합니다.

정현이 외에 스킨십을 극도로 싫어했던 은희 리더와 수연 리더는 하이파이브는 물론 제가 옆에 서 있는 것조차 싫어하고 "여기 서 있지 마세요. 저리 가요." 하면서 저를 밀쳐내던 아이들이었습니다. 아이들이 아무 생각 없이 내뱉은 말인데, 제게도 상처가 되었습니다. 그러나 내색하지 않고, 아이들이 부담스럽지 않도록 조심스럽게 다가가려 애썼습니다.

그랬던 수연이가 셀프토크를 하고 들어오면서 저에게 다가와 안기는 것입니다. 너무 놀란 나머지 수연이를 계속 끌어안고 있었습니다. 그 후로부터 하이파이브도 잘하고 웃는 모습으로 먼저 다가와 말을 걸기도 했습니다.

은희는 마지막 날 커뮤니케이션 역할극 시간이 되자, 갑자기 제

손을 꼭 잡고 놓아 주지 않았습니다. 이틀 전 처음 만날 때만 해도 그토록 경계하던 아이들이 어디에서 마음이 열렸는지……. 저의 진심을 알아 준 그 순간이 무척이나 했습니다. 그리고 '조금만 더 시간이 있었으면' 하는 아쉬움이 남았습니다.

울고 있는 정현이가 걱정되어 따라 나온 속 깊은 영은이, 강사와 코치 3명을 너무 힘들게 하고 수료증을 받다가도 갑자기 화를 내며 그냥 들어온 찬영이에게 다가가 이야기를 들어 주고 공감해 준 든든한 회장 우진이, 둘째 날 까지는 청개구리처럼 말도 안 듣고 장난만 치다가 마지막 날에는 스스로 나서서 청소하며 우리를 도와주었던 재형이, 모두가 눈앞에 아른거립니다. 이 아이들은 이제부터 힘든 일이 있어도 서로 믿고 의지하면서 밝게 잘 견뎌 나갈 거라고 믿습니다.

"강사 쌤! 다음에 또 와요! 우리 잊지 마세요!"라고 매달리는 리더들에게 "그래, 다음에 꼭 시간 내서 너희들 보러 올게."라고 말했습니다. 아이들이 실망하지 않게 어떻게든 그 약속 꼭 지키고 싶습니다.

과정 중 이사장님, 본부장님의 메일을 보면서 리더들처럼 우리도 사랑받고 있음을 느낄 수 있었습니다. 그래서 더 힘을 얻고 과정에 임할 수 있었던 것 같아요. 감사합니다.

또 신경 써 주시고 수고했다는 응원의 메시지를 보내 준 직원들 모두에게 정말 감사합니다. 그 한마디 한마디가 힘이 되고 위로가 되었습니다. 이런 지지와 격려는 우리 꿈희망미래만의 문화이자 힘이라고 생각합니다.

그리고 3일 동안 함께한 동흥 강사님, 문희 강사님을 통해서 파트너십의 중요함을 다시 한 번 깨달았고 리더들에게 어떻게 다가가야 하는지, 사랑과 헌신이 어떤 것인지 많이 배웠습니다.

과정 다녀오신 모든 강사 코치님들! 그리고 센터에서 걱정해 주신 모든 직원 분들 고생 많으셨습니다. 감사합니다. 남은 주말 행복하게 보내세요. 내일 센터에서 뵙겠습니다.

- 꿈희망미래 강사 변가희

'1분도 집중이 어렵고 말 한마디도 제대로 주고받기가 힘든 아이들을 데리고 교육을 하다니, 3일 내내 얼마나 힘들었을까?' 전쟁터에서 고군분투하는 강사들이 고맙고 안쓰러워 눈물이 멈춰지질 않았다. '이렇게까지 힘든 상황을 우리 강사들 몇 명의 힘으로 변화시킬 수 있을까? 설령 변화를 경험한다 하더라도 바뀌지 않은 환경 속에서 다시 포기하면 어쩌나?' 하는 생각이 들 때도 있다.

부모와 선생님들의 관심 속에서 사랑받고 행복해야 할 아이들인데……. 가정이 붕괴된 우리 사회와 암담하고 비참한 교육 현실에 나도 모르게 화가 났다. 그리고 이 아이들을 어떻게 품고 나아가야할지 고민에 고민이 거듭되었다.

'미고사' 표현으로 행복체감

이렇게 소중한 동역자들이 있어 얼마나 감사하고 행복한지 모른다. 이 사람들 없이는 이 귀한 사업을 감당해 낼 엄두가 안 날 것이다. 그러나 마음속에 있는 생각도 표현하지 않으면 알 길이 없다. 미안함과 고마움 그리고 사랑하는 마음을 직접 표현할 때 서로에 대한 소중함이 더욱 커지는 것은 두말할 필요가 없다. 그래서 시간이 날 때마다 직원들과 저녁식사를 함께하면서 애로사항도 들어 주고 칭찬과 격려를 아끼지 않는다. 내가 먼저 표현하고 다가가자 직원들도 항상 감사하는 마음으로 서로를 존중하고 배려하며 지지와 격려를 생활화 하고 있다.

이사장님, 강사 이문희에요. 오늘 이사장님, 본부장님과 함께 식사하고 이야기를 나누면서 꿈희망미래 한 사람 한 사람을 아들, 딸처럼 귀하게 여기시는 것을 느낄 수 있어서 정말 감동이었어요.
보통 사람들은 쉽게 할 수 없는 일들을 두 분께서 실천하고 계신다는 사실이 얼마나 신기하고 놀라운지 …….
이기적이고 일방적인 기업문화가 아닌 서로 감사하고 쌍방향으로 소통하는 귀한 곳에 제가 직원으로 있다는 사실이 다시 한 번 놀랍고 감사했습니다. 무엇보다 이사장님 본부장님과 같은 어른이 되어야겠다는 생각이 들었어요.

저희를 위하는 마음이 무척이나 큰 두 분을 언제나 신뢰하고 순종하겠습니다. 두 분이 좋은 오너이시듯이 저희도 두 분 보시기에 좋은 직원이 되고 싶어요. 부족한 것은 계속해서 극복해 나가며 정말로 존경하고 사랑하는 두 분을 실망시키지 않겠습니다.

- 꿈희망미래 강사 이문희-

청소년들의 멘토-스티브 김 아저씨의

나의 소중한 동역자
꿈희망미래 직원들

책상을 모두 치운 교육장

첫날 교육장에서 학생들을
환영하는 강사와 코치들

자발적으로 모두가 참여하는 교육

성취경험으로 자신감 회복

교육 중 활기차게 소통하는 모습

청소년들의 멘토–**스티브 김** 아저씨의

교육 전과 후의 변화모습

교육 전과 후의 변화모습

3일 교육을 마치고 밝아진 모습

2011년부터 건양대학교
동기유발학기 프로그램 운영

3일간의 감동을 함께 나누는
강사의 모습

2013년
미국에서 방문한 큰 딸과 함께
수료식 참여

초등학교 리더십캠프 과정

강연 후 사인 받기 위해
몰려드는 학생들

누구를 위한 교육인가

교육을 하는 이유는 무엇일까? 나는 독립된 인격체로서 행복한 삶을 살게 하기 위해서라고 생각한다. 그러므로 아이가 태어나면 가정에서부터 학교, 이웃(사회)이 모두 협력하여 인성과 품성을 잘 갖춘 훌륭한 시민으로 성장할 수 있도록 도와야 한다. 하지만 우리 교육은 인성·품성 교육보다 입시를 우선으로 하고 초등학교에 들어가기 이전부터 놀이든 숙제든 아이들 스스로 선택하거나 결정할 수가 없다. 이렇게 오랫동안 부모가 정해 놓은 대로 따라하는 것에 길들여진 청소년들이 성인이 되어서 과연 독립할 수 있을까?

얼마 전 몇몇 지인들과 저녁식사를 하면서 오간 얘기다.

"요즘 젊은이들은 생각이 없는 것 같아요. 무슨 일을 맡기면 적극적으로 달려들어 최선을 다하는 것이 아니라 적당히 대충대충 끝내고 말아요. 그러다 무슨 문제라도 생기면 먼저 고민하고 스스로 해결해보려고 하는 게 아니라 사소한 결정 조차 내게 미루는 거예요. 인턴이나 신입사원 한두 사람의 문제가 아니에요."

"자라는 동안 고민하고 뭔가를 선택하거나 결정해 본 경험이 거의 없어서 그런 것 아닐까? 이게 바로 '의사결정 장애'라는 거지. 어쩌면 엄마한테 먼저 물어봤을 지도 몰라. 대부분의 학생들이 공부할 것을 스스로 찾아서 하기 보다는 학원과 학교 시간표대로, 예상 및 적중문제 풀이를 반복할거야. 즉 사고하고 추론하기보다 시험기술을 익히는 거지."

"좋은 대학 나오면 뭐해요? 일을 믿고 맡길 수가 없는데…… 자기 일에 대해서 기꺼이 책임지려는 소신이나 열정도 찾아보기 힘들어요. 우리 교육이 뭔가 잘못된 거 맞죠?"

사회에서 필요로 하는 인재는 주인의식과 책임감이 투철하고 솔선수범하는 사람 그리고 무엇보다도 문제해결능력이 있는 사람이다. 문제해결능력은 뜻하지 않은 상황에 처했을 때 그것을 헤쳐 나가는 과정에서 길러진다. 그러므로 어렸을 때부터 크고 작은 문제들을 본인 스스로 고민하고 대안을 모색해보는 경험이 반드시 필요하다. '학벌과 스펙으로 뽑은 공기업과 대기업 직원 4명 중 3명은 쓸모가 없다.'는 기사가 일간지에 실린 적이 있는데 이는 오직 성적에만 의존하는 우리 교육이 얼마나 잘못된 것인지 단적으로 보여 주는 예다.

부모는 사교육비를 감당하느라 허리가 휠 지경이고 배움에 대한 호기심이나 목적 없이 널브러져 있는 학생들 앞에서 교사의 사명과 열정 또한 무너지고 만다. 심각한 의사결정 장애를 앓기까지 모든 선택과 결정의 기회를 뺏긴 채 학창시절을 보내는 아이들도 행복하지 않기는 마찬가지다. 과연 누구를 위한 교육인가?

한국의 교육현실

내가 교육사업을 하면서 보게 된 우리 교육현실은 여간 답답하고 안타까운 것이 아니다.

미국은 오후가 되면 공원마다 아이들로 가득 찬다. 입시를 위한 학원도 없고 부모들도 공부하라는 잔소리를 하지 않는다. 초중고에서 배우는 모든 과목은 '수우미양가' 식의 절대평가를 해서 학생과 학부모에게만 알려 준다. 그렇기 때문에 다른 학생들과 비교되거나 열등감을 갖지 않는다.

학교 수업 역시 주입식이 아닌 과제 중심의 토론으로 이루어져 교사와 학생들 서로가 쌍방향 소통을 한다. 수업 중에 배운 것을 얼마나 이해했는지는 그날그날 퀴즈를 통해서 확인하고 오후 2~3시 경이면 학교를 마친다. 방과 후에는 다양한 운동을 하거나 악기를 배우고 그림도 그리면서 자유롭게 지낸다.

청소년들의 멘토-스티브 김 아저씨의

학년이 올라갈수록 과제가 많아지고 공부 수준도 점점 높아지기는 하지만 대학에 입학할 때는 내신 성적, SAT, 특기활동, 예체능 관련 취미 등을 종합하여 '대학에서의 공부'가 가능할 정도의 학습능력이 있는 지를 최종적으로 평가한다. 대학입학 자체에는 큰 의미를 두지 않기 때문에 전공에 별다른 재능이나 흥미가 없는 경우에는 진학 대신 취업을 하는 경우도 많다. 비단 미국뿐만 아니라 대부분의 선진국들은 학벌에 대부분의 선진국들은 학벌에 대한 편견이나 선입견이 거의 없고 취업하기 위해 따로 준비해야 할 스펙이랄 것이 없다.

그런데 우리나라는 자유롭게 뛰어노는 아이들을 보기가 힘들다. 학교 수업이 끝나고 난 후에도 학원이다 과외다 해서 입시를 위한 공부에 쫓긴다. 초등학교 때부터 시작된 시험을 10여년 이상 반복하는데 지치지 않을 아이가 있을까? 해맑은 웃음이 사라진 핏기 없는 얼굴은 왕따와 학교폭력, 심지어는 자살로 까지 이어지고 있다. 자발적인 동기 없이 적성에 맞지 않는 공부를 억지로 시킨다고 해서 능률이 오를 리 만무하다. 그런데도 아이의 능력이나 적성에 개의치 않고 특목고, SKY에 목을 매는 부모들을 이해하기가 힘들다. 설령 좋은 대학에 들어가도 경쟁은 거기서 그치지 않는다. 등수를 매기는 상대평가 안에서는 늘 우등생과 열등생이 있기 마련이고 이런 시스템 안에서는 누구도 행복할 수 없지 않을까?

우리나라는 매년 수십만 명의 졸업생이 사회로 쏟아져 나오는데 이들 중 자신이 좋아하는 일을 찾아 취직하는 사람이 얼마나 될까? 대학, 대학원을 마치고도 자신이 좋아하는 일과 잘할 수 있는 일이 어떤 것인지 모르는 청년들이 너무 많다. 구체적인 목표나 계획이 없이, 부모의 성화에 못 이겨 '남들 다 하는데, 일단 하고 보자.'는 식으로 막연히 공부하다 뒤늦게 서야 방황하는 경우를 심심치 않게 목격한다.

아파야 청춘이라고? 즐겨야 청춘이지!

내가 본 미국의 청소년들은 학창시절을 마음껏 즐긴다. 학교 수업도 일방적이고 수동적인 것이 아니라 본인이 적극적으로 참여해서 궁금증을 해결하고 새로운 것을 알아가는 수업이다. 무조건 외우고 반복하는 것이 아니라 추론하고 정리하는 과정에서 탐구력이 길러진다. 선생님들은 아이들이 공부에 흥미를 잃지 않도록 다양하고 창의적인 교수법을 개발한다. 그래서 공부가 부담스럽다기보다는 새로운 것에 대한 호기심을 충족시키고 성취감을 느끼게 하는 수단이 된다. 부모들은 공부 외에 아이들이 좋아하는 것을 찾아 마음껏 즐기고 새로운 세계를 경험할 수 있도록 자유로운 환경을 만들어 준다.

또 자기의 생각을 주장하고 열띤 토론을 하는 과정에서 논리와 설득력이 길러지고 문제해결능력과 창의적 사고도 동시에 커진다. 학창시절 내내 이런 방식으로 교육이 진행되므로 학생들의 표정은 항상 자신

청소년들의 멘토-스티브 김 아저씨의

있고 당당할 수밖에 없다. 그리고 관심 분야와 타고난 재능이 다 다르다는 것을 자연히 인정하게 되므로 학교 성적만으로 학생들을 평가하는 사람은 아무도 없다.

그런데 우리나라의 청소년들은 내가 미국에서 본 학생들의 생기발랄하고 행복한 표정과는 너무 대조적이었다. 어려서부터 외우고 시험보기를 반복하는 입시 위주의 수업에 십수 년을 갇혀 있으니 행복할 턱이 있겠는가? 공부에 재능이 있거나 공부를 해야 하는 목적이 뚜렷한 학생이라면 모를까 대부분은 우리 교육제도의 희생양일 것이다.

감수성이 가장 예민한 시기임에도 불구하고 '하고 싶지 않은 공부'에 지쳐서 알고 싶지도 않고 궁금한 것도 없어졌다. 사고도 멈추고 미래에 대해 고민하지도 않는다. 모든 것은 '엄마'가 다 알아서 한다. 스스로 선택하고 결정할 기회를 다 뺏기고 시키는 대로만 좇아했기 때문에 나이를 먹어도 어른이 되지 못한다.

아프니까 청춘이라고 인내하라 하지만 내 생각은 다르다. 하고 싶은 것, 관심 가는 것을 경험하고 직접 해 봄으로써 자기 자신의 적성과 재능을 찾아야 한다. 다양한 책도 읽고 동아리도 가입해 활동면서 자신의 가치관을 발견해야 하는데, 모든 것이 입시에 맞추어져 있다. 읽고 싶은 책을 골라서 읽는 것이 아니라 학원에서 요약해 준 수능필독서를 외우듯이 읽는다. 동아리 활동도 취미나 관심분야와 상관없이 대입 수시에 스펙으로 쓸 수 있는 것을 찾는다.

땀 흘리는 봉사활동을 통해서 남을 돕는 이타심을 길러야 하는데 엄마가 봉사활동을 대신하고 아이는 그 시간에 학원에 보낸다. 하루 종일 교과서를 들여다보고 문제집 수 백 권을 푼다고 해서 자아를 발견할 수 있을까?

학창시절에는 운동장에서 실컷 뛰어놀고 마음에 맞는 친구들끼리 여행도 가 보고 책에 푹 빠져 밤을 새우기도 하면서 즐겨야 한다. 그래야만 사회에서 실제 필요로 하는 역량을 기를 수 있다. 책임감, 독립심, 주인의식, 존중과 배려, 성실함, 문제해결능력 등은 교과서에 나오는 이론으로 배울 수 있는 것들이 아니다. 많은 경험과 시행착오, 몰입 등을 통해서 지혜가 쌓이고 소중한 가치관을 형성해나갈 수 있다고 생각한다.

그런데 정작 중요한 기회와 시간들을 다 뺏고 대입과 취직에만 올인하게 하는 것을 '교육'이라 할 수 있을까? 언젠가 '당신은 부모입니까? 학부모입니까?'를 묻는 공익광고가 있었다. 비슷한 맥락에서 '교육'을 하는 건지 '사육'을 하는 건지 묻고 싶다.

가족은 있지만 가정은 없다

남녀가 만나 서로 사랑하게 되면 헤어지기가 아쉽고 더 많은 시간을

청소년들의 멘토─스티브 김 아저씨의

함께 보내고 싶어진다. 그래서 결혼도 하고 가정을 이루는 건데 정작 부부가 되고 나서는 각자 따로 생활하는 것 같다. 직장에서의 회식은 2차가 기본이고 야근에다 조찬모임, 주말 동호회 등 남자들은 온통 밖에서 산다.

아무리 많은 모임이 있어도 부부가 동반하는 일은 거의 없고 아이들은 초등학교 때부터 학교와 학원들을 오가느라 얼굴 보기가 힘들다. 워킹 맘이나 전업주부 할 것 없이 가족이 모여 함께 시간을 보내기 어려운 것은 마찬가지다.

낮에는 각자의 위치에서 열심히 하루를 지내다가도 저녁이면 온 가족이 한상에 둘러앉아서 오순도순 얘기하면서 화기애애한 정을 나누는 것이 가정의 모습 아닐까? 그런데 부모는 부모와 자녀가 서로에게 여유로운 관심을 기울이지 못하고 한집에 사는 남처럼 지내기 일쑤다.

아이들이 자라는 모습을 보면서 부부가 함께 웃고 일상의 고민도 나눌 수 있어야 하는데, 내 주변에도 자녀들을 일찌감치 유학 보내고 졸지에 '기러기 아빠'가 돼서 쓸쓸하게 지내는 사람을 흔히 볼 수 있다. 지나치게 치열한 경쟁구도 속에 소박하고 단란한 가정을 빼앗긴 채 외로움 속에서 각박하게 살고 있다.

사교육에 대한 부담과 학교폭력 등 인성 부재로 인한 어려움은 저 출산으로 이어지고 실업률이 높아짐에 따라 결혼마저 포기하고 있다. 참 행복하기 힘든 우리사회의 현주소가 너무 안타깝다.

미국 사람들은 결혼을 하면 대부분의 시간을 가정에서 보내고 아이들

교육을 위해서 부부가 떨어져 산다는 것은 상상할 수도 없다. 직장생활도 가족 중심으로 돌아가고 가정을 무엇보다 소중하게 여긴다. 그래서 늦게까지 회식을 하지도 않고 특별한 밤 문화도 없다. 퇴근하면 곧바로 아이들을 픽업(pick-up)해서 가족과 함께 시간을 보내는 경우가 대부분이다. 사장과 미팅을 하다가도 퇴근 시간이 되면 회의를 끝내달라는 사인을 보낸다. 사장 앞이라고 해서 눈치를 보거나 망설이지도 않는다.

생활의 대부분을 가족들과 함께 하기 때문에 무늬만 부부로 살거나 주말부부로 지내는 경우는 거의 없고 혹시 갈등이 생기더라도 바로 해결해야만 한다. 힘들어진 부부관계를 회복하기 어려워 이혼을 하더라도 부모 중의 한 사람이 자녀와 함께 생활하며 양육을 전적으로 책임지고 그 배우자도 경제적으로나 다른 방식으로 부모로서의 남은 책임을 다한다.

그런데 우리나라는 부부가 헤어질 경우 자녀 양육을 자신들이 직접 책임지지 않고 아이들의 조부모에게 떠넘기는 경우를 종종 보았다. 이렇게 시골에 맡겨진 아이들은 진로계획이나 학업 관리는 물론 말도 통하지 않은 조부모와의 갈등으로 인해 정서적 불안까지 겪을 정도다.

가족들 모두가 지친 삶의 무게를 내려놓고 쉼과 위로를 얻는 화목한 가정을 회복하기 위해서 어떻게 해야 할까? 나는 교육에 그 답이 있다고 생각한다. 기업의 채용문화와 대학의 입시 방식을 개혁하고 사교육 문제를 해결하는 데서 그 방법을 모색할 수 있지 않을까?

청소년들의 멘토-**스티브 김** 아저씨의

영어 열풍

30년 만에 한국에 돌아와 보니, 전 국민이 영어 열풍에 휩싸여 있었다. 유치원 때부터 비싼 영어 과외를 하는가 하면, 웬만한 집 아이들은 영어연수를 한 번씩은 다녀 오는 것 같았다. 그러나 영어는 아무리 공부를 많이 하더라도, 일상에서 사용하지 않으면 늘지 않고 배운 것조차 잊어버리게 된다. 영어권 사람들과 직접 부딪치고 교류하면서 늘 사용해야만 자기 것이 된다.

내가 영어를 유창하게 할 수 있었던 것은, 한국에서 영어공부를 많이 해서가 아니라 미국에서 늘 영어를 사용하면서 그 사람들과 함께 생활했기 때문이다. 내가 만약 교포사회 안에서만 머물렀더라면 지금과 같은 영어실력은 불가능했을 것이다.

요즘에는 강의를 영어로 진행하는 대학교들이 점점 늘어나고 있다. 나도 모교인 서강대학교에서 한 학기를 영어로 강의한 적이 있다. 그러나 제대로 알아듣는 학생이 많지 않았고 질문도 거의 하지 못했다. 우리말로 강의를 하더라도 이해하기 어려운 내용이 많을 텐데, 하물며 영어를 잘 알아듣지 못한다면 교육이 제대로 이루어질 리 없지 않은가? 이러한 교육은 현실성이 떨어진다고 볼 수밖에 없다.

선진국이 되기 위해서는 마치 모든 국민이 영어를 잘해야만 한다는 그릇된 생각으로, 많은 시간과 돈을 영어교육에 쓰고 있다. 그러나 영어를 잘하는 사람도 많지 않고, 한국에서 영어를 쓸 일이 별로 없는데 왜 온 국민이 영어로 인한 스트레스를 받으며 살아야 하는지…….

영어가 필요한 사람은 기본만 되어 있으면, 실제 현장에서 생활하면서 얼마든지 익힐 수 있는데, 당장 쓸 일이 없고 쉽게 잊어버리고 마는 영어에 많은 시간과 돈을 들이는 것은 엄청난 낭비라고 생각한다.
선진국이 되는 조건은 영어가 아니라 '글로벌 매너'이다.

섣부른 유학의 폐해

일부의 부모들은 한국의 잘못된 교육현실로부터 자녀들을 도피시키기 위해 해외로 유학을 보낸다. 그러나 원하는 대학에 입학하기 어렵거나 좋은 직장에 취직하기 힘들어서 선택한 것이라면 단지 유학을 했다고 해서 상황이 달라지지는 않을 것이다. 아니, 오히려 더 힘들어질 수도 있다. 게다가 자기 스스로 고민하고 내린 결정이 아니라 부모의 일방적인 선택이나 강요에 의한 것이라면 유학생활을 제대로 할 리 만무하다.

막연하게 남들이 가니까 나도 간다는 식의 도피성 유학보다는 자기에게 주어진 현실에 부딪히면서 그 안에서 돌파구를 찾아야 하지 않을까? 어른이 되면 예기치 못한 다양한 문제들에 직면하게 되고 그것들을 지혜롭게 잘 해결해 나가야만 행복하게 살 수 있다. 학벌보다 경험이 중요한 이유가 바로 이것이다. 그래서 어른이 되기 전에 작은 일부터 스스로 판단하고 결정하는 법을 훈련해야 한다. 그런데 크고 작은 모든 것을 부모의 결정에 의존하다보면 문제해결능력을 기를 방법이 없다.

우리나라 부모들처럼 자식사랑이 유별난 사람들도 없을 것이다. 어떻게든 자기 자식을 고생시키지 않기 위해 부모가 앞서 고민하고 어려운 형편에서조차 거액을 들여 유학을 보낸다. 그러나 유학은 자기 스스로 진지하게 고민하고 결정해야 한다. 왜 꼭 유학을 해야 하는지, 유학을 마친 후에는 무슨 일을 할 것인지 구체적이고 뚜렷한 목표가 있어야 한다. 그래서 비장의 각오를 다지고 치열하게 몸부림쳐야만 남들과 차별화 된 성공적인 유학생활을 할 수 있다.

세계 어느 곳에 가든지 한국에서 온 유학생들로 넘치고 한국 학생들끼리끼리 어울리다 보면 현지의 문화나 언어조차도 제대로 배우기 어렵다. 결국 많은 시간과 돈을 허비하다 한국에 돌아와서 제대로 적응하지 못하고 어려움을 겪는 경우를 많이 봤다.

사회에서 필요로 하는 사람은 명문대를 나오거나 유학을 한 사람이 아니라 주인의식이 높고 책임감과 문제해결능력이 뛰어난 사람이다. 많은 직원들을 두고 회사를 경영하면서 절실하게 느낀 것이 바로 이 부분이다. 어떤 스펙도 인성을 앞지르지 못한다.

학벌보다 중요한 것이 경험

미국에서는, 직원을 채용할 때 학벌을 중요시하지 않는다. 나 역시

15년간 기업을 경영하면서 수많은 직원을 뽑았지만, 출신학교를 눈여겨본 적은 단 한 번도 없었다.

취업 인터뷰를 할 때에는, 그 사람의 능력과 구체적인 경험이 채용 후 회사에 어떻게 기여할 수 있는지를 보고 결정한다. 그리고 이전 직장에서의 역할과 평판 등을 더 중요시했다.

내 사업에 큰 역할을 했던 딕 배스나 존 베일리 그 밖의 다른 자일랜 임원들 중에도, 미국의 일류 대학 출신은 한 명도 없다. 중요한 건 실력이지 학벌이 아니라는 것이다.

내가 창업을 했을 때, 투자자들 역시 나의 학벌보다는 그동안 이루어 놓은 결과와 앞으로의 가능성을 보고 투자를 결정했다.

NASA에서 첫 주문을 따낸 것도, 제품의 성능과 편리성 그리고 가격을 따져 본 후 구매를 결정한 것이다. 만약 그들이 학벌이나 배경, 연고를 따졌더라면 불가능했을 것이다.

내가 미국에서 성공할 수 있었던 것도, 모든 기회가 공정하게 주어졌기 때문에 가능했다.

청소년들의 멘토-**스티브 김** 아저씨의

Chapter 4

'사명'
가장 이타적인 것이 가장 이기적이다

성공은 나만의 것이 아니라는 생각으로, 어려움에 처한 사람들과 함께 나누고자 했다. 나를 통해 그들의 삶이 달라지고 행복해하는 모습을 보면서, 오히려 내가 더 큰 행복을 느꼈다.

이 행복은, 사업을 하면서 얻었던 성취감과는 차원이 다른 기쁨과 보람으로, 내가 번 돈과 경험이 이렇게 귀하게 쓰이리라고는 상상하지 못했다.

나의 성공은 '오늘을 위해 준비된 하나님의 섭리'였음을 고백할 수밖에 없으며, 지금도 '나의 시간과 돈이 가장 귀하게 쓰일 곳'을 찾아 열정을 쏟고 있다.

미래가 없는 청년들

심각한 미스매칭(mismatching)

갈수록 일자리가 줄어들어 취업하기 힘들다고 하지만 사실상 구인란도 만만치 않은 것 같다. 나 역시 교육사업이 확장됨에 따라 수시로 채용 공고를 올리고 여러 대학으로부터 추천을 받기도 하지만 우리 일에 꼭 필요한 사람을 찾기란 여간 힘든 게 아니다. 그만큼 미스매칭(mismatching)이 심각하다는 얘기다.

나는 함께 일할 직원을 채용할 때 출신 대학이나 학점, 자격증에 별의미를 두지 않는다. 왜냐하면 실제 업무를 하는 데 있어서 전문성도 물론 중요하지만 그보다 다양한 경험으로부터 체득한 문제해결능력과

청소년들의 멘토-**스티브 김** 아저씨의

책임의식 등이 훨씬 중요한 요소로 작용하기 때문이다. 우수한 성적으로 좋은 대학을 나왔다고 해서 무슨 일이든 잘하리라고 단정 짓기보다는 두 번의 프레젠테이션 면접을 통해서 해당 업무를 제대로 수행할 역량이 있는지 구체적으로 가늠해 본다.

이러한 과정을 통해서 최소한의 기대를 안고 채용했지만, 막상 일을 맡겼을 때 기대에 못 미치는 경우가 허다했다. 왜 그럴까? 나는 학교 교육이 실제 사회에서 필요한 인재를 양성하는 것이 아니라 시험 잘 보는 기술을 가르치는 것으로 전락했기 때문이라고 생각한다. 청소년기에는 교과서에 있는 지식 외에도 독립된 인격체로서 살아가는 데 꼭 필요한 역량들을 배울 수 있어야 하는데, 초등학교 입학에서부터 대학 졸업에 이르기까지 인성교육은 배제하고 입시에만 매달린 것이다.

설령 명문대를 나왔어도 소통능력이나 문제해결능력은 수준 미달인가 하면 기본적인 도덕성이나 책임감도 찾아보기 힘들다. 이러한 청년들이 과연 올바른 성인으로 자립할 수 있을까 의구심이 들 정도다. 16년 동안 들인 돈과 노력의 결과가 '쓸모없는 교육'이라니 너무 참담하다.

구직활동에 앞서 사회에서 꼭 필요로 하는 역량이 어떤 것들인지 살펴보고 자기에게 그런 역량이 준비되어 있는지 진지하게 성찰해 보자. 그리고 남들이 다 가는 한길로 좇아갈 것이 아니라 자기가 좋아하는 일, 잘할 수 있는 일을 하면서 성장할 기회가 충분한 곳을 찾는다면 취업난이 아무리 심각하다 하더라도 비교적 쉽게 헤쳐 나갈 수 있을 것이다.

중소기업에 답이 있다

취업난이 갈수록 심각해지는 가운데 대기업 · 공기업, 공무원, 교사 등 안정적인 직업을 좇는 취업 준비생들이 늘어나고 경쟁이 치열해지는 만큼 상황도 더욱 악화될 것이다. 교사가 되기 위해서는 교육대학 · 사범대학을 마치고도 몇 년씩 교원임용고시에 매달려야 할 정도라는데, 이들 모두에게 교육자로서의 사명감은 과연 있는 것일까?

요즘 학교 현장을 들여다보면 교육자로서 보람과 존재감을 찾지 못하고 학생과 학부모들에게 떠밀리는 경우가 허다해 보인다. 교사가 비록 안정적인 직업이라고는 하지만 학생들로부터 존경받지 못하고 교사로서의 사명감을 잃어버리고 나면 아무리 실력이 좋아도 행복할 수 없을 것이다. 하물며 청소년에 대한 특별한 철학과 헌신적 가치관 없이 교사가 된다면, 인성교육은 더더욱 외면당할 것이고 우리 교육은 본질에서 멀어질 것이다.

공무원이 된다거나 대기업에 취직하게 되더라도 열정적으로 일하고 성취감을 느끼기는 쉽지 않을 것이다. 어디 그뿐인가? 매일 반복되는 업무 속에서 자신이 마치 거대한 기계의 부속품으로 여겨지기라도 하면 존재감 또한 갖기 어려울 것이다. 나 역시 미국의 대기업에 엔지니어로 취직했을 때 피부로 느꼈던 부분이다. 그러나 모든 업무와 조직이 세분화되어 있는 대기업과 달리 중소기업에서는 1인 몇 역이라도 할 수 있다.

본인이 적극적으로 관심을 갖고 배울 의지만 있다면 대부분의 업무를 한눈에 파악할 수 있기 때문이다. 게다가 많은 사람들이 중소기업은 근무 환경이 열악할 것이라는 선입견을 갖고 기피하는 경향이 있어 인재를 찾는 일이 늘 시급하고, 직원 수도 적어서 자발적으로 나서서 일하는 직원은 금방 사장님 눈 안에 들 수밖에 없다.

조직의 규모가 작을수록 자기 존재 가치는 커지고 발전 가능성도 열려 있다. 지금 당장은 대기업에 비해 연봉이나 복리후생이 낮고 잘 알려지지 않은 곳이라 하더라도 5년, 10년 후 꼭 필요한 사람이 되고 나면 대기업 못지않은 인정과 보상이 따르기 마련이다. 대기업·공기업에서 있으나 마나 한 사람으로 있을 것이 아니라, 비록 작은 기업이라도 없어서는 안 될 사람으로 일할 수 있다면 그곳이 바로 안정적인 직장일 것이다. 남들이 다 가는 한길로 좇아가기보다는 건실한 중소기업, 강소기업을 찾아 현실적인 미래를 준비하기 바란다.

행복은 선택이다

사람은 누구나 행복하게 살고 싶어 하는데, 이 행복은 과연 어디에서 올까?

나는 좋아하는 일을 하면서 목표를 향해 달려갈 때, 배움을 통해 성장하고 남들로부터 인정받는 데서 행복이 온다고 믿는다. 그런데 대부분의 사람들은 자기의 꿈과 목표를 다 이루어야만 비로소 행복할 수 있다고 생각할 것이다.

나 역시 30여 년을 치열하게 사업에 매진할 때는 멈추지 않는 시계가 원망스러울 정도로 힘들었고, 행복은 요원한 것이라 미뤄둔 채 고통을 인내하며 기다렸다. 회사를 매각하고 나자 다 쓰기도 힘들 정도의 큰 돈이 주어졌고 성공의 정점에 서게 되었다. 그때서야 비로소 미뤄 왔던 여유와 안락함을 누릴 수 있었고 이때 느낀 행복감으로 남은 평생을 잘 살 수 있을 줄 알았다.

그런데 그로 인한 만족과 즐거움은 잠시뿐이었고 생각지도 않은 공허함과 외로움이 수시로 찾아와 나를 괴롭혔다. 그동안 내가 추구했던 행복이 너무 막연했던 것일까? '행복'이란 과연 무엇일까? 곰곰이 생각하다. 그리고 의미 있는 일에 열정을 쏟지 않고는 결코 행복할 수 없다는 사실을 깨달았다. 한국에 들어온 후 청소년에 대한 새로운 사명을 발견하게 되었고, 교육 사업에 온 열정을 쏟으면서 비로소 의미 있고 행복한 나날을 보내고 있다.

최근 '헬조선'이니 '금수저', '은수저', '흙수저' 등 청년들로부터 자조적인 말들이 속속 들려온다. 끝이 보이지 않는 경쟁과 스펙 쌓기의 장벽 아래 좌절하며 쏟아 낸 말일 것이다. 그러나 나는 금수저, 은수저들이 행복할 것이라 생각하지 않는다. 부모로부터 주어진 좋은 환경은 자기 노력을 통해서만 얻을 수 있는 성취감을 빼앗아 가기 때문이다.

내 아들도 나로부터 물려받은 사업을 크게 힘들이지 않고 운영하다 보니 새롭게 도전할 필요나 별다른 성취감을 느끼지 못한다. 남들은 금 수저라 여기며 부러워할지 몰라도, 내 눈에는 열정 없이 안주하는 삶이 결코 행복해 보이지 않는다. 만약 내가 사업을 물려주지 않고 자기 스스로 이루고자 하는 절실한 목표가 있었더라면 지금보다 훨씬 의미 있고 열정적인 하루하루를 보낼 것이다.

인간이라면 누구나 달려가야 할 목표가 있고 배움을 통한 성장과 발전이 있을 때 그리고 다른 사람으로부터 인정받을 때, 비로소 자존감이 높아지고 행복하다고 느낄 것이다. 부자가 행복하기 더 어려운 이유는 바로 절실한 목표가 사라지기 때문이다. 진정한 행복은 소유의 많고 적음에 있는 것이 아니라 매일의 삶을 어떻게 살아가느냐에 달려 있다.

'행복은 저절로 주어지는 것이 아니라 자신이 선택하고 만들어 가는 것이다.'
부모로부터 물려받은 여유로운 환경에서는 독립된 인격체로서 살아갈 생명력을 갖기 어렵다. 어려운 환경이라야 절실한 목표를 세우고 남들보다 더 크게 노력하는 과정을 통해서 성취감과 사회에서 꼭 필요로 하는 역량을 얻게 된다. 부모로부터 주어진 안락함이 겉보기에 아무리 좋아 보여도 이렇게 얻은 결과와는 감히 비교할 수 없다.

얼마 전 입사 한 우리 강사의 이야기이다.

"저는 삼척의 아주 작은 농촌에서 자랐어요. 어머니는 소아마비를 앓으셨고 아버지도 태어날 때부터 뇌성마비 2급 장애를 갖고 있어요. 한쪽 다리는 절뚝거리고 한쪽 팔도 근육이 없어서 올리지를 못하십니다. 어려서부터 불편한 몸을 이끌고 농사짓는 부모님을 도와야만 했고 친구들과 놀기는커녕 동생들을 보살필 수밖에 없었어요. 우리 가족 모두 열심히 일했지만 정부보조를 받아야할 만큼 늘 가난했어요.

스마트 폰이나 고급 운동화 등 갖고 싶은 것이 많았지만 부모님께 사 달라고 할 수도 없었고 하교 길에 친구들이 피아노 교습소에 갈 때면 밖에서 기웃거리다 오곤 했어요. 시험 때마다 과외에, 학원을 바삐 다니는 친구들이 부러워 부모님 원망도 많이 했어요. 하지만 불평하고 원망한다고 해서 우리 집 형편이 나아질 리도 없고, 평생 가난하게 살지 않기 위해서는 내가 할 수 있는 것을 해야겠다는 오기가 생기더라고요. 부모님에 비하면 저는 신체도 건강하고 공부도 할 수 있으니까요.

농사를 돕느라 시간이 부족해서 쉬는 시간을 아껴 공부했고 문제집 한 권을 세 번씩 풀었어요. 그리고 학교에서 배울 수 있는 것은 다 해 보자는 생각으로 방과 후도 열심히 했죠. 초등학교 4학년 때는 테니스부에 들어가서 삼척시 대표가 되기도 했고 대학에 가서도 합창, 연극, 무전여행 등 돈 들이지 않고 할 수 있는 것은 부지런히 찾아서 했습니다.

저는 부모님을 원망하지 않습니다. 가난하고 힘들었던 환경도 불평하지 않아요. 아니 오히려 그 덕분에 제 또래보다 정신적으로 성숙할 수 있었고 생활력도 강해졌으니 감사하죠. 어려서부터 주위 사람들로부터 "착하다, 성실하다." 칭찬받으며 자랐어요. 제가 꿈·희망·미래에서 일하게 된다면 이사장님께도 칭찬받고 인정받을 자신이 있습니다. 제 도움을 필요로 하는 사람에게는 언제든지 나서서 도와주고 제가 강사로 서게 된다면 청소년들에게 반드시 용기와 희망이 될 것입니다."

힘들었던 자기 환경을 극복해 온 경험들이 널브러져 있는 청소년들에게 용기와 희망이 될 때 본인 스스로 느끼는 희열은 실로 엄청날 것이다. 매년 1,500여 명의 청소년들을 만나 교감하고 돌아와서까지 감동을 곱씹을 만큼 가슴 벅찬 일이 어디 있을까? 보람과 성취감이 쌓여 감에 따라 주위 사람들이 몰라볼 정도로 당당한 자신감이 넘친다.

꿈 · 희망 · 미래를 통해 얻은 자식들

교육 사업을 시작하기 전, 청소년들의 마음을 열고 변화를 이끌어 내기 위해서는 무엇보다 강사의 역할이 중요하다고 생각했다. 강사의 경험이 아이들과 두터운 공감대를 이루어야만 무장을 해제하고 교육에 적극적으로 참여할 것이라고 믿었기 때문이다. 그러므로 강사와 코치를 채용할 때는 학벌이나 스펙이 아니라 청소년에 대한 사명감과 가치관, 구체적인 경험들을 확인하기 위해 두 번의 프레젠테이션 면접을 거친다.

면접 도중 힘들었던 어린 시절과 치열하게 노력해 온 과정을 털어놓다 말을 잇지 못하기도 한다. 갑자기 닥친 경제적 어려움이 부모님의 이혼으로 이어지고, 어머니 혼자 생계를 책임지다 과로 끝에 건강을 잃어 어린 나이에 가장 노릇을 할 수 밖에 없었던 얘기, 부모님의 잦은 불화와 가정 폭력으로 인해 겪었던 정서불안, 새벽부터 밤늦은 시간까지 각자 화물차 운전과 식당일을 나가는 부모님 대신 어린 동생을 보살피며 한 번도 아르바이트를 쉬어 본 적이 없었다는 얘기 등을 듣자면 가슴이 저려 온다.

원만하고 화목한 가정을 보기가 드물고 빠른 경제성장과 IMF 경제 위기의 그늘이 생각보다 깊게 드리워졌음을 실감한다. 그 힘든 환경을 꿋꿋하게 견디고 건실하게 살아온 모습들이 대견하고 기특하여 끝까지 이들을 품고 책임져야겠다고 다짐하게 된다. 그리고 꿈 · 희망 · 미래를 거쳐 가거나 현재 함께하는 직원들에게 나도 모르는 사이에 피난처가 되고 있음을 느낀다. 혈육을 통해 낳은 자식이 다섯이나 있지만 꿈·희망·미래를 통해 얻은 자식들 역시 내게는 더없이 소중하고 사랑스럽다.

강사와 코치로 지원하는 경우라도 강의 경험은 물론 남 앞에 서서 프레젠테이션 하는 것조차 힘든 상태가 대부분이다. 대학을 졸업하자마자 오는 청년들이 많지만, 자신의 진로를 제대로 찾지 못해 방황하다 뒤늦게 자신의 가치관과 청소년에 대한 사명감을 발견하고 오기도 한다. 강사양성과정을 마치고 프리랜서로 일하다 지원하는 강사도 있지만, 비싼 수강료에 비해 턱없이 짧은 교육을 받고 나왔기 때문에 그 상태로 교육에 투입할 수가 없다.

그래서 일단 우리 꿈·희망·미래 리더십센터에 들어오면 모두 예비강사가 되어 6개월간의 본격적인 훈련을 받는다. 그리고 이 후에도 계속해서 도전과제를 제시하고 최대의 역량을 끌어올리기 위해 애쓴다. 자기 일에 대한 열정이 지속되어야만 직원들 스스로 행복할 수 있고 우리 교육의 결과 또한 책임져야 하기 때문이다.

우리 교육은 이론이나 개념을 주입식으로 전달하는 것이 아니라 강사의 경험과 삶을 통해 변화를 끌어내는 교육이므로 자신의 경험 가운데 녹아 있는 소재와 교훈을 찾아내어 감동적인 스토리텔링을 훈련하는 것부터 시작한다. 훈련 도중 강사들 한 사람 한 사람이 자기 삶의 면면을 드러내고 동료들의 지지와 격려 속에서 스스로 회복과 치유를 경험한다.

"제가 3-4살 때 조폐공사에 다니셨던 아버지께서 IMF 구조조정으로 인해 실직하셨어요. 그리고는 아무 경험도 없는 사업에 투자했다가 퇴직금 전부를 날리셨습니다. 이후 부모님은 새벽에 나가서 밤늦게야 돌아오셔서 얼굴 보기도 어려웠고, 저는 10살 위의 언니와 오빠 손에 맡겨지다시피 했어요. 나이 차가 많다 보니 제가 초등학교 다닐 때 언니 오빠는 고등학생이라 0교시부터 야자까지 했어요. 아무도 돌봐주는 사람 없는 제가 마치 고아인 것처럼 여겨진 적도 있어요. 그런데 그 속에서 자립심과 독립심이 길러진 것 같아요. 저는 뭐든지 스스로 찾아서 하고 혼자서도 잘해요."

"아버지께서 3평 남짓한 인쇄소를 하시는 것으로는 부족해 어머니께서 식당 설거지 일을 하시며 살림을 꾸려 갔지만 두 분이 늘 돈 문제로 다투실 만큼 형편이 나아지지 않았어요. 늘 지친 모습으로 퇴근하는 부모님을 돕기 위해서 저도 고등학교 때부터 지금까지 한 번도 아르바이트를 쉬어 본 적이 없어요. 제가 19살 때 결국 두 분은 이혼을 하셨는데, 다음 해에 이혼 후 혼자 생활하시던 아버지께서 뇌출혈로 쓰러져 반신마비 상태가 되고 말았어요. 아버지 병간호를 할 사람이 저밖에 없어서 다니던 대학을 자퇴하고 아르바이트와 병원을 오가느라 힘든 시간을 보냈어요.
하루는, 언제쯤에나 이 힘겨운 생활이 끝날까? 무거운 좌절 속에서 부모님을 원망하며 병원 복도에 들어섰는데 '아빠가 오늘은 다섯 걸음이나 걸었다. 곧 털고 일어나면 무슨 일이든 할 수 있을 거야. 조금만 기다려. 아빠가 너 볼 면목이 없구나!' 하시며 다가오셨어요. 얼마나 안간힘을 쓰셨는지 아빠의 환자복이 흠뻑 젖어 있었습니다.

자기가 처한 환경이 쉽게 바뀌지 않을 수 있어요. 그렇지만 그 상황을 불평하고 원망만 할 것이 아니라 자기의 생각을 바꾸고 자기가 할 수 있는 것을 찾아서 최선을 다할 때 오히려 남들과 다른 멋진 삶을 살 수 있습니다. 부유하지 못했던 까닭에 누리고 싶은 것을 누려 보지 못했지만 저의 어려웠던 환경이 부끄럽지 않아요. 오히려 열심히 살아온 제 삶이 떳떳하고 자랑스럽기까지 합니다."

"신혼 생활을 꿈꾸며 결혼 준비로 한창 바쁠 때 뜻하지 않은 사고로 약혼자를 잃었습니다. 세상이 무너지는 것 같아 먹을 수도 잠을 잘 수도 없었습니다. 삶을 포기하고 싶을 만큼 힘들었던 상처를 가슴속 깊이 묻어 두다가 이곳 꿈·희망·미래에 와서 처음 입 밖으로 꺼낼 수 있었습니다. 그리고 내 어깨를 무겁게 짓누르던 돌덩이를 동료들의 위로와 격려를 통해 내려놓게 되었습니다. 가족에게도 차마 털어놓지 않았던 것들을 순수한 마음으로 서로 터놓고 얘기할 수 있다니……. 꿈·희망·미래는 참 특별한 곳입니다."

"꿈희망미래에 오기 전에는 남들이 선입견을 갖거나 색안경을 끼고 볼까봐 가슴속에 묻어둔 이야기들이 비슷한 환경에 처한 청소년들에게 의미 있는 경험으로 사용되어 용기와 희망을 줄 수 있다니…… 이 사실이 제게 얼마나 경이로운지 모릅니다. 매 주 전국의 학교로 달려가는 것이 힘들 때도 있지만 청소년들의 변화를 직접 눈으로 확인하는 순간 모든 피로는 눈 녹듯이 사라지고 새로운 각오를 다지게 합니다."

누구에게나 남들에게 말 못할 어려움과 괴로움은 있게 마련이다. 다행히 신뢰할 만한 상대와 허심탄회하게 대화를 나누고 그로부터 진심어린 위로와 공감을 얻게 되면 무게가 가벼워질 수 있지만 그렇지 않으면 평생 응어리로 남아 고통스러울 것이다.

우리 직원들은 이처럼 자기의 힘든 과거를 드러내는 과정에서 상처를 회복하고 자신감이 넘치는 강사로 새로 태어난다. 그리고 자신들의 경험을 교육에 고스란히 녹여낸다. 처음 강사 교육을 받을 때는 본인의 이야기인데도 불구하고 스토리텔링이 부자연스럽고 의미 있게 전달하지 못한다. 그런 예비 강사들을 스크립트 작성에서부터 시강에 이르기까지 일일이 가르치고 훈련시킨다. 수시로 밀려드는 스크립트와 영상을 모니터링 하느라 주말은 물론이고 밤낮을 잊어버릴 때도 많다.

그러나 우리 꿈·희망·미래에 와서 가슴 벅찬 일을 경험하고 자신들의 삶을 바꾸어 가는 것을 볼 때 행복한 일터를 만들기 위한 나의 책임감은 더욱 커질 수밖에 없고 그들을 위해 쉼 없이 고민하는 것이 즐겁고 행복하다.

행복한 만남, 『드림 데이트』

너희들 요즘 행복하니?

"너희들 요즘 행복하니? 과정에 안 나갈 때는 어떻게 지내?"

"그냥 집에 있어요. 과정에 나가서 아이들을 만날 때는 행복한데 그 외에는 재미있는 일이 별로 없어요."

"그래? 아니 젊은 사람들이 왜 집에만 있니? 연애 안 해?"

"이사장님, 우리도 당연히 연애하고 싶죠. 그런데 사람을 만날 기회가 없어요. 이사장님께서 소개 해 주세요."

"정말이니? 매칭 사이트라도 찾아보지? 젊은 청춘을 그냥 흘려보내면 어떡해? 너희들만 그래? 아니면 다들 만날 기회가 없는 거야?"

"다른 사람들도 마찬가지일 걸요. 매칭 사이트는 이상한데도 많고 신

청소년들의 멘토−**스티브 김** 아저씨의

뢰할 수가 없어서 안 들어가요. 교회 청년부에서 만나는 것도 바로 소문이 나서 부담스럽고 결혼 정보회사에 가입하면 몇 번의 만남의 기회를 주는데 가입비만 해도 수백만 원이래요."

우리 직원들의 평균 연령은 20대 후반이다. 남녀가 만나 데이트하고 연애하느라 매일 설레고 바쁠 줄 알았는데, 의외의 대답에 깜짝 놀랐다. 학교 다닐 때는 그나마 캠퍼스 안에서 교제할 기회가 있었지만 대학을 졸업한 후에는 건전하고 자유롭게 이성을 만날 기회조차 없다는 것이다.

취업 준비를 할 때는 마음의 여유가 없어 부담스러웠는데 어렵사리 취업을 한 후에도 직장 내에서 사귀다가 헤어지면 소문날까 두렵고 지인들로부터 소개받는 것도 한두 번이라는 얘기다. 결혼은 고사하고 젊은 청춘들이 연애도 못하다니…. 번듯한 직장이 없어서 연애와 결혼을 포기해야 되는 3포 세대라고 하지만, 설령 직장이 있어도 연애하고 결혼하기 힘든 현실이다.

우리 직원들이 행복한 삶을 살 수 있도록 늘 관심을 기울이는 내게 새로운 숙제가 주어졌다. 어떻게 하면 젊은 청년들에게 낭만과 활기가 넘치는 만남의 장을 마련해 줄 수 있을까? 미국에는 파티 문화가 있어서 부담 없이 사람을 만날 기회가 많이 있는 반면 우리나라는 소문과 이목에 더 신경 쓰는 경향이 있고 폐쇄적인 것 같다.

지인들과 얘기를 나누면 나눌수록 연애와 결혼을 포기할 수밖에 없는 청년들이 수없이 많으며 이는 개개인의 문제가 아니라 심각한 사회문제임을 알게 되었다. 규모가 제법 큰 결혼정보회사를 찾아가 커플 매니저로부터 매칭이 이루어지는 과정을 들어 보니 '금수저', '은수저'를 입에 문 청년들에게나 해당되는 얘기지, 웬만한 사람은 이용당하고 상처받기 십상이었다.

사랑과 결혼에 조건이 있을까?

배우자를 찾는 데도 등급이 있어 연봉이나 부모의 자산 규모에 따라 데이트 상대가 정해지다니……. 순수한 사랑 없이 조건에 맞춰서 시작한 결혼생활이 단란하고 행복할 수 있을까? 조금만 갈등이 생겨도 이해하고 감싸 주기보다 헤어질 생각부터 할 것이다. 결혼에 대한 환상이 깨지고 행복한 미래를 꿈꿀 수 없으면 출산을 미룰 수밖에 없다. 이혼율은 높아지고 출산율이 심각하게 저조한 데는 고용이 불안정하고 사교육비가 만만치 않은 이유도 있겠지만, 이와 같은 결혼문화도 한몫했으리라 생각한다.

남녀가 만나 사랑하는 데 조건이 필요할까? 순수하게 만나서 마음을 나누고 시간을 보내다 서로에 대한 신뢰와 호감이 생기면 연인으로 발전하고 결혼도 하게 될 것이다. 사랑하는 사람들이 소박한 미래를 꿈꾸고 화목한 가정을 이루게 되면 자녀들도 여럿 두고 싶어질 것이다. 설령 부부간에 소소한 갈등이 생기더라도 서로 이해하고 인내하며 가정을 지키기 위해 애쓸 것이다.

그래서 대기업·공기업 또는 전문직 종사자가 아니라 하더라도 의식
수준이 높고 건실한 청년들이 자연스럽게 만나서 교제할 기회를 열어
주기로 마음먹었다. 지난 7년 동안 인성교육의 사각지대에 놓인 청소년
을 살리는 일에 집중했지만, 한 걸음 더 나아가 미래가 없는 청년들을
위해서 나의 시간과 돈을 쓰는 것도 매우 의미 있는 일이라 믿고 있다.

그동안 해온 장학사업, 교육 사업과 마찬가지로 매칭 사업 또한 돈을
벌기 위한 것이 아니라 우리 사회에서 꼭 필요로 하는 부분에 기여하기
위한 것이다. 그래서 연회비는 최소화하고 운영하는 데 부족한 사업비
는 내가 출연하여 쓸 생각이다. 회원이 되기까지 신원을 충분히 검증할
수 있도록 시스템을 만들어 보안을 유지하고 상담을 전공한 경력 단절
여성들을 채용하여 '데이트 코치'로서 상담과 매칭을 돕게 할 것이다.

연애의 기술

오랜 미국 생활을 마치고 한국으로 돌아왔을 때 가장 크게 겪은 어려
움이 소통의 부재였다. 용기 있게 다가가서 순수한 관심을 표현하거나
상대방과 자유롭게 질문을 주고받지 못하는 사람들이 대부분이었다.
남녀노소를 막론하고 유쾌하고 의미 있는 대화 없이 친구가 될 수 있을

까? 행복한 만남으로 이어 가기 위해서는 대화와 소통의 기술이 절대적으로 필요하다.

드림 데이트의 회원이 되면, 호감도 있고 멋진 성인으로서 행복한 삶을 살 수 있도록 다양한 프로그램을 제공할 생각이다. 사옥에 마련한 아트홀에서 콘서트와 칵테일파티를 열어서 예술도 감상하고 세련된 매너를 익히도록 할 생각이다. 남녀 간에 필요한 대화와 소통능력을 키우고 프레젠테이션 역량을 강화할 수 있는 워크숍, '데이트 코칭' 컨퍼런스 등도 준비하고 있다. 이외에도 자연스럽게 선호하는 상대를 발견하고 교제를 이어 갈 수 있도록 다양한 이벤트를 계획하고 있다.

나뿐만 아니라 모든 사람들의 행복을 좌우하는 가장 중요한 요소는 열정을 쏟을 수 있는 일과 평생을 함께할 수 있는 배우자와의 만남에 있다. 격무와 스트레스로 하루하루가 지친다 하더라도 좋은 사람을 만나러 가는 설렘과 기대 속에서 발걸음이 가벼울 것이다. 서로 공감할 수 있는 대화를 나누고 취미 활동을 공유할 수 있는 사람 한두 명만 있어도 외롭지 않게 살아갈 수 있다.

꿈·희망·미래의 교육은 자기의 적성을 발견하고 자기에게 맞는 직업을 찾도록 안내하는 것이라면 '드림 데이트'는 행복한 만남의 기회를 열어 주는 것이다.

나는 모든 청소년과 청년들이 자신의 미래를 준비하고 행복하게 살기를 진심으로 바란다.

청소년들의 멘토-**스티브 김** 아저씨의

노블리스 오블리제

미국에서는 자신의 전 재산을 자녀에게 유산으로 남기기보다, 사회에 환원하는 문화가 오래 전부터 정착되어 있다. 그래서 대부분의 부자들은 '노블리스 오블리제'를 실천함으로써 기꺼이 사회적인 책임을 다하고 시민들로부터 존경을 받는다. 부자로 살면서 다른 사람을 돕지 않거나 기부에 인색한 사람들은 어리석다는 비난을 피하기 어렵다.

우리나라에도 유한양행 설립자이신 고(故) 유일한 박사처럼 전 재산을 사회에 환원하고 존경받는 분이 있고, 노블레스 오블리제에 대한 인식도 과거에 비해 많이 높아진 것 같다.

매년 미국에서 걷히는 자선기금은 수백조 원에 달하고, 그 기금은 대부분 거부가 아닌 보통 사람들로부터 나온다. 중요한 것은 액수가 아니라 기부하고자 하는 마음과 태도이다. 이처럼 평범한 사람들의 위대함이 미국을 최강국으로 만들었는지도 모른다. 수만 명의 사람들이, 힘겹게 모은 재산을 사회에서 유용하게 쓰고자 가족 재단(Family foundation)을 설립하고 나눔 사업을 펼친다.

우리가 알고 있는 록펠러재단, 카네기재단, 빌 & 멜린다 게이츠재단 등이 그 대표적인 예라고 볼 수 있다.

이 사람들은 재단의 이사장으로서 의미 있는 목적사업을 찾고, 기금을 잘 운용하는 일에 정성을 기울인다.

가장 좋은 유산

한국에 오자, 현재 내가 가진 재산이 얼마나 되고 자녀들에게는 얼마를 물려줄 것인지 많은 사람들이 궁금하게 여겼다. 부모의 재산은 자녀에게 물려주는 것이 당연하다고 생각하는 것 같다. 그러나 내가 우리 아이들에게 남겨 주고 싶은 것은 많은 재산이 아니라 '바른 정신과 성실한 자세로 행복하게 살아가는 방법'이다.

내가 부모님으로부터 받은 유산도 '가난'과 '남을 사랑하는 따뜻한 마음'이었다. 가난을 통해서 갖게 된 '헝그리 정신'이 내 성공의 원동력이 되었고 성공하는 과정에서 얻은 많은 성취감이 내 인생을 행복하게 했다. 그래서 많은 재산을 물려주기보다는 아이들의 인성과 교육을 더욱 중요하게 생각하고 있다.

나뿐만 아니라 부모라면 누구나, 자녀들이 행복한 삶을 영위하기를 원할 것이다. 그렇다면 그들 스스로 노력을 통한 '성취감'을 쌓아 가도록 도와주어야 한다.

그것이 바로 행복의 원천이기 때문이다. 부족함이 있을 때 얻고자 하는 절실함이 생기고, 절실함이 있을 때 뜨거운 열정과 잠재력을 발휘할 수 있다. 그러나 부모의 재산이 저절로 자기 것이 될 거라고 생각하면서 자라게 된다면 그들 스스로 행복해질 수 있는 기회를 빼앗는 것이다. 게다가 부모로부터 물려받은 유산에 대해서 진심으로 감사하고 잘 사용하기보다는, 그 가치를 모르고 탕진하는 경우를 종종 보게 된다. 그래서 많은 유산은 오히려 독이 될 수 있다.

돈이 가장 귀하게 쓰이는 일이 무엇일까?

재단을 설립하고 사회에 환원하는 것이 보편화되어 있는 미국에 살면서 나도 자연히 기부문화를 접할 수 있었다. 그래서 1997년, '스티브 김 재단(Steve Kim Foundation)'을 설립하였다.

재단을 설립하고 지금까지, 기금을 운용하면서 생기는 수익으로 한국·중국·북한·방글라데시 등 세계 여러 곳에서 지원 사업을 펼치고 있다. 그리고 일부 남겨 둔 개인 재산에서 발생하는 수익도 전부 재단에 넣으며, 계속해서 기금을 늘리고 있다.

2000년, 재단을 통해서 해야 할 구체적인 일을 찾기 위해 한국에 들렀다. 사회복지를 전공하신 어느 교수님과 함께 아동복지시설과 노인시설 몇 곳을 둘러보았다. 내가 떠날 때만 해도 대부분이 가난하고 어려웠기 때문에, 고아원과 같은 낙후된 시설을 찾아 지원하면 의미 있을 거라 생각했기 때문이다. 그런데 고아원에 들어서자 시설이 깨끗하고 잘 정돈되어 있었다. 그뿐만 아니라 아이들 옷차림이나 교육프로그램도 유치원으로 착각할 정도로 좋았다. 때마침 점심시간이라 그곳에서 함께 식사를 하게 되었다.

"깍두기도, 오징어볶음도 반찬들이 참 맛있네요. 아이들이 잘 먹겠어요."
"그렇죠? 그런데 이렇게 맛있는 반찬을 두고 요즘 아이들은 피자나 치킨을 찾는답니다."

내가 막연하게 생각했던 열악한 고아원의 모습은 찾아볼 수 없었다. 시설들을 몇 군데 더 돌아봤지만, 국가가 어느 정도는 다 지원하고 있었다.
'아, 내가 생각했던 것과는 많이 다르구나! 같은 돈이라도 의미 있고 귀하게 쓰기 위해서는 도움이 절실히 필요한 것을 찾아야 할 텐데, 이곳에서 내가 꼭 해야 할 일은 무엇일까?'

미국과 한국에 재단을 설립하고 구체적인 사업을 고민하던 중, 공부를 잘 했음에도 불구하고 다니던 대학을 중도에 포기해야만 했던 누님들 생각이 났다. 나는 장남이라서 어렵게나마 대학을 마쳤지만 가정 형편 때문에 하고 싶었던 공부를 그만둘 수밖에 없었던 누님들의 상처가 마음에 걸렸기 때문이다. 그리고 시대는 바뀌었지만 뜻밖에 찾아온 IMF경제 위기로 인해 학업을 포기하거나 꿈을 접어야하는 청소년들을 위해서 장학사업을 하기로 결정했다.

2001년, 한국에 '꿈희망미래 재단'을 설립하고 본격적인 장학 사업을 시작했다. 품성이 바르고 역량이 충분한데도, 가정 형편이 어려워 진학을 포기하는 청소년들을 찾아 나섰다. 이들이 대학을 마치고 사회에 나와 경제적으로 자립하게 되면, 자신은 물론 가족들까지 가난에서 벗어나게 할 수 있으리라 기대했다.

그뿐만 아니라 어려운 환경을 딛고 일어서는 데 도움을 주면, 그들도 다른 사람을 도울 수 있는 이타적인 마음으로 사회에서 제 역할을 할 것이라고 믿었다.

이보다 더 보람 있고 가치 있는 일은 없으리라 생각한 것이다.

복지사업도 경영마인드로

한국에서 꿈희망미래 재단을 시작하면서, 비영리단체들과 접할 기회가 많았다. 내가 만난 대부분의 단체와 기관들이 정부의 제도적인 지원을 받지 못해서 어려움을 겪고 있었다. 우리 재단은 힘닿는 대로 어려운 단체들을 후원했고, 이들과의 만남을 통해 사회복지사업에 대한 나의 시각도 확장할 수 있었다.

그러던 중 강서구내 종합사회복지관 한 곳이 어려움에 처한 사실을 알게 되어 수탁법인 공개모집에 응했다. 새로운 분야이니만큼 기대도 컸고, 최선을 다해서 운영해 보고 싶었다. 종합시설을 관리해 본 경험은 없지만, 제대로 운영해 보겠다는 우리의 진심이 통했는지 2008년부터 수탁운영기관으로 선정되어 현재까지 지속하고 있다.

나는 다른 복지관들과는 차별화 된 서비스로 지역 주민들과 만나고자 했고, 사회복지사업도 경영마인드를 가지고 운영해야 한다고 생각했다. 지역에 꼭 필요한 사업이 무엇일까 고심한 후에 프로젝트 중심으로 조직을 개편했다. 그리고 자칫 복지관의 서비스로부터 소외되는 사람들이 생기지 않도록 각 팀별로 구체적인 목표를 정했다.

"다른 복지관들 하듯이 '사업 나열하기' 식으로 하지는 않았으면 좋겠어. 지역 주민이 정말 필요로 하는 서비스가 무엇인지 찾아서 지속적으로 할 수 있다면, 몇 가지만 해도 좋아. 우리만의 차별화된 운영을 했으면 좋겠어."

복지사업도 돈과 에너지를 필요 이상으로 분산시킬 것이 아니라, 선택과 집중을 통해서 질을 높여야만 한다는 것이 내 생각이다. 그리고 지역주민들에게 꼭 필요한 서비스를 제공하는 것 못지않게, 복지관 직원들의 행복도 중요하다고 생각했다. 그래서 복지관 운영을 맡게 되자

청소년들의 멘토-**스티브 김** 아저씨의

마자, 직원들이 일하는 사무실의 리모델링 공사부터 시작했다. 밝고 쾌적한 사무실에서, 주민들과 여유롭게 소통하기를 바랐기 때문이다.

그리고 직원들의 소리에 귀를 기울이고자, 매달 한 번씩 등반을 함께했다. 하산 길에 나누어 마시는 막걸리 한 잔에, 우리는 '행복합니다.'라는 건배를 나누었다.

나는 직원들의 행복을 위해서 일하는 사람이 되고 싶었다. 그리고 직원들로부터 나오는 행복 바이러스가, 지역 주민에게 퍼지기를 기대했다.

연변 청소년들에게 꿈희망미래를

2001년, 처음으로 북한의 황해도를 방문하기 위해 북경으로 갔다. 북경에서 북한으로 들어가는 비자를 받기로 했으나 비자가 나오지 않아 며칠을 기다려야 했다. 미국으로 다시 갔다 올 수는 없어서 연변으로 가서 백두산을 구경하기로 했다. 연변에 가 보니 100만이 넘는 한국 교포가 흩어져 살고 있었다. 한글로 교육하고 있는 학교가 여러 곳에 있었고, 한국말을 사용하고 있어서 내게는 한국 사람과 똑같이 보였다.

교포들은 주로 소작농으로, 온 가족이 농사일에 매달려도 1년 수입은 백만 원이 채 안되는데, 대학의 1년 학비는 백만 원이 넘게 든다고 했다. 이들이 가난에서 벗어날 길은 공부밖에 없는데 장학혜택이라고는 전무했다.

'연변에 있는 조선족도 우리 민족인데 이들을 위해서 장학 사업을 하는 것도, 돈을 귀하게 쓰는 길이겠구나!' 하는 생각이 들었다.

그래서 2002년 연변과학기술대학 안에 '꿈희망미래 재단' 사무실을 마련하고, 조선족 청소년들을 위한 장학 사업을 본격적으로 시작했다. 연변 사무소의 직원들은 매년 신규 장학생을 선발하고자 중국 전역으로 가정방문을 떠난다. 차가 다니지도 않는 오지에 사는 아이들을 만나기 위해 직접 찾아가는 것이다. 흙바닥에 아궁이 하나 불 지피고 힘겹게 살아가는 모습을 볼 때마다 가슴이 미어진다고 한다.

멀리서 자신들을 돕기 위해 와 준 것이 너무 고마워서, 없는 반찬이지만 극구 밥 한술 먹고 가라고 상을 차려 내시는 분들과, "우리를 전혀 알지도 못하는 분이 어떻게 이런 도움을 줄 수 있냐?"며 계속 같은 소리만 반복하시는 분들을 보며, 우리 재단 사업이 얼마나 소중한지 깨닫고 돌아온다.

조선족 학생들은 부모와 떨어져 사는 경우가 태반이다. 부모들이 돈벌이를 위해서 한국이나 외지로 나가면서 자식들을 할머니, 할아버지 손에 맡기기 때문이다. 생활이 워낙 척박한데다 부모와의 교감이나 교육을 받지 못하는 아이들이라 장학금을 주는 것에 그쳐서는 안 된다. 그래서 우리 직원들은 매일 이 아이들에게 전화해서, 안부도 묻고 가족처럼 다독이며 보살핀다. 그뿐만 아니라 이 아이들에게 꼭 필요한 것이 무엇인지 늘 고민하며 용기와 희망을 잃지 않도록 최선을 다하고 있다.

청소년들의 멘토-**스티브 김** 아저씨의

매년 여름과 겨울 두 차례에 걸쳐, 우리 장학생들을 위한 캠프가 연변 과학기술대학에서 열린다. 이 캠프에 참가하기 위하여 중국 전역에서 300여 명의 학생들이 연변으로 모여드는데, 중국 대륙이 워낙 넓어서, 무려 스무 시간이 넘게 기차를 타고 오는 학생들도 있다.

"그렇게 멀리서 기차 타고 오는 거 힘들지 않니?"

"캠프에 오고 싶어 1년을 기다렸는걸요. 그 기다림에 비하면 스무 시간 기차 타고 오는 건, 하나도 힘들지 않아요. 일 없습니다!"

우리 도움이 얼마나 절실한 아이들인지, 이 말 한마디로 충분히 짐작할 수 있다. 이 아이들은 이런 기회가 아니고서는 캠프나 수학여행 등을 접할 수 없기 때문에 캠프 때마다 설렘으로 참여한다.

나도 그들에게 잊지 못할 추억을 만들어 주기위해, 매 캠프 때마다 참여해서 함께 오락을 즐기기도 한다. 또 그들이 어려운 환경을 헤쳐 나가는 데 도움이 되도록 소그룹 멘토링을 통해 고민과 애로사항들을 가까이서 듣고 조언해준다.

"이사장님, 현재 연변 장학생은 355명인데요. 금년에 가정 방문을 다녀보니 의식주가 해결이 안 되는 가정이 100 가정이 넘습니다. 금년에는 80명 정도의 장학생을 선발할 계획이었으나 100명이 넘을지도 모르겠습니다."

"우리의 도움을 절실히 필요로 하면 얼마든지 늘려도 좋아. 중국 교포가 100만 명이 넘는데…… 우리 재단을 통해서 아이들이 꿈을 포기하지 않고 희망을 품을 수 있다면 이보다 보람 있는 일이 어디 있겠니? 꼭 필요한 아이들에게 손길이 제대로 미칠 수 있도록 애써주기 바란다."

북한 주민에게도 꿈희망미래를

LA에서 우연한 기회에 종자 개발의 권위자 김필주 박사님을 만나게
되었다. 그분은 북한 주민의 식량난을 해결하기 위해 황해도 농장에 드
나들면서 종자를 보급하고 계셨다.

나는 기회만 되면 북한 주민을 돕고 싶었고, 미국 시민권이 있었기에
그분을 따라 세 번을 방문했다.

북한의 추위는 내가 상상했던 것보다 훨씬 심각했다. 땔감을 구하기
위해 마구잡이로 벌채한 탓에, 모든 산은 이미 민둥산이 되어 있었고
땔감을 구하지 못해서 한겨울을 그냥 나고 있었다.

북한 주민들의 생활은 말로 듣던 것보다 훨씬 처참했고, 이 사람들이
도대체 어떻게 겨울을 나는지 나는 도무지 이해할 수가 없었다.

한 학교에 가 보니, 아이들 모두 여름옷을 입고 오들오들 떨고 있었
다. 나는 김 박사님께 제안했다.

"더 추워지기 전에 겨울옷을 사서 아이들에게 입혀야 하지 않을까요?"

"그렇게 할 수만 있다면야 정말 좋지요."

"이 지역 근방에 아이들이 모두 몇 명이나 되죠?"

"유치원부터 중·고등학교까지 합치면 약 5천 명 정도 될 거예요."

청소년들의 멘토-**스티브 김** 아저씨의

나는 서둘러 5천 명에게 입힐 내복과 외투, 신발 등을 중국에서 사서 들여보냈다. 그리고 개울을 건너는 다리가 장마에 씻겨 내려갔는데, 이를 복구하지 못해서 아이들이 먼 길로 돌아다닌다기에 다리를 복구시켜 주었다.

그 이후로도 기회가 될 때마다 북한 주민들에게 필요한 비료나 농기구, 트럭 등을 지원했다. 그러나 아무리 좋은 일을 하고 싶어도 믿고 맡길 만한 분들을 만나지 못하면 마음대로 할 수가 없다. 내가 직접 나서서 일일이 할 수 없기 때문에 누군가가 현장에서 책임지고 돌봐 주어야만 가능하다. 북한은 더더욱 그랬다. 다행히도 각처에서 사명감을 가지고 헌신하시는 분들을 만날 수 있었다.

LA에서 만난 한덕수 교장선생님은 미국에서 공무원 생활을 하시다 은퇴하시고, 중국 도문으로 건너가 두만강 기술학교를 세우신 분이다. 그리고 중국과 접경에 있는 북한의 나진 선봉지구 안에 빵공장과 된장 공장을 지어서 북한 주민들을 돕고 계셨다.

나는 교장선생님을 따라 2005년부터 여러 차례 나진 선봉지역을 방문했다. 이곳에 들어가기 위해서는, 중국 도문에서 북한 지역의 접경까지 차로 3시간을 가서 세관을 통과해야만 한다.

나진 선봉지역은 경제특구라 다른 곳에 비해 좀 더 개방되었다고는 하지만, 주민들의 생활은 내가 본 황해도 지역과 별반 다르지 않았다.

아주머니, 할머니들이 깡마른 어깨 위로 짐을 메고 하염없이 걸어가는 긴 행렬이 눈에 들어와서 일행에게 물었다.

"저렇게 짐을 짊어지고 도대체 어디를 가는 거죠?"

"자기 텃밭에서 나오는 물건들을 나진에서 열리는 시장에 내다 팔기 위해 가는 것입니다."

"그곳까지 가는 대중교통 수단이 없어요?"

"아직 없습니다. 그래서 시장까지 가는 데 이틀, 오는 데 이틀씩을 걸어서 다닌답니다."

나는 그들이 안쓰럽고 측은하여 견딜 수가 없었다. 어떻게든 하루 빨리 이 사람들에게 도움을 주고 싶었다.

"교장 선생님, 버스 몇 대를 이곳에 들여오면 어떨까요? 지역 주민들에게 큰 도움이 될 것 같은데요."

"회장님, 놀랍습니다. 초행에 어떻게 그런 생각까지 하셨어요?"

"제가 지원할 테니, 가능한 대로 빨리 추진해 주세요."

그렇게 시작된 것이 북한의 버스 지원 사업이다. 현장에 가서 눈으로 직접 보았기 때문에, 그들에게 가장 절실한 것이 무엇이지 알 수 있었고, 그에 따른 지원도 할 수 있었다.

그러나 북한에서는 쉬운 일이 하나도 없었다. 북한 당국과 협의하는 데 무려 6개월이나 걸렸다. 마침내 2006년, 8대의 버스를 들여보낼 수 있었다.

'라선려객'이라는 북한의 운수회사와 합작 형식으로 사업체를 만들고, 버스 운행과 유지에 필요한 일체의 비용을 우리가 책임지기로 했다.

버스가 없을 때 2~3일씩 걸어서 가던 길이 1일 생활권이 되자, 지역 주민들의 생활이 완전히 바뀌었다. 버스 정류장을 중심으로 작은 시장이 생겨나기 시작하고, 물물교환도 활발하게 일어났다. 워낙 도로 사정이 안 좋다 보니, 타이어의 수명도 짧고 다른 부속품들도 빨리 소모된다. 하지만 지역주민들의 편의를 위해 한 번으로 그치지 않고 꾸준히 지원하고 있다.

그 밖에 주민들이 자급자족할 수 있는 구조를 만들어 주기 위해서 비료 공장도 건설했다. 매년 이 공장에서 생산되는 비료를 가지고 농사를 지으면서부터 소출량이 크게 늘었다. 어민들이 배를 수리하면서 어업 활동을 지속할 수 있도록 선박수리 공장도 지원하였다.

북한에도 평양과학기술대학 안에 빵공장을 세우고, 이곳에서 매일 2천 개의 빵을 만들어서 학생들과 인근의 주민들에게 나누어 주고 있다. 평양과기대 학생들에게 빵을 지원하는 데는, 북한 고아들을 돕는 창구로 삼고자 하는 목적도 있었다. 그래서 수천 명의 고아들이 굶주리지 않도록 내가 책임지겠다는 의사를 북한 측에 여러 번 전달했다.

그러나 외국인에게 개방하기로 정해 놓은 몇몇의 고아원만 보여 줄뿐, 정작 죽어 가고 있는 아이들은 만나게 해주지 않았다. 그리고 쌀과 밀가루를 주면 자기들이 알아서 먹이겠다는 태도로 일관했다. 워낙 통제된 사회여서, 자칫하다가는 당 간부의 배만 불리기 십상이고 굶주린 북한 주민들에게 직접적으로 다가가는 것이 쉽지 않았다.

내가 직접 지원하는 것이 허용되지 않으면 물자들이 어떻게 쓰이는지 알 길이 없다. 언제든지 고아원을 방문할 수 있고, 내가 믿을 수 있는 사람이 그곳에 거주하면서, 운영하고 관리해야만 한다.

북한의 아이들이 더 이상 굶주림으로 고통 받지 않도록, 하루빨리 통일이 되어야 할 텐데……

새터민에게도 꿈희망미래를

북한에서 이탈하여 우리나라에 정착하고 있는 사람들은, 북한과 전혀 다른 자유경쟁사회에 적응하느라 매우 어려운 삶을 살고 있다.

"우리들은 정부로부터 매달 30만 원씩 생활비를 지원받아요. 그 돈으로 숙식을 해결하고 수업에 필요한 교재들까지 사려면, 너무 부족해요. 게다가 생활비를 충당하기 위해 아르바이트까지 하다 보면 공부할 시간이 없어요. 공부에만 전념해도 학교수업을 따라가기 어려운데……"

"그래? 공부에만 전념하기 위해 꼭 필요한 돈이, 매월 얼마나 되니?"

"적어도 50만 원은 있어야 돼요. 그래도 영어 학원까지는 못 다닐 거예요. 영어는 특히 어려워서 어학실력을 높이려면 학원수강을 해야 하는데 꿈도 못 꾸고 있습니다."

이들은 모두 새로운 가능성을 찾아 사선을 넘어 온 사람들이다. 얘기를 듣다 보면, 비단 경제적인 문제만 있는 것이 아니다. 북한과의 문화적인 차이에서 오는 괴리감도 만만치 않다. 부모 형제 없는 낯선 곳에서, 의지할 사람 하나 없이 지낸다는 것이 좀처럼 쉽지 않을 텐데……. 나는 경제적 지원을 약속함과 동시에 그들의 고민을 함께 나누고 따뜻하게 품어 주기로 약속했다.

북한이탈주민은 해마다 점점 늘어 가고 있으나 지원은 현실적이지 못한 것 같다. 대학에 진학할 때 정부에서는 학비를 면제해 주기 때문에 대부분의 학생들이 대학에 들어가고 있지만, 전공수업을 따라가기가 힘들어 중도에 포기하는 경우가 허다하다.

게다가 학과에 대한 사전 지식이 없다 보니, 향후 진로를 고려하지 않은 채 막연하게 학과를 선택하고 시간을 낭비하는 경우가 대부분이다. 어렵게 공부를 마치더라도 취업이 어려워 이중고를 겪는 셈이다. 이 사람들이 빨리 경제적으로 자립하기 위해서는 기술교육을 시켜야 한다는 것이 내 생각이다. 국가예산을 낭비하지 않고 제대로 도움을 주기 위해서는 좀 더 현실적인 대책이 시급히 마련되어야 한다.

하늘과 가장 가까운 마을에 열린 도서관

몇 년째 네팔에서 교육 사업을 하고 있는 '품'이라는 단체의 심한기 이사를 만나게 되어, 네팔의 오지까지 가 보게 되었다. 네팔의 수도인 카투만두에서 10시간을 넘게 차를 타고, 다시 하루를 더 걸어야 닿을 수 있는 산속 마을이었다.

세계에서 가장 높은 곳, 지구상에서 가장 가까운 하늘을 만날 수 있는 에베레스트 솔로쿰부 지역의 골리라는 작은 마을에 도서관을 세웠다. 해발 2,700미터 고지 마을에서 500년 역사상 처음으로 열린 도서관 개관식 행사는 세르파 민족의 전통 방식으로 진행되었다.

마을 주민들과 어린이들이 준비한 환영행사는 아직까지 생생한 감동으로 남아 있다. 쏟아질 듯 촘촘히 박힌 별들을 보면서 야영을 즐기던 그날 밤은 평생 잊히지 않을 것이다.

카투만두에는 세계 각국의 NGO가 들어와 다양한 지원을 펼치고 있다. 그러나 현지인 스스로 운영할 수 있는 능력을 키워 주지 못해서 일회에 그치고 오히려 귀한 자원만 낭비하고 있었다. 그래서 우리는 도서관 건립과 초기 운영만 지원하고 현지인들을 교육시켜 자체적으로 운영하게 하였다. 우리 장학금을 받은 다섯 명의 대학생들과 현지에서 채용한 두 명의 교사들이 지금도 도서관을 잘 운영하고 있다.

방글라데시에도 꿈희망미래를

목포에 있는 달리도교회 이정이 사모님께서 찾아오셨다. 〈사명〉이라는 책을 주시며, 본인이 읽고 깊은 감동을 받았으니 나도 읽어 보라고 했다.

방글라데시에서 20년간 이슬람 선교를 하신 목사님의 간증집이었다. 목숨 걸고 시작한 목사님의 선교 사역이 생생하게 쓰여 있는 책을 읽고 큰 감동이 일어 목사님께 연락을 했다.

"박천록 목사님이신가요? 안녕하세요? 저는 꿈희망미래 재단의 스티브 김이라고 합니다.

목사님께서 쓰신 〈사명〉이라는 책을 읽고 연락을 드렸습니다. 시간 되실 때 한번 뵐 수 있을까요?"

박천록 목사님은 이슬람교도들을 개종시켰다는 이유로 두 번이나 추방을 당해서 한국에 계시고, 사모님만 왔다 갔다 하시면서 선교사역을 이어 가고 계셨다.

'세계에서 가장 못 사는 나라' 정도로만 알고 있었던 방글라데시의 어려운 현실에 대해 직접 듣고 보니, 나도 뭔가 도움을 주었으면 좋겠다는 생각이 들었다.

"목사님, 제가 오래전부터 북한에 빵공장을 세워서 영양이 부족한 아이들을 먹이고 있습니다. 방글라데시에도 빵공장을 세워서 가난한 아이들에게 매일 빵을 먹일 수 있으면 좋겠습니다."

이렇게 해서 2011년 여름부터 매일 빵 2,000개씩을 만들어 아이들과 교인들을 먹이고 있다. '스티브 루띠(방글라데시어로 빵을 루띠라 한다.)'는 우유와 버터, 계란을 넣어서 맛도 좋고 영양도 풍부하다.

아이들은 이 빵을 먹기 위해 학교 수업과 주일학교에 빠지지 않고 나온다. 매일 밤 기도에 나오는 수백 명의 성도들도 이 빵으로 허기진 배를 달랜다.

2012년 1월 박 목사님의 권유로 방글라데시를 처음 방문했다. 예상했던 대로 사람이 넘쳐나고, 지저분하며 무질서한 나라였다.

교회에서 나를 환영하는 첫 집회가 열렸다. 내가 왔다는 소문을 듣고

청소년들의 멘토-**스티브 김** 아저씨의

수백 명의 주민들이 교회로 몰려들어서 나가지도 들어오지도 못할 정도가 되었다. 그동안 북한, 필리핀, 캄보디아 등 못사는 나라의 아이들을 많이 보았지만, 유독 이곳 아이들은 호기심이 가득한 모습으로 나를 바라보는 모습이 남달랐다. 작은 얼굴에 이목구비가 뚜렷하고, 낯선 사람이라고 해서 경계하지 않고, 순수하게 웃으며 안기는 모습이 너무 예뻤다. 이 아이들이 가난한 나라에서 태어나, 배불리 먹지도 못하고 제대로 배우지도 못한다 생각하니 가슴이 뭉클해졌다.

이 아이들이 처한 환경은, 마치 한국전쟁 후의 우리 모습과 같았다. 그당시 우리나라에도 외국의 선교단체들이 들어와서 학교를 세우고 교육을 시켰다. 그들의 도움으로 우리가 가난에서 벗어날 수 있었을 것이다.

'이 사람들을 절대 빈곤으로부터 벗어나게 하는 길은 교육밖에 없어. 나도 이곳에 학교를 세우고, 이렇게 예쁜 아이들에게 교육을 시켜 줘야겠다.'는 감동이 일었다.

의무교육이 없어서 최소한의 학교교육도 제대로 받지 못하고 심지어는 자신들의 나이도 잘 모르는 아이들에게, 교육을 받게 함으로써 가정과 나라가 회복되리라 기대했다.

나는 한국으로 돌아오자마자, 박 목사님을 만나 학교와 교회 부지를 알아보라고 했다. 그렇게 해서 2013년 1월 처음으로 놀복, 웃돌칸, 조이뎃풀 세 곳에 학교와 교회가 세워졌다. 그리고 다른 교회에서 하던 후원이 끊겨 문 닫을 위기에 있는 몰라텍 학교와 통기의 양로원도 내가 맡기로 했다.

지금 방글라데시에는 어려서부터 믿음으로 자란 80여 명의 스태프들이 학교와 교회에 흩어져서 일하고 있다. 유치원 시절부터 목사님께서 데리고 있던 아이가 지금은 재정을 맡아보는 책임경리가 되었고, 몰라텍 미션스쿨을 졸업한 아이들이 지금은 선생님이 되어 아이들을 가르치고 있다. 이 모두가 박 목사님께서 방글라데시에서 헌신한 20년 간의 선교 열매이다.

하나님의 섭리

2013년 봄에, 세 개 학교의 개교식 참석 차 방글라데시를 다시 방문했다. 박 목사님께서는 학교와 교회마다 집회를 열 예정이니 설교를 준비해 달라고 하셨다. 목사도 아닌 내가 무슨 설교냐며 가당치 않다 했으나, 목사님의 고집을 꺾을 수가 없었다. 도착해 보니 지역 유지들까지 초청하여 개교식을 겸한 성대한 집회를 준비하고 있었다.

집회 첫날, 학교 마당에는 발 디딜 틈도 없이 수백 명의 주민들이 모여 있었다. 학생들이 준비한 연극과 찬양, 율동 등 축하공연이 끝나고 설교를 해야 할 차례가 되었다.

'이 사람들이 알아듣기 쉽고 공감할 수 있는 메시지여야 할 텐데, 무슨 말을 해줘야 할까?'

나는 큰 박수와 함께 무대로 나갔다. 내가 영어로 설교를 하면 방글라데시어로 통역을 해주었다.

"저는 한국에서 온 스티브 김이라고 합니다. 제가 어렸을 때는, 한국도 지금의 방글라데시처럼 아주 못사는 나라였습니다. 저도 여러분처럼 방 하나에서 일곱 식구가 같이 살았습니다. 쌀이 없어서 끼니를 거르던 날도 많았습니다. 그 때 제 어머니께서는 '가난에서 벗어날 길은 공부밖에 없다.'고 하셨습니다.

내가 자란 후에, 남들보다 잘 살고 싶어서 맨주먹으로 미국에 건너갔습니다. 처음 미국에 도착해서 막노동을 하며 힘들게 살았습니다. 그러나 평생 노동을 하면서 살고 싶지는 않아서, 낮에는 일하고 밤에는 학교에 다니며 열심히 공부했습니다.

우연한 기회에 사업을 시작했지만, 힘든 일에 부딪힐 때가 한두 번이 아니었습니다. 그때마다 나는 하나님께 매달려 간절히 기도했습니다. 하나님의 사랑으로, 마침내 역경을 딛고 성공하여 큰 부자가 되었습니다."

내 말이 끝날 때마다 주민들은 우레와 같은 박수를 보냈다. 그 많은 사람들이 내 이야기에 푹 빠져 있음을 피부로 느낄 수 있었다. 그래서 나는 더욱 확신에 찬 목소리로 말을 이어 나갔다.

"여러분, 방글라데시가 가난에서 벗어나려면 여러분의 아이들이 교육을 받아야 합니다. 대한민국이 오늘날 잘 살게 된 것도 부모님들의 높은 교육열이 있었기 때문입니다. 먹고살기 힘들다고 해서, 어린아이들을 학교에 보내지 않고 공장으로 보내서는 안 됩니다. 아이들을 우리 학교로 보내 주면, 좋은 교육을 시키고, 더 공부하기를 원하는 아이들에게는 대학까지 마칠 수 있도록 제가 도와주겠습니다.

일요일에는 주일학교에도 열심히 보내 주세요. 아이들에게 하나님에 대한 믿음을 심어 주세요. 제가 이렇게 성공하기까지 얼마나 어려움이 많았겠습니까? 그때마다 하나님께 도와달라고 간절히 기도했습니다. 하나님의 도움이 없었다면 결코 성공할 수 없었을 것입니다. 열심히 공부하고 하나님을 잘 믿어야만, 여러분의 자녀들이 잘 살 수 있고 여러분의 가정도 가난에서 벗어날 수 있습니다.

그런데 여러분, 돈도 많이 벌고 성공한 제가 그냥 편하게 살지 않고 왜 이곳까지 와서 수고를 할까요? 저는 여러분과 얼굴 생김새도 다르고 사용하는 언어도 다르지만, 하나님 안에서 우리는 한 형제이기 때문입니다. 하나님께서는 저를 축복하셨고, 그 축복을 주 안에서 형제자매인 여러분과 함께 나누기를 원하십니다. 그것이 바로 여러분을 향한 하나님의 사랑입니다.

하나님은 여러분을 사랑하십니다. 그리고 저도 여러분을 사랑합니다.”

내 입으로 말했지만 어디서 그런 말이 나왔는지 나도 알 수가 없었다. 분명한 것은, 하나님의 인도하심이 아니고서는 내가 결코 여기까지 올 수 없었다는 사실이다.

갑자기 어렸을 때 어머님께서 자주 부르시던 찬송이 떠올랐다.

“내 영혼이 은총 입어 중한 죄 짐 벗고 보니

슬픔 많은 이 세상도 천국으로 화하도다.
할렐루야 찬양하세 내 모든 죄 사함 받고
주 예수와 동행하니 그 어디나 하늘나라."

4박 5일의 일정동안 열 번의 집회가 열렸고, 나는 열 번의 설교를 했다. 한 곳도 아닌 여러 곳에 학교를 세우고 이런 놀라운 일들을 감당하고 있는 나 자신을 돌아보며, 형언할 수 없는 감사와 감동으로 가슴이 벅찼다.

이 일을 위해 나의 모든 삶을 준비하신 하나님의 섭리가 놀라웠다.

스티브 김 미션스쿨

한 지역에 학교를 세우면, 교육받지 못하고 방치되었던 수백 명의 학생들이 예쁜 교복을 입고 학교에 나와서 교육도 받고, 주일학교에서 찬양과 율동도 배운다.

그리고 학교가 세워지는 곳마다 젊은이들에게 일자리가 생기고, 수천 명의 주민들이 새로운 희망을 품을 수 있는 구심점이 된다.

방글라데시에서 우리가 운영하는 6개의 학교에는 현재 2,000여 명의 학생들이 공부하고 있다. 그리고 주일학교에는 매주 1,500명 이상의 학생들이 모인다. 학비를 받지 않는 것은 물론이고 학용품과 교복도 학교에서 지급한다. 학교에서 빵을 먹고 나면 양치질을 하도록 위생교육도

하고, 한 달에 비누 한 개씩을 나눠 줘서 세탁도 하게 한다.

빈민들이라고 해서 글이나 겨우 읽게 하는 교육이 아니라 양질의 교육을 제대로 하고 싶어서, 현지의 국공립과 사립학교 몇 군데를 방문했다. 방글라데시 학교에는 음악과 미술수업이 없지만, 주일학교에 오는 아이들에게는 음악과 미술을 가르치고 있다. 원어민 수준의 영어를 가르치기 위해 영어회화 CD와 영어책을 각 학교에 지급하고, 서고를 둠으로써 아이들에게 독서하는 습관도 길러 주고 있다.

나는 스티브 김 미션스쿨을 나온 아이들 중에서, 훗날 방글라데시를 이끌어갈 주역이 나오기를 기대한다.

학교가 세워진 인근 지역의 주민들은 교회로부터 많은 지원을 받고 있다. 그래서 세워진 지 1년도 채 되지 않은 교회의 성도수가 많이 늘었고, 각 교회마다 백 명 내지 백오십 명의 성도들이 함께 예배를 드린다. 개종한 세례 교인만도 몇 십 명씩이나 되고 주일학교는 3백 명이 넘는 아이들이 모이는 곳도 있다. 이것은 이슬람 국가에서 상상도 할 수 없는 엄청난 일이다.

학교 운영 외에, 가난하고 병든 자를 돕는 구제사역도 함께 하고 있다. 미국 구호물자를 컨테이너로 받아 영양 쌀, 장난감, 신발, 의류 등도 때때로 보급한다. 매일 목사님 두 분이 한 조가 되어 가정방문을 하면서, 우리 도움이 절실하게 필요한 사람들을 찾아낸다.

병상에서 죽어 가는 환자들을 병원에 데려가 수술을 받게 해 주고, 홍

청소년들의 멘토–**스티브 김** 아저씨의

수에 떠내려간 집을 지어 주기도 했다. 겨울이 되면 차가운 흙바닥에서 자지 않도록 나무침대도 만들어 준다. 경제적으로 자립할 수 있도록 생활창업자금도 지원해 주면서 꾸준히 모니터링하고 있다. 절대 빈곤으로 허덕이다 보니, 사소한 종기마저도 치료를 못해서 죽어 가는 사람들이 한둘이 아니다.

너무 안타까웠지만 우리 재단에서 직접 할 수가 없어서, 몇몇 대형 교회에 이 일에 동참해 달라고 도움을 요청했다. 그러나 자신들이 지원하고 있는 선교지가 아니라 곤란하다는 입장을 보였다.

'교회가 크고 교인들이 많으면 뭐하나? 자기들의 선교지가 아니라고 해서, 당장 도움이 필요한 것을 외면할 수 있을까? 죽어 가는 사람을 살릴 수 있다는 데…… 이럴 때 예수님이라면 어떻게 하실까?'

나는 교회들의 태도를 이해하기가 힘들었고, 이기적인 한국 교회의 단면을 보는 것 같아 씁쓸했다.

그러다 2013년에 대전에 있는 산성교회의 의료선교팀이 방글라데시를 방문하여, 3박 4일 동안 2천여 명의 환자들이 치료를 받았다. 그리고 지난 추석 연휴에는 '높은 뜻 정의교회'에서도 26명의 의료선교팀이 방문하여 1,200여 명의 주민들을 치료하고 위생교육을 해줬다.

비록 짧은 시간이었지만 이들의 수고와 헌신이, 질병으로 고통 받는 사람들에게 살 길을 주었다. 이토록 의미 있고 보람 있는 일에 더 많은 교회와 단체들이 동참하기를 간절히 바란다.

돈이 가장 귀하게 쓰이는 곳

2013년 겨울에, 15살 된 딸이 방학을 맞아서 나와 함께 방글라데시에 가고 싶다고 했다. 나는 딸과 함께 방글라데시를 방문하여 그곳 학생들과 주민들 그리고 직원들과 함께 크리스마스를 보냈다.

3박 4일을 머물면서, 여러 번의 집회와 직원 세미나 등을 열고 매우 유익한 시간을 보내던 중 조이댓 풀에 있는 미션스쿨을 방문했다.

"학교생활 중 뭐가 제일 좋으니?" 하고 묻자,

"주일학교요." 하고 대답했다.

"너희들이 가장 하고 싶은 것이 무엇이니?" 했더니

"동물원에 소풍가고 싶어요."라고 해서, 소풍을 보내 주기로 약속했다.

웃돌칸과 통기 지역에서는, 초등학교를 졸업하는 학생들을 위해 중·고등학교를 개설해 달라고 요청해왔다. 나는 머뭇거림 없이 학교를 증축하고 중고교 과정을 열어 주기로 했다.

그리고 꼬나바리라는 또 다른 지역에, 학교를 짓기에 적합한 450여 평의 땅이 있다고 해서 따라가 보았다. 마을에 도착하자, 여기저기 흩어져서 뛰어놀고 있던 20여 명의 학생들이 나를 에워쌌다.

"너희들 학교 다니니?" 하고 물었으나, 학교에 다닌다고 대답하는 아이가 한 명도 없었다. 이 지역에는 학교가 없어서 아이들이 교육의 혜택을 받을 수가 없었던 것이다. 그래서 나는 이곳에도 학교를 세우기로 했다.

방글라데시에 다녀온 후 딸은 교육과 선교, 나눔 등에 대해 많은 생각들을 하게 될 것이다. 이렇게 보고 느낀 경험을 통해서, 먼 훗날 이 일들을 더욱 의미있게 확장하고 지속해 주기를 바란다.

나눔에도 원칙이 있다

나는 꿈희망미래 재단을 통해서 교육, 장학, 지역복지 등 다양한 사업들을 펼치고 있다. 우리나라뿐만 아니라 중국, 북한, 방글라데시 등 해외 사업도 지속적으로 확장하고 있다. 우리 재단에 대해 알게 되는 사람들마다, 그 많은 사업을 어떻게 해나가는지 궁금하게 여긴다.

나는 돈을 벌 때뿐만 아니라, 쓸 때에도 '나눔에 대한 분명한 철학'이 있어야 한다고 생각한다. 돈이라는 것은 양면성이 있어서, 잘 쓰면 약이 되지만 잘 못 쓰면 독이 될 수도 있기 때문이다. 그래서 재단을 운영하고 여러 지원 사업들을 펼치는 데 있어 내 나름대로의 원칙을 갖고 있다.

첫째, 물고기를 주기보다 물고기 잡는 법을 가르친다.

물고기를 주면, 당장의 배고픔과 결핍을 채울 수는 있다. 그러나 다시 찾아올 배고픔을 스스로 해결하기 위해서는, 물고기 잡는 법을 알아야 한다. 즉, 스스로 자립할 수 있는 기반을 마련하고 교육해야 한다는 얘기다.

그래서 장학 사업을 하는데도 무조건적인 지원은 경계하고, 선발부터 관리에 이르기까지 사회복지사와 전문상담사가 심혈을 기울인다. 장학금도 일시 지원으로 하지 않고, 매월 또는 학기마다 나누어 지급한다. 단지 경제적 도움만 주는 것이 아니라 지속적인 상담을 통해서, 진로에 대한 인식을 확장시키고, 궁극적으로는 경제적으로 자립할 수 있도록 책임감을 부여한다.

둘째, 돈이 귀하게 쓰이는 곳을 찾는다.

중학교 때 우리 장학생이 되면, 고등학교와 대학교를 마칠 때까지 한 학생당 평균 2천만 원 정도를 지원하게 된다. 이 돈이면 중국 연변에서는 5명을 대학까지 지원할 수 있다. 또 우리 돈 8만 원 정도면, 북한의 한 아이에게 1년 동안 매일 빵과 우유를 먹일 수 있다. 방글라데시에서는, 약 300여 명의 학생들에게 빵과 교복을 지원하고 10명의 현지인 교사를 채용하여 교육하는 데, 1년에 5천만 원 정도가 든다.

이처럼 쓰이는 곳에 따라 돈의 가치는 엄청나게 다르다. 그러므로 같은 돈이라도 가장 귀하게 잘 쓸 수 있는 일이 무엇인지, 어떻게 해야 가장 의미 있게 쓸 수 있는지 늘 고민한다.

나의 이런 원칙은 사업가로서 체득한, '최대의 효용을 낼 수 있는 투자마인드'로부터 나온 것인지도 모른다.

청소년들의 멘토-**스티브 김** 아저씨의

셋째, 끝까지 책임진다.

나는 보여 주기 식의 일회성 자선 활동은 일체 하지 않는다. 북한에 지원하는 버스도, 몇 대 사서 주고 끝나는 것이 아니라 타이어, 부품 등 정비에 이르기까지 매년 꾸준히 지원하고 있다. 이렇게 하지 않으면, 그 버스는 얼마 못가 고철 덩어리가 되고 말기 때문이다. 장학사업도 예외가 아니다. 한 번 우리 재단의 장학생으로 선정되면, 큰 어려움 없이 대학공부를 마칠 수 있도록 지속적으로 지원한다. 끝가지 책임져야만, 원하는 결과를 얻을 수 있기 때문이다. 2001년에 시작했던 장학 사업이 벌써 13년째를 맞고 있다. 내가 죽은 후에도, 이 사업이 계속되도록 할 생각이다.

넷째, 외형을 불리는 곳에는 투자하지 않는다.

앞서도 말했지만, 병원이나 학교를 세우고 많은 돈을 부동산에 묶어두는 식의 사업은 하지 않는다. 내 이름을 알리거나 생색을 내기 위한 사업이 아니라, 실질적으로 '사람을 살리는 일'이어야 한다는 것이 확고한 나의 생각이다. 이렇듯 확고한 철학과 원칙이 없으면, 매번 결정을 내릴 때마다 고민해야 하고, 함께 일하는 직원들이 실무를 판단하고 적용하기가 혼란스러울 것이다.

나는 '우리의 도움을 절실히 필요로 하는 곳이 어디일까?' 끊임없이 고민하고, 이를 위해서는 사람들 만나기를 주저하지 않는다. 다양한 사람들과 한자리에서 의견을 나누고, 의미 있는 일이라고 판단될 때는, 구체적인 지원을 결정한다.

여러 곳에서 동시에 사업들이 진행되고 있지만 추가 지원을 하기에 앞서 반드시 지난 성과를 모니터링하고 구체적인 피드백을 받는다. 니즈를, 정확히 파악하고 그에 따른 적절한 범위를 결정해야 낭비 없이 효율적인 지원을 할 수 있기 때문이다. 이러한 과정을 통해 새로운 사업 분야를 발굴하는가 하면, 더 큰 그림을 그려 나갈 수 있다.

원칙을 적용하다 보면 다 도와줄 수 없는 경우도 있다. 많은 사람들이 도움을 필요로 하는 안타까운 사정들을 하소연하고, 도와 달라는 곳은 넘치는데 내가 다 도와줄 수는 없지 않은가? 경험에 비추어 보면 돈을 버는 것도 쉽지는 않으나 잘 쓰는 것은 그보다 훨씬 더 힘들다.

소중한 동역자

작은 일도 중단하지 않고 지속해 온 결과, 잊을 수 없는 감동과 보람 있는 일들이 매우 많았다. 모든 사업과 감동의 중심에는, 늘 사명으로 불타는 귀한 손길들이 있었다.

이분들은 어려운 사람들의 삶의 질을 높이기 위해, 생사고락을 같이 하고 그들이 행복하게 살 수 있도록 불철주야 뛰어다닌다. 그분들의 헌신이 아니었더라면, 아무리 좋은 사업일지라도 제대로 펼치지 못했을 것이고, 이러한 놀라운 결과를 결코 이루지 못했을 것이다.

때로는 생명의 위협을 무릅쓰면서까지 현장에서 헌신하는 분들에 비하면, 내가 하는 경제적 지원이나 수고가 오히려 미미하게 여겨질 뿐이다. 우리 재단은 그들의 고민을 경청하고 동참하기 위해 최선의 노력을 기울이고 있다.

처음 만났을 때부터 지금까지 우리와 함께하고 계시는 분들은 물론이고, 지금은 함께하지 않더라도 어디에선가 여전히 사명을 다하고 헌신하실 모든 분들께 진심으로 감사의 말씀을 올린다.

장학생과 함께 한 멘토링

캠프에 참여한 새터민 장학생

2013년 꿈희망미래재단
장학생 캠프(한국)

청소년들의 멘토—**스티브 김** 아저씨의

중국 연변의 공동주택 모습

졸업 후 찾아온 연변 장학생과
재단 직원들

2014년 연변의
장학생들과 함께한 여름캠프

복지관 추석행사 후
지역주민들과 함께

교육기부 프로젝트 후
지역 청소년들과 진로 멘토링

2013년 네팔에 다녀온
방화6종합사회복지관 직원들

청소년들의 멘토-**스티브 김** 아저씨의

해발 2,700m 고지,
네팔의 솔로콤부 지역에 세워진
꿈희망미래 도서관

네팔 도서관 건립 기념식

도서관 건립 기념식에 참여하기 위해
멀리서 모여든 주민들

추운 10월에 여름한복을
입고 있는 북한 어린이들

우리가 지원한
겨울옷을 입고 반기는 모습

빵공장에서 일하는
직원들과 함께

나진 선봉지역의
비료공장 착공식

나진 선박수리소 준공기념식

2006년 나진선봉지역
방문 시 장터를 향해
하루 종일 걷는 주민들

2006년부터 나진 선봉에
버스지원

정류장이 장터로
변한 모습

이정표 앞에서
지역 주민과 함께

청소년들의 멘토—**스티브 김** 아저씨의

2011년부터 시작한 방글라데시의
스티브 김 미션스쿨 간판.
현재 6개교 2,000여 명의
학생에게 교육 중.

스티브 김 미션스쿨
웃돌칸 교회 전경

수업 중인 학생들 모습

꿈희망미래 스토리

'스티브 루띠(빵)'을 먹는
학생들

태어나서 처음, 버스타고
방글라데시에서 가장 큰 동물원에
소풍 나와 기뻐하는 학생들

스스럼없이 다가오는
아이들에게 축복

청소년들의 멘토-**스티브 김** 아저씨의

개교식에 몰려든
지역 인파

개교식에 참석한
지역 주민과 학생들에게 강연

개교식 축하 공연을 하는
학생들

방글라데시에 방문할 때마다
지역 주민들에게 쌀 공급

주민들의 경제 자립을 위해서
닉샤(자전거) 공급

홍수로 떠내려간
집을 재건

청소년들의 멘토—**스티브 김** 아저씨의

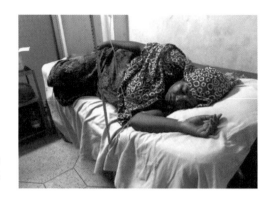

수술을 받지 못해 고통받는
환자에게 수술치료

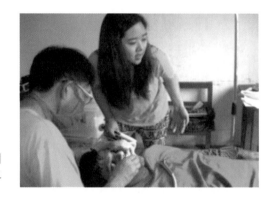

2013년 대전 산성교회에서
의료선교

2014년 높은 뜻 정의교회에서
의료선교

벌기 위한 것이 아니라 잘 쓰기 위한 사업

지난 1월에는 그동안 만났던 많은 교육자들 중에서 유독 사명감이 투철하고 훌륭하신 분들을 재단으로 초청하여 의미 있는 시간을 함께했다. 만날 때마다 시간 가는 줄 모르고 아이들에 대한 염려와 교육얘기를 나누곤 했던 터라, 각지에 흩어져 있는 분들이 머리를 맞대고 고민하면 서로에게 더 좋은 대안이 찾아지리라 기대했다.

강원도 철원, 동해에서부터 전남 완도에 이르기까지 전국에서 먼 길을 마다 않고 와주신 분들에게 진심으로 존경을 표하고자 정성껏 준비했다. 장애인 연주자들까지 돌보며 왕성한 연주활동을 펼치는 예비 사회적 기업 '코리아 아트빌리티 체임버'를 초청하여 콘서트를 열었고, 유럽 오페라의 주역가수인 남편을 내조하고 아이들을 양육하느라 오랜 시간 동안 무대에 서지 못했던 소프라노 가수를 무대 위에 올렸다.

그리고 각 학교에 우리 교육이 어떻게 도입되었고 그로 인한 학생들의 변화는 어땠는지 사례들을 나누기로 하자, 학교에 적응하지 못해 학업 중단 위기에 있는 '도내 대표선수들', 점심시간이 지나면 반 이상이 사라지는 교실, 매일 학교에서 우는 아이, 도저히 학생을 맡길 수 없을 정도로 사명감을 잃어버린 교사들 등 어떤 변화도 기대할 수 없었던 데서 드러난 우리 교육의 결과를 확인시켜 주었다.

2년 동안 웃지 않던 일진 짱 학생의 기적 같은 변화 등 교육 후 180도로 달라진 학생들의 이야기와 함께 전교생이 우리 교육을 받은 후부터 바뀐 학교 문화들도 생생하게 들을 수 있었다. 공부할 의욕도 없고 열정도 보이지 않던 대학 신입생들의 표정이 밝아지고 캠퍼스에 활기를 띠게 되자, 교육이 진행되는 과정을 지켜본 교수님들이 우리 교육을 적극 홍보하고 나섰다.

한 분 한 분의 이야기를 다 들을 수는 없었지만 감사와 감동이 넘쳐 흘렀다. 그리고 우리 교육이 학교 현장의 절실한 필요를 채우는 의미 있는 일임을 다시 한 번 깨닫게 되었다. 그 자리에 참석한 모든 분들이 "지난 해 상처받고 쌓였던 피로가 다 씻겨 내려갔어요.", "한 번도 느껴 보지 못했던 황홀한 자리였어요.", "같은 곳을 바라보며 고민을 함께할 수 있어서 행복합니다.", "귀한 초대로 훌륭한 분들을 만날 수 있게 돼서 기쁩니다." 등 찬사를 아끼지 않았다.

젊은 시절 돈을 버는 일에 온 열정을 쏟은 결과 더 이상 벌지 않아도 될 만큼 큰돈이 주어졌다. 그래서 '어떻게 하면 돈을 의미 있게 잘 쓸 수 있을까?' 고심하며 새로운 사업에 도전하지만 돈을 잘 쓰기란 버는 것보다 더 어렵다. 국내외를 막론하고 나의 도움을 절실히 필요로 하는 사각지대를 찾아서 그들의 삶의 질을 높여 주는 것이 나에게는 가장 보람 있고 가치 있는 일이다.

부록

스티브 김에게 묻다

Q. 전 꿈이 없어요. 제가 무슨 일을 해야 할지도 모르겠고……. 꿈을 빨리 찾고 싶은데 어떻게 하면 좋을까요?

A. 꿈이란 도깨비 방망이 두드리듯 "꿈 나와라. 뚝딱!" 해서 나오는 것도 아니고, 드라마나 영화 속에 등장하는 화려한 겉모습만 보고 충동 적으로 바라서도 안 된단다. 막연한 허상을 좇아갈 것이 아니라 현실감 을 갖고 구체적으로 준비해야 하지.

제대로 꿈을 찾기 위해서는 자아발견이 가장 우선되어야 해. 자기가 좋아하는 것과 잘하는 것이 무엇인지 어느 때 행복한지 등을 먼저 알 아야지. 그리고 10년 후의 네 모습을 상상해 봐. 무슨 일을 하면 좋을 지……. 그런데 맹목적으로 학교와 학원만 왔다 갔다 하면서 이런 것들 을 찾을 수 있을까?

몇 년 전 충남 논산에 있는 건양고등학교에서 강연을 할 때도 이런 애기들을 했었어. 그 후 얼마 지나지 않아서 한 학생으로부터 편지가 왔는데, 학교를 자퇴하고 자기 꿈을 찾아 방황을 시작했다는 거야. 나는 웬일인가 싶어 급히 그 학생의 연락처를 알아내서 전화를 했어.

"내가 자아발견을 시도하라고는 했지만 학교를 그만두기까지야…….
요즘 어떻게 지내고 있니? 적어도 고등학교는 졸업해야지." 그러자 그 녀석 하는 말이 "아저씨, 저는 그동안 왜 공부해야 하는지도 모른 채 학교와 학원을 왔다 갔다 했어요. 아무 의미도 없이 하루를 보내는 것이 너무 싫고 힘들었지만 그만둘 엄두를 내지 못했어요. 그러다 아저씨 강연을 듣고 용기를 낼 수 있었어요. 학교에 가는 대신에 매일 도서관에 와서 읽고 싶었던 책들을 실컷 읽고 있어요. 이 시간이 꿀처럼 달고 얼마나 좋은지 몰라요. 그리고 걱정하지 마세요. 이번 방학까지만 도서관에서 보내다가 다음 학기에 복학힐게요." 하더니 비닥이었던 성적이 복학 후 3개월 만에 9등으로 올랐어. 다양한 책들을 읽는 과정에서 목표도 생기고 공부에 흥미를 느끼게 된 거지.

여러 종류의 책들을 읽고 예체능과 동아리 활동, 여행 등 다양한 취미를 통해서 자신의 관심 분야를 발견하게 되면 더 깊이 알아 가고 배우는 것이 즐겁겠지? 남이 하지 말라고 해도 열심히 하게 될 거야. 이렇게 하다 보면 자기가 하고 싶은 일이 어떤 것인지 발견하게 되고, 그것이 자신의 꿈과 목표가 되는 거지.

Q. 저는 하고 싶은 직업이 너무 많아서 고민이에요. 그렇다고 한꺼번에 다 할 수는 없는데, 어떻게 하면 좋은 직업을 찾을 수 있을까요?

A. 흔히들 뭘 해야 할지 몰라서 고민을 하는데, 너는 하고 싶은 것이 너무 많아서 걱정이라니, 에너지가 넘쳐서 좋구나. 그렇지만 중요한 것은 생각에서 그치지 말고 하나씩 경험해 보면서 자기에게 가장 잘 맞는 것이 어떤 것인지를 찾아 가야 한다는 사실이야. 해 보지도 않고 막연한 동경만으로 직업을 꿈꾸다 보면 정작 자기 적성에 맞지 않는 경우들이 있어.

버킷 리스트라고 들어 봤지? 지금 바로 할 수 있는 쉬운 일부터 하나씩 실천해 봐. 그리고 실천계획은 언제, 무엇을, 어떻게 할지 아주 구체적이고 실행이 가능하도록 세워야 해.

성공한 사람들의 공통점은 뭘까? 늘 고민하고 계획해서 반드시 실천한다는 거야. 네가 이렇게 버킷 리스트를 실천해 가는 과정에서 엄청난 자신감과 성취감을 얻게 되고 동시에 너의 명확한 꿈도 찾게 될 거야.

Q. 저는 사진작가가 되고 싶은데 어떤 과정을 거쳐야 하는지 잘 모르겠고 그 길이 너무 힘든 것 같아요. 어떻게 하면 사진작가로 성공할 수 있을까요?

A. 음악, 미술 등 순수 예술분야에서 탁월성을 인정받고 성공하기란 쉽지 않아. 사진도 순수 작가를 고집한다면 이와 다르지 않을 거야. 그

꿈희망미래 스토리

283

런데 문제는 아무리 좋아하고 잘하는 일이라도 일정한 수입이 없으면 경제적 자립이 어렵다는 거야. 부모로부터 독립하고 가정도 이루기 위해서는 직업이 있어야 하겠지?

너의 소질과 재능에 연관된 직업으로는 어떤 것들이 있는지부터 먼저 찾아 봐. 교육청이나 고용노동부, 직업방송 등 진로직업 정보들을 얻을 수 있는 곳들이 많이 있어.

진지한 관심을 갖고 탐색하다 보면 꼭 순수사진작가가 아니더라도 관련 분야에서 너와 잘 맞는 직업을 발견하게 될 거야. 예를 들어 글도 잘 쓰고 대인관계나 소통능력이 좋다면 사진기자, 사보편집, 기획·홍보, 촬영감독 등 다양한 직업들에 관심을 가져 볼 수 있겠지?

자기가 하고 싶은 일을 잘하기 위해서는 그와 연관된 다른 역량들을 키우는 것도 중요하단다. 그러다 보면 한 가지 일만 잘하는 사람들과 차별화가 되겠지? 사회에서는 자기에게 주어진 일을 잘하는 사람도 중요하지만 여러 일들을 적극적으로 나서서 해내는 멀티플레이어가 더 큰 인정을 받는단다. 책도 많이 읽고, 다른 사람들의 작품도 자주 보면서 창의성도 키우고 시야를 넓히면 좋겠구나.

Q. 저는 자동차명장이 되고 싶어서 특성화고등학교 자동차학과에 들어왔어요. 공부도 열심히 하고 자격증도 많이 얻었는데 자동차계열의 취업처가 많지 않아서 다른 분야로 취업이 됐어요. 제가 하고 싶은 일이 아니라 괜히 시간 낭비만 하는 거 아닐까 하는 생각이 드는데 선생님

청소년들의 멘토-스티브 김 아저씨의

A. 처음부터 네게 꼭 맞는 길이 있다면 좋겠지만 그렇지 않더라도 우선 주어진 기회를 잡는 것이 어떨까? 어떤 직업이든지 장점과 단점이 있게 마련인데, 해 보지도 않고 막연한 짐작만으로 좋다 싫다 하다 보면 정작 중요한 기회를 놓쳐 버릴 수도 있어.

지금은 네가 하고 싶은 일이 아니라고 하지만 그곳에서의 경험이 이후의 네 삶에 있어서 어떤 중요한 계기가 될지는 아무도 몰라. 아저씨도 대기업에서 일하다 중소기업으로 옮긴 것이 인생의 터닝 포인트가 될 줄은 전혀 몰랐어.

일단 취직해서 일하다 보면 그동안 미처 몰랐던 새로운 흥미와 재능을 발견할 수도 있을 테고, 직장 생활에서 필요로 하는 다양한 것들을 배울 수 있어. 나중에 네가 자동차 분야로 취직을 하게 된다 하더라도, 그곳에서의 경험이 결코 헛되지 않은 소중한 자산이 될 거야. 문제는 네가 어떤 자세로 일하느냐에 달린 거지.

기회는 어디에나 있단다. 요즘 취업하기가 얼마나 어려운데…… . 감사하는 마음으로 받아들여야 하지 않겠니? 일단 취직해서 배울 수 있는 것은 다 배우고 열심히 일해 보면 좋겠구나. 실제로 해 보기 전에는 그 일이 자신의 적성에 맞는지 맞지 않는지도 잘 모른단다. 자동차 명장의 꿈을 포기하지 않고 최선을 다해 일하다 보면 분명 다음 기회가 만들어질 거야.

Q. 저는 중3인데요. 공부를 열심히 하려고 해도 재미도 없고 성적도 잘 안 나와요. 그래서 특성화고에 갈까 하는 생각도 있는데, 부모님께서는 대학을 나와야 한다며 무조건 인문계를 가라고 하십니다.

A. 공부에 흥미나 재능이 없다는 것을 알면서도 '대학은 나와야 한다.'는 막연한 생각 때문에 인문계 고등학교에 진학하는 경우가 많을 거야. 그러다 성적이 뜻대로 나오지 않으면 열등감과 자괴감에 빠지고 힘들어하지?

인문계 고등학교 학생들 중에서 본인이 원하는 대학에 갈 수 있는 학생이 얼마나 될까? 10% 정도? 현실적으로 그것도 어려울 거야. 그렇다면 나머지 학생들은 아마 뚜렷한 목표 없이 적당히 점수에 맞는 대학에 가겠지? 그런데 비싼 학비를 내고 뚜렷한 결과도 없이 4년이라는 시간을 다 허비하고 나면 과연 자신이 원하는 직장에 취직할 수 있을까?

내가 다니는 미용실의 어느 피부 관리사는 가정환경이 어렵고 공부에 취미도 못 붙여서 특성화고를 졸업하고 전문대학 영상 미디어과에 진학했대. 그런데 전공이 본인의 적성에 맞지 않더라는 거야. 그래서 학교를 그만두고 고등학교 때 알바해서 벌어두었던 돈으로 미용학원에 등록했대. 8개월간 배우고 나서 미용실에 취직했는데, 5년 만에 팀장이 되었다는 거야.

내가 "행복하니?" 하고 물었더니, "제가 좋아하는 일을 하면서 돈까지 벌 수 있어서 행복해요."라고 대답하더구나. 그리고 "앞으로의 꿈이

청소년들의 멘토-스티브 김 아저씨의

뭐니?"하고 묻자, "헬스 스파의 매니저가 되고 싶어요. 그래서 건국대학교 야간대학을 다니고 있어요. 수업에 늦지 않으려면 일을 마치자마자 부리나케 서둘러야 하지만 목표가 있으니까 오히려 신나고 즐거워요."라며 대답하는데, 표정이 얼마나 당당하고 멋지던지!

나는 뚜렷한 목표 없이 인문계 고등학교나 대학교에 가는 것은 큰 낭비라고 생각해. 특성화고를 나와서 빨리 사회에 진출하고 경제적으로 자립하는 것이 좋지 않을까? 왜 군이 돈과 시간을 낭비해야 하지?

중요한 것은 자신이 좋아하고 잘할 수 있는 일이 어떤 것인지 알아야 한단 거야. 부지런히 찾아보고 자신의 미래를 진지하게 고민해 보고 나서 자기 생각이 확고해지면 그때는 부모님을 설득해 봐.

자신이 좋아하는 분야에서 열정적으로 노력하고 남다른 목표를 향해 달려가다 보면 매 순간이 행복할 거야.

Q. 요즘은 전공 성적뿐만 아니라 그와 전혀 상관없는 스펙까지 고루 갖추어도 취업하기가 쉽지 않은데, 저는 아무리 애를 써도 공부가 잘 안 돼요. 학점도 그다지 좋지 않고 졸업은 다가오는데 딱히 대안도 없어서 심리적 압박만 커지고 있어요.

A. 많은 젊은이들이 좋은 직장에 취직하기 위해서는, 학점이 좋아야 하고 스펙들을 갖추어야 한다고 생각하지. 취업을 하고 난 후에도 승진

하기 위해서, 끝이 없는 공부를 계속 하는 것 같아. 그런데 공부에만 파묻혀 사는 이른바 '공부중독자'들이 과연 사회생활도 성공적으로 할 수 있을까? 공부를 잘하고 전문성이 뛰어나서 성공하는 사람들도 있지만, 대부분은 문제해결능력, 진취적인 생각, 소통능력, 책임감, 원만한 인간관계 등 사회에서 필요로 하는 다른 역량들을 통해서 성공한단다.

과학자, 교수, 연구원, 변호사, 회계사 등 공부를 많이 해야 하고, 잘해야 하는 직업들도 있지. 그러나 영업, 관리, 사업 등 꼭 성적과는 상관없이 할 수 있는 직업들이 얼마든지 있어. 그리고 자기 전공과 무관한 분야로 취직하는 경우가 훨씬 많을 거야.

우선 본인이 관심 있고 일하고 싶은 분야가 어떤 분야인지부터 찾아보고 다른 사람들과 차별화할 수 있는 전략을 세워서 준비해 봐. 어떤 일이든지 그 부서에서 꼭 필요로 하는 역량이 있을 거야. 그것을 본인이 파악하고 준비하면 훨씬 쉽게 접근할 수 있고 행복하게 일할 수 있으리라 생각해.

내가 직원들을 채용할 때는 학벌이나 스펙보다 주인의식, 문제해결능력, 책임감을 더 중요하게 여긴단다. 전문 지식이 조금 부족하더라도 성실하고 책임감이 투철한 사람이면 최선을 다해서 역량을 채우기 때문이지. 회사 일을 자기 일처럼 여기고 누가 시키지 않더라도 일을 찾아서 하는 사람, 회사 물건을 내 물건처럼 아끼는 사람, 동료들과 잘 화합하는 사람이 경쟁력 있는 인재란다.

청소년들의 멘토—스티브 김 아저씨의

내 경험으로 보면 '공부 머리'와 '일머리'는 다르단다. 취업하기가 어렵다고 해서 무조건 포기하거나 너무 막연하게 생각하지 말고 자신의 관심분야와 핵심역량을 구체적으로 좁혀 나가다 보면 분명 길이 있을 거야. 그리고 어느 곳에서든지 '없어서는 안 될 사람'이 되어야겠다는 생각으로 성실하고 책임감 있는 사람이 되길 바란다.

Q. 부모님께서는 안정된 삶을 살기 위해서 무조건 공무원이 되라고 하는데, 어떻게 하면 좋을까요?

A. 대부분의 어른들은 안정된 직장이 최고라 생각하고, 공무원을 우선적으로 추천하곤 하지. 취업이 힘들고 좋은 직장을 찾기가 어렵다 보니 더더욱 그런 것 같아. 그런데 우리 한번 생각해 보자. 직업을 갖는 데 있어서 '안정적'이기만 하면 될까? 아무리 안정된 직장이라 하더라도, 자신의 적성에 맞지 않으면 하루하루 얼마나 고통스러울까?

공무원 시험에 합격하기가 얼마나 어렵니? 너 나 할 것 없이 실력자들이 모여서 치열한 경쟁률을 뚫고 합격했는데, 정작 주어지는 일이 누구나 할 수 있는 '대체 가능한 일'이라면, 과연 성취감과 존재감을 느낄 수 있을까? 월급은 어때? 연봉도 높지 않고 능력이 탁월하다고 해서 더 받을 수 있는 것도 아니지? 게다가 자율적으로 업무를 기획하거나 시도하기보다는 주어지는 일만 해야 하는 경우가 대부분일 거야. 자기 임의

대로 융통성을 발휘할 수 있는 것이 아니라 규정이나 법률에 철저히 따라야 되는 거지. 사소한 관리 규정 하나도 임의로 해석하지 못하고 문자 그대로만 적용해야 한다고 생각해 봐. 새로운 시도나 도전을 통해서 변화를 꾀하기란 불가능한 조직이야. 나는 생각만 해도 가슴이 답답해.

그러나 어떤 사람들에게는 이런 일들이 분명 잘 맞을 수도 있겠지. 문제는 자신의 적성을 고려하지 않고, 무조건 공무원이 되려고 해서는 안 된다는 것이야. 변화와 도전을 통해서 성취감을 느끼는 사람들이라면 심각하게 고려해야하지 않을까? 그 어려운 시험을 통과하고 실제 업무를 하면서 뒤늦게 후회하게 된다면, 그 시간과 노력이 물거품이 될 텐데……

그래서 자의로든 타의로든 진로를 정하기 전에 자기 자신에 대한 진지한 고민이 반드시 우선되어야 한다고 봐.

Q. 얼마 전부터 간호사가 유망직종이라고 하는데 이사장님은 어떻게 생각하세요?

A. 유망직종이란 일자리가 많고 보수가 어느 정도 따라 주는 직업을 말하는 거겠지? 간호사는 병원뿐만 아니라 학교, 기관 등 필요로 하는 곳이 많은 직업이라고 생각해. 그리고 평균 수명이 길어짐에 따라 노인 관련 시설도 꾸준히 증가하고 노화방지, 성형 등 병원의 형태도 다양해

청소년들의 멘토-스티브 김 아저씨의

져서 간호사의 업무도 훨씬 폭넓고 다양해진 것 같아.

수요가 많다 보면 자격을 취득하기도 비교적 수월하겠지? 최상위권의 성적이 아니라도, 상위권 또는 중상 정도만 되더라도 웬만한 간호학과에는 진학할 수 있을 거야.

그런데 모든 직업이 그렇듯이, 장점뿐만 아니라 단점도 있단다. 종합병원은 24시간 환자가 입원해 있기 때문에 교대근무를 하지. 야근을 하다 보면 다른 직장인들과 사이클이 맞지 않을 수도 있어. 그리고 근무시간 내내 이곳저곳을 바삐 살피려면 체력이 뒷받침 되어야 할 거야. 무엇보다도 환자가 고통을 하소연하거나 불평과 불만을 호소하더라도 짜증나지 않을 만큼 성품이 너그러워야 할 것 같아. 그리고 늘 환자들과 지내야 하므로 다른 사람들과 함께하는 것을 좋아해야 하겠지?

또, 간호사가 되려면 영어를 잘하면 좋겠어. 병원에서는 의학용어를 영어 그대로 쓰잖니? 만약 영어를 너무 못하면 어렵겠지. 그 외에도 정리정돈을 잘하고, 청결한 습관이 필요할 것 같구나. 내가 생각하기에는 판단이 빠르고 행동이 민첩하면, 간호사로서 능력을 인정받기가 훨씬 쉬울 것 같아. 환자에게는 정확한 판단과 신속한 처치가 가장 중요하기 때문이지.

직업을 탐색할 때는 유망직종이나 인기직업인지도 중요하지만, 자신의 적성과 가치관에 잘 맞는지를 우선적으로 살펴봐야 한단다. 다른 사람을 보살피고 섬기는 것을 즐거워하지 않는다거나, 지나치게 내성적이어서 말하기를 싫어한다면, 간호사라는 직업이 아무리 유망해도 본인이 행복하지 않을 거야.

A. 이런 고민을 훨씬 일찍 했더라면 좋았을 것을……. 너무나 안타깝구나. 1학년이라면 다시 시작해 보라고도 권할 텐데, 이미 3학년이나 돼 버렸으니 쉽게 관두라고 할 수도 없겠어. 그런데 전공 외에 본인의 적성에 잘 맞는 것이 무엇인지는 찾아봤니? 적성에 맞는 분야를 부전공으로 해서라도 취업할 수 있다면 좋지 않을까?

사실, 요즘 청년들 중에 자기 전공으로 취업하는 학생들은 많지 않을 거야. 오라는 곳이 있으면 우선 취직부터 하고, 경험을 쌓아 가면서 자신에게 더 맞는 직장을 준비하는 것이 어떨까? 영업이나 서비스업 등은 전공과 거의 상관이 없지?

우리 재단도 전공과 상관없이 채용하고 있어. 일단 사회에 나가서 자신에게 주어진 일을 열심히 하고, 더 나은 삶을 위해서 새로운 도전을 하다 보면, 어느새 자신이 사회에서 꼭 필요로 하는 대체불가능한 사람이 되어 있을 거야. 전공을 떠나서 자신의 적성과 가치관을 발견하고 그에 맞는 곳을 찾아보면 좋겠어.

Q. 로봇을 만들고 싶어서 기계전자공학을 전공하고 있습니다. 앞으로 2년만 있으면 졸업인데, 좋은 데 취직하려면 대학원에 가거나 유학을 해야 하지 않을까요?

A. 막연히 고민하지 말고, 먼저 로봇을 제작하는 회사들의 취업조건에 대해 구체적으로 알아봐야겠지? 본인이 하고자 하는 일이, 대학원이나 유학을 해야 한다면 그렇게 해야겠지. 그러나 꼭 필요한 경우가 아니라면, 먼저 취직을 하는 것이 좋지 않을까? 현장에서 일을 하면 첨단기술을 빨리 접할 수 있고, 또 그 기술이 어떻게 응용(Application)되는지도 알 수 있어. 어떤 면에서는 교과서에 갇힌 지식보다 훨씬 다양하고 실제적인 것을 배울 수 있단다.

설령 일을 하면서 지식의 한계에 부딪히게 되더라도 회사 내의 경험 있는 선배로부터 배워 가면서 얼마든지 극복할 수 있을 거야. 그것으로도 부족하거나 아니면 본인이 더 공부해야 할 구체적인 필요가 생기면 그때 가서 선택을 하는 것이 더 효율적이라고 생각한다.

미국에는 맹목적으로 석사, 박사과정을 하는 사람이 거의 없어. 그들은 아주 실용적으로 사고하기 때문이야. 돈을 벌면서 배울 수 있는데, 구체적인 목적도 없이 막연히, 공부를 계속해야 할 이유가 있을까? 경제적으로나 시간적으로 낭비할 이유가 없다고 생각해.

Q. 저는 꿈이 없어요. 꿈을 찾기 위해서는 청소년기에 많은 경험을 해 보라고 하는데, 막상 해 보려 해도 어디서부터 어떻게 해야 할지 모르겠고 시간도 없어요. 부모님이나 선생님께 의논드려 봤지만 "한가하게 그런 고민하는 데 시간을 낭비하지 마. 성적이 좋아야만 선택의 폭이 넓으니까 일단 공부부터 해놓고 그때 가서 고민해."라고 말씀하세요. 그런데 저는 목적도 없이 무조건 공부해야 한다는 것이 싫어요. 그리고 책상 앞에 앉아도 잡념이 떠나지 않아요.

A. 꿈이란 그냥 만들어지는 것이 아니라 자신이 어떻게 살아야 행복할 수 있을지 고민하고 탐구하면서 찾게 된단다. 이런 고민을 통해서 자아를 발견하고 찾은 꿈이어야만 실현 가능한 것이 되고, 그것을 이루기 위해 달려가는 과정도 즐길 수 있어.

우리 한국의 교육현실은 30여 년 동안 아이들 다섯을 키우면서 본 미국과는 너무 다르더구나. 미국은 학교에서든 가정에서든 하기 싫어하는 것을 억지로 하도록 강요하는 것이 아니라 모든 것을 자기 스스로 찾아보고 경험하게 해. 그래야만 자립심도 길러지고 책임감도 커지지 않겠니? 자연스럽게 어른이 되는 준비를 하는 거야. 다양한 기회를 통해서 '꿈을 찾아가는 교육'을 하는 반면 우리나라는 '꿈 찾기를 미루는 교육'을 하고 있어.

네 말대로 목적도 없이 마지못해서 하는 공부가 재미있을 리가 없는데 일단 공부부터 하고 보라니……. 책상 앞에 앉아 있어 봐야 아까운 시간만 낭비하는 거지?

꿈을 찾는 것이 막연하다면 우선 다양한 분야의 책을 읽어 보는 것이 어떨까? 관심 있는 분야의 쉬운 책읽기부터 시도해 봐. 사실 책을 읽는 데 많은 시간이 필요한 것도 아니야. 틈틈이 읽다 보면 점점 다양한 분야로 흥미도 확대되고, 네 적성과 가치관도 발견하게 될 거야. 구체적인 목표를 정하고 하나하나 실천해 가다 보면 시간 낭비도 없겠지? 생활에 활력이 생기게 돼서 그야말로 가슴 뛰는 삶을 살게 된단다.

네 인생을 남에게 의지해서 살 수는 없어. 설령 부모님이라도 대신 살아 줄 수 없으므로 좀 더 적극적으로 고민하고 주도적으로 찾아보면 좋겠어. 맹목적으로 끌려가서는 절대로 행복할 수가 없단다. 독립된 인격체로서 자기 미래를 스스로 준비해야 해. 한 번뿐인 인생인데, 행복하게 살아야지?

Q. 저는 심리 상담을 공부해서 청소년들을 도와주고 싶어요. 그런데 엄마는 심리 상담사라는 직업을 반대하시고 무조건 공무원이 되라고 하셔서 갈등이 심해요.

A. 심리 상담분야는 공부가 어렵고, 석사·박사 과정까지 마치고 난

후에도 낳은 시간과 노력을 들여야 하기 때문에 반대하시는 것 같구나. 미국에 있는 내 딸도 심리학 박사과정을 마치고 요즘 임상하고 있는데, 매일 연구하느라 씨름하면서도 월급은 아주 적더구나.

그러나 네가 꼭 심리상담사가 되기 위해서 구체적으로 알아보고 내린 결정이라면 아무리 힘든 과정이라도 잘 견뎌낼 수 있겠지?

요즘 취업이 워낙 힘드니까 부모님께서는 안정적인 직업을 바라실 거야. 그러나 안정적인 직업도 좋지만 네가 꼭 하고 싶고, 잘할 수 있는 일을 찾는 것이 중요하다고 생각해.

그 어렵다는 시험에 합격하기 위해 몇 년씩 고생하다 공무원이 되고 나서 오히려 후회하는 사람들을 많이 봤어. 힘들었던 과정에 비해 보수가 그리 많은 것도 아니고, 누구나 할 수 있는 단순한 일을 하다 보면 존재감도 느끼기 어렵다는 거야.

변화와 도전을 추구하거나 창의적인 시도를 통해서 성취감을 느끼는 사람들에게는 공무원이 결코 행복한 직업이라고 할 수 없을 거야.

직업을 찾을 때 무엇보다 중요한 것은 자신이 좋아하고 잘할 수 있는 일 즉 적성에 맞는지를 구체적으로 탐색해보는 것이라고 생각해. 하루 이틀 일하고 말 것도 아니고 가정에서보다 직장에서 있는 시간이 훨씬 많기 때문이지.

너를 사랑하고 염려하는 부모님의 마음은 이해가 가지만, 결국은 네가 할 일이기 때문에 네가 주도적으로 결정하는 것이 옳다고 생각해.

청소년들의 멘토 – 스티브 김 아저씨의

네 결정에 스스로 책임질 수 있도록 진지하게 고민하고 알아봐.

Q. 저는 영어를 좋아해서 외교관이 되고 싶은데, 어떻게 준비하면 될까요?

A. 외교관이 되기 위해서는 우선 외무고시를 통과해야 하고 그 후에도 여러 번의 진급시험을 거쳐야 할 거야. 단지 영어를 좋아하고 잘한다 해서 외교관이 될 수 있는 것은 아니야. 외교관에게 있어서 영어는 기본이고 그보다 훨씬 다양한 능력을 필요로 한단다. 진로나 직업정보를 알 수 있는 워크넷 사이트 등을 방문해서 외교관이 하는 일을 구체적으로 찾아보면 어떤 준비가 필요한지 자세히 알 수 있을 거야.

훌륭한 외교관이 되기 위해서는 시시각각 변하는 국제정세에 민감하게 관심을 기울여야 하고, 정치·경제·문화·예술·법률 등 사소한 것도 그냥 지나치지 않는 꼼꼼하고 철저함이 필요해. 그리고 다양한 사람들과 교제해야 하기 때문에 호감도와 인간적인 친화력도 무시할 수 없어.

반기문 UN사무총장은 주위 사람들로부터 늘 성실함과 친화력을 인정받고 두터운 신임을 얻었어. 어린 시절부터 늘 한결같은 마음으로 다른 사람을 배려하고 자기관리가 남달랐기에 오늘의 성공이 가능했으리라 생각해. 그에 비하면 영어 실력은 아주 작은 부분이겠지? 영어를 좋아하고 잘하면 꼭 외교관이 아니라도 할 수 있는 일이 아주 많이 있단다. 좀 더 다양한 시각과 호기심을 갖고 네 적성에 잘 맞는 직업을 찾아 보는 것이 좋겠구나.

Q. 저는 TV나 잡지에 실린 광고를 보면 저도 그렇게 멋진 광고디자인 을 하고 싶어져요. 그런데 막상 어떤 준비를 해야 할지 잘 모르겠어요.

A. 광고뿐만 아니라 모든 디자인 분야는 창의력이 특히 중요하단다. 미적인 감각과 상상력이 풍부해야 해. 남다른 눈으로 사물을 관찰하고 독창적으로 표현해 내는 기술이 필요하지.

특히 광고는 다양한 분야의 지식을 필요로 하기 때문에 책도 많이 읽고, 지적인 호기심을 갖고 탐구하는 것이 매우 중요하단다. 사회 현상을 분석하고 소비자들의 심리나 트렌드를 읽어 내는 데 있어서 남늘보다 탁월한 감각을 지니고 있어야겠지?

다른 사람들과 소통하는 기술을 익히는 것 또한 간과해서는 안 될 거야. 광고가 완성되기 까지 클라이언트의 요구 사항을 이해하고 잘 반영해 가는 과정이 매우 절대적이거든.

늘 스케치하는 습관을 들이고 공모전에도 출품해 보면 객관적으로 실력을 검증받을 수 있을 거야. 네 재능을 충분히 가늠해 본 후에 대학의 관련학과에서 전공을 하고 현장에서 실력을 쌓아야 하겠지.

Q. 저는 특성화고에 다니고 있어요. 소프트웨어 프로그래머가 되고 싶은데 이 분야의 전망이 어떤지 또 대학에는 꼭 가야 하는 건지 궁금해요.

A. IT분야 가운데 특히 소프트웨어 프로그램 분야는 지금도 그렇지만 갈수록 수요가 커지는 분야라고 할 수 있지. 요구가 계속 커진다는 것은 일자리도 그만큼 충분할 거라는 얘기야. 네가 그 분야에 흥미와 관심이 있다면 틈이 날 때마다 프로그램들을 만들어 보고 경진대회에 수시로 출품하면서 실력을 검증받아 보는 것도 좋은 일이지.

그리고 꼭 대학을 나오지 않아도 네 실력을 인정받고 일할 기회가 주어진다면, 우선 취업부터 하고 현장에서 경험을 쌓은 후에 고려해 보는 것도 늦지 않을 거라고 생각해. 어느 분야에서든지 자기에게 부족한 지식을 채울 필요가 생겼을 때, 다시 말하면 구체적인 목표나 동기가 생겼을 때 대학을 선택하는 것이 효율적일 거야.

단지 대학 졸업장을 얻기 위해서 또는 남들이 가니까 나도 간다는 식으로 왔다 갔다 한다면 경제적으로나 시간적으로 얼마나 낭비가 클까?

직장에 다니면서 공부하는 것이 쉽지 않으리라 생각할 수도 있어. 하지만 아저씨가 미국에 처음 건너갔을 때 낮에는 일하고 저녁에 야간대학원에 다녔잖니? 그런데 절실한 목표가 생기니까 오히려 공부가 재미있고 열심히 하게 되더구나. 일분일초를 아껴 주경야독하면서 새롭게 배우는 지식이 얼마나 달콤한지 몰라.

앞으로는 우리 기업의 채용 방식이 바뀌고 사회적인 편견도 없어질 거라 생각해.

Q. 공부를 아무리 열심히 해도 성적이 잘 나오지 않아서, 원하는 대학에 들어갈 수 있을지 확신이 안 서요. 그렇다고 포기할 수는 없고……

A. 네가 열심히 하는데도 성적이 잘 나오지 않으면 공부 방법이 잘못되거나 요령이 없어서일 수도 있어. 지금 네가 하고 있는 방법이 잘못된 건 아닌지, 공부 잘하는 친구나 선생님께 조언을 구해 보면 어떨까? 다른 방법을 시도해 보면서 네게 맞는 공부법을 찾을 수도 있을 거야.

그런데 꼭 예·체능분야뿐만 아니라 공부를 잘하는 데에도 어느 정도 재능을 타고 난다고 생각해. 어떤 사람은 암기나 독해를 잘하는가 하면 논리적으로나 수학적으로 뛰어난 사람들이 있잖니? 말하자면 공부머리를 타고난 거지. 나는 노래 한 곡을 외우기 위해서는 수십 번을 불러 봐야 해. 웬만큼 해서는 가사가 잘 외워지지 않기 때문이지. 암기능력이 약하다 보니까 국어, 역사 같은 과목은 성적도 잘 안 나오고 재미가 없었어. 반면에 수학은 공식에 대입해서 풀면 답이 나오고, 논리적으로 맞아떨어지기 때문에 재미있었어.

내 친구 중에 소설가 아들이 있는데 이 친구는 국어 공부를 전혀 안 하는데도 항상 90점, 100점인 거야. 아버지로부터 받은 유전자가 있다

는 거겠지? 이처럼 사람마다 타고난 재능이 다르기 때문에 모든 과목을
다 잘하는 것은 쉽지가 않아.

공부를 포기해서는 안 되겠지만, 네가 최선을 다하고 난 후에도 한계
를 느낀다면, 꼭 공부가 아니더라도 네가 좋아하는 것, 잘할 수 있는 것
이 어떤 것인지 찾아보면 좋겠어. 공부를 하더라도 막연히 할 것이 아
니라 분명한 목표와 동기를 갖고 나면 재미도 있고 능률도 오를 거야.

뚜렷한 목표가 없이 억지로 시간만 채운다면 무슨 재미가 있고 효율
이 생기겠니? 없으면 재미도 없고 효율이 나지도 않을 거야. 맹목적으
로 끌려가면서 다시 오지 않을 이 시기를 허비할 것이 아니라 스스로 돌
파구를 찾아서 다양한 경험을 시도하고 꿈 찾는 것을 가장 우선으로 삼
으면 좋겠어.

Q. 저는 어떤 것에도 욕심이 생기지가 않습니다. 무엇을 하든지 욕심
이 있어야 한다고 엄마에게 혼난 적이 한두 번이 아니지만, 공부를 잘
하는 애들을 봐도 특별히 부럽다거나 저도 잘하고 싶다는 생각이 들지
않아요.

A. 자기가 어떤 사람이 되고 싶은지, 어떻게 살고 싶은지 진지하게
생각해 본 적이 있니? 욕심이 없다는 것은 힘든 것을 피하고 싶은데서
오는 것일지도 몰라. 그런데 지금 힘들다고 피하다 보면 나중에는 피하
지도 못할 더 큰 고통을 감수해야 할지도 모른다. 행복은 누가 가져

다주는 것이 아니라 많은 고통과 아픔을 이겨 내면서 자기 스스로 만들어 가는 것이야.

지금 열심히 살지 않으면 나중에 후회가 남을 거야. 본인이 집중하고 열정을 쏟을 수 있어야 성취감도 느낄 수 있고, 그것으로부터 자신감과 당당함을 얻게 된단다. 지금이야 부모님 그늘 아래 있지만 10년 후를 떠올려 봐. 직업도 없이 평생 아르바이트 하면서 하고 싶은 것을 제대로 누릴 수 있을까?

어떤 것이라도 본인이 굳은 결심을 하고 열심히 노력해서 목표를 달성하게 되면 그 성취감은 엄청날 거야. 그래서 한번 성취감을 맛보고 나면 새로운 목표를 세우고 더 큰 성취를 추구하게 된단다. 하나하나 이루어 가는 과정이 아무리 힘들고 고통스러워도 아파하기보다는 즐기게 되는 이유가 바로 여기에 있는 거지. 피하지만 말고 적극적으로 달려들어 봐. 이러한 과정 자체가 얼마나 행복한지, 해 본 사람만이 알 수 있단다.

Q. 저는 다문화가정에서 태어났어요. 피부색이 많이 검어서 친구들로부터 놀림을 받아요. 그리고 승무원이 되고 싶은데, 항공사에서는 보통 얼굴이 하얀 사람을 뽑는다고 해서 자신이 없어요.

A. 흑인들은 비행기를 안 타니? 전 세계의 사람들이 비행기를 이용하

청소년들의 멘토-**스티브 김** 아저씨의

고 나라마다 항공사가 있는데, 모든 항공사가 얼굴이 하얀 사람만 뽑을까? 게다가 갈수록 다문화 가족들이 많아질 텐데……. 괜한 선입견으로 주눅 들거나 포기할 이유가 없어.

열등감이나 놀림으로부터 벗어나기 위해서 우선 네 자신이 당당해져야 돼. 나도 처음 미국에 갔을 때는 괜히 기죽고 왕따를 당하기도 했어. 그러나 남들보다 더 열심히 노력하고 뛰어난 모습을 보여 줌으로써 차별을 딛고 일어설 수 있었어. 자기들보다 내가 잘하는 것을 인정하게 되면 무시하거나 놀릴 수가 없거든. 크고 작은 성취를 통해서 자존감이 높아졌고, 나중에는 1,200명이나 되는 미국 사람을 직원으로 두고 전 세계에 60개의 지사를 둘 정도의 리더가 될 수 있었단다.

꼭 공부가 아니라도 연극, 토론, 글짓기, 운동, 발표 등 네가 남들보다 잘할 수 있는 것이 한 가지만 있어도 열등감에서 쉽게 벗어날 수 있을 거야. 다른 사람들로부터 칭찬과 인정을 받다 보면 더 멋지고 당당해지기 때문이지.

Q. 집에서보다는 학교나 학원에서 친구들과 생활하는 시간이 더 많기 때문에 제 기분도 친구들 영향을 많이 받아요. 어떻게 하면 친구들과 원만하게 잘 지낼 수 있을까요?

A. 너뿐만 아니라 누구나 좋은 친구들을 사귀고 잘 지내고 싶을 거야. 친구를 사귀기 위해서는 자기가 먼저 관심을 갖고 다가가야 하는데, 소

극적이거나 내성적인 성격을 가진 사람들은 쉽지 않을 거야. 하지만 어떤 식으로든 자기를 표현하지 않으면 상대방이 알 리가 없겠지? 직접 다가가서 말을 건네기가 어렵다면 문자나 편지로라도 표현해야 해.

예를 들자면 "너는 어떻게 하다 축구를 좋아하게 되었니? 네가 수학을 잘하는 비결은 뭐야?" 등 상대방의 장점을 들어서 칭찬하거나 공통의 관심사를 끌어낼 수 있다면 좋겠지? 처음에는 힘들어도 용기를 내서 계속 시도하다 보면 본인도 모르는 사이에 많은 친구들이 생길 거야.

그런데 무조건 친구를 사귀기보다는 좋은 친구를 찾아서 만나고, 자기도 다른 사람에게 좋은 친구가 되는 것이 중요해. 그러면 어떤 친구가 좋은 친구일까? 우선 자기 자신에게 성실하고 다른 사람을 배려할 줄 아는 사람, 같이 있으면 즐겁고 힘든 일이 있을 때는 마음 놓고 고민을 털어놓을 수 있는 사람이 좋은 친구 아닐까? 설령 오해나 갈등이 생기더라도 먼저 다가가서 솔직하게 얘기하고, 상대방의 입장을 헤아릴 수 있다면 그것을 계기로 더욱 우정이 돈독해진단다. 킥킥거리고 장난치면서 몰려다니거나 상대방에 대해서 성의 없이 행동한다면 진정한 친구라 할 수 없단다.

청소년기는 특히 감성이 순수하고 예민한 시기라 건강한 가치관과 좋은 습관을 만들어 가는 것이 아주 중요해. 다른 사람에게 소중한 친구가 되기 위해 노력하고 좋은 친구들과 멋진 추억을 만들면, 이것들이 훗날 인생의 큰 자산이 된단다. 언제 돌아보더라도 후회 없는 시간이 되도록 진지하고 열정적으로 생활하면 좋겠어. 지금 이 시기는 다시 오지 않는단다.

Q. 주변 사람들이 저를 보면 마음이 약하고 성격이 너무 착해서 다른 사람들이 얕볼 수 있다고 너무 착하게, 얌전하게 있지 말라고 합니다.

A. 착한 성품은 아주 중요한 덕목이야. 착한 사람은 남을 이해하고 배려하는 마음이 크기 때문에 누구나 편하게 느끼고 좋아 한단다. 반면 성품이 착하지 않으면 다른 사람을 배려하기보다 자기중심적이기 때문에 누구나 힘들어하고 꺼리게 돼. 이런 이기적인 태도로 다른 사람들로부터 환영받지 못하면 과연 행복할까? 늘 혼자 있게 되고 외롭겠지?

학교뿐만 아니라 직장에서도 남들로부터 인정받고 성공하기 위해서는 '전문성' 외에 다양한 역량이 필요하단다. 주인의식, 책임감, 배려, 솔선수범, 헌신 등 모두가 다 착한 성품에서 나오는 인성적 역량이야. 착한 성품이 얼마나 중요한지 알겠지? 인성이야말로 가장 경쟁력 있는 스펙이란다.

그런데 자기 생각을 제대로 표현하지 못하거나, 남들에게 수동적으로 끌려 다니는 것을 착한 성품으로 착각하면 안 돼. 지나치게 남의 눈치를 보거나 시키는 대로만 할 것이 아니라 무리한 부탁은 거절할 줄도 알아야 하고 자기 소신에 따라서 적극적이고 능동적으로 행동할 수 있어야 해. 착한 것과 당당하지 못한 것에는 분명한 차이가 있단다. 남들에게 얕보이거나 이용당하는 것은 착한 성품 때문이 아니라 다른 이유가 있을 거야. 그게 뭔지 곰곰이 생각도 해 보고 너를 잘 아는 주위 사람들 얘기도 들어 봐. 분명 해답을 찾을 수 있을 거라 믿어.

Q. 저에게 경쟁의식을 갖고 있는 친구가, 선생님께서 저를 편애해서 수행평가를 공정하게 하지 않고 저에게 유리한 점수를 줬다며 헛소문을 냈어요. 사실이 아니라고 아무리 얘기해도 이미 친구들은 저를 왕따 시켰고 아무도 제 말을 믿지 않아요. 너무나 억울하지만 해결해 주는 사람은 아무도 없고……. 학교에 가기가 겁이 나요.

A. 서런! 마음의 상처가 너무나 크겠구나. 친구와의 우정보다 성적을 더욱 우선시하다니, 아마도 이게 다 입시 위주의 현실에서 생긴 문제일 거야. 아무리 그래도 그렇지, 자기 욕심대로 되지 않는다고 해서 친구를 이렇게 매도하고 궁지로 몰아넣어서야…….

개인의 이기주의로 인해 다른 사람에게 평생 지울 수 없는 심각한 상처를 남기고, 확인되지도 않은 소문에 동조하여 경솔하게 행동한 친구들에게 너의 억울함과 고통을 제대로 알려야 하지 않을까? 부모님께 말씀드리고 선생님께도 의논드려야만 해.

겉으로 드러내기가 겁이 나고 두려울 수도 있겠지만 너 혼자 참고 피한다고 해서 해결될 일이 아니야. 적극적으로 해결하지 않고 이대로 방치하면 마음의 병은 점점 깊어질 테고, 친구들의 무지한 행동들 또한 개선되지 않을 거야. 정면으로 돌파하는 것만이 이 고통으로부터 벗어날 수 있는 유일한 길이란다.

Q. 어릴 때 부모님이 이혼을 하셔서 할머니와 함께 살았어요. 친구들은 부모님께서 다 알아서 해 주지만 저를 도와주는 사람은 아무도 없고 건강이 좋지 않은 할머니를 제가 오히려 보살펴드려야 해요. 친구들은 대부분 대학에 가는데 저는 빨리 돈을 벌기 위해서 특성화고에 가야 하고……. 제가 왜 이런 가정에 태어나게 되었는지, 저에게 무책임한 부모님이 밉고 원망스러워요.

A. 부모님이 안 계셔서 조부모님과 생활하는 아이들이 너뿐만 아니라 많단다. 네가 이런 환경을 바라거나 선택한 것은 아니지만, 그 상황을 어떻게 받아들이느냐에 따라 각자가 만들어 가는 삶이 다르단다. 부모님을 미워하고 원망한다 해서 달라지는 것이 있을까? 불평하고 비난하기보다는 이런 환경을 오히려 기회로 삼으면 좋겠어.

부모님이 다 해 주고 부족한 것 없이 자란 친구들은, 삶의 동기나 목적의식을 갖기가 힘들어. 아저씨 강의를 통해서도 들었겠지만, 어떤 목표를 이루는 데 있어서 가장 큰 원동력은 결핍과 절실함이란다. 나의 어린 시절이 가난하지 않았더라면 절실한 목표를 갖기 어려웠을 거야. 내가 이렇게 큰 성공을 할 수 있었던 것도 부모님으로부터 물려받은 '가난'이라는 유산 덕분이지. 지금 네가 처한 어려운 환경도 오히려 기회가 될 수 있어.

주변을 돌아보면 너보다 훨씬 어려운 처지에 있는 사람들도 많다는 것을 알 수 있을 거야. 우리 꿈희망미래 재단의 장학생들도 힘든 상황을 잘 이겨 내고 있단다. 불평불만 한다고 해서 상황이 달라지지 않아. 그러나 네 생각은 바꿀 수 있지? '안 돼, 어쩔 수 없어.' 탓하거나 포기하지 말고 '이 상황을 극복하기 위해서 어떤 노력을 할 수 있을까?' 긍정적으로 생각하고 돌파구를 찾아서 노력해 봐. 나중에는 '어려운 환경 덕분에 오늘의 내가 있었다.'고 자랑스럽게 말할 수 있을 거야.

어려운 중에서도 감사할 것을 찾고 노력하는 과정에서 자립심과 강한 적응력이 생긴단다. 그래야 어른이 되어서도 잘 살 수 있지. 가장 중요한 것은 자립심이야.

Q. 아빠는 제가 어렸을 때 새엄마와 재혼을 하시고 저와는 오래 떨어져 살았어요. 그러다 보니 아빠라고 해도 어렵고 서먹해요. 어떻게 하면 친숙해질 수 있을까요?

A. 어린 시절을 아빠와 함께하지 못해서 섭섭할 때가 많이 있었겠구나. 그런 섭섭한 마음 때문에 다가가기가 더 서먹서먹하고 어려울 수도 있을 거야. 그렇지만 이 세상에 어느 부모인들 자식을 사랑하지 않겠

청소년들의 멘토-스티브 김 아저씨의

니? 부모는 늘 자식이 잘되기를 바라고 염려한단다. 아버지도 너와 떨어져 있는 동안 늘 네가 궁금하고 그리웠을 텐데 다만 사랑을 표현하는 것이 익숙하지 않으신 걸 거야.

네겐 힘든 어린 시절이었겠지만 부모님께서 일부러 그런 상황을 만든 건 아니시겠지? 비록 멀리 떨어져 지내긴 했어도 네가 밥걱정, 학비걱정 하지 않도록 지원해 주신 것만으로도 감사해야 하지 않을까?

직접 말하기가 어색하면 편지를 써서라도 감사한 마음을 아버지께 표현해 봐. "아버지, 이렇게 보살펴 주셔서 감사합니다. 제가 성공해서 꼭 효도할게요. 제 염려는 하지 마세요. 사랑합니다." 기특한 너의 몇 마디 표현으로 아버지는 마음의 짐을 내려놓고 큰 위로를 얻을 거야.

네가 마음을 열고 아버지께 먼저 다가가면 금방 친해질 거야. 부모님을 이해하고, 너보다 더 어려운 사람들을 생각하면서 열심히 살았으면 좋겠어.

Q. 저희 집은 형편이 어려워서 학원에 다닐 수도 없고 제가 아르바이트를 하지 않으면 안돼요. 성적도 잘 안 나오는데 제가 아르바이트 하는 동안에 다른 친구들은 학원에 가거나 과외를 받는다고 생각하면 속상해요.

A. 집안 형편이 넉넉하지 않다 보면 하고 싶은 것을 마음대로 할 수 없

을 테고 힘든 점도 많을 거야. 그렇지만 너도 알다시피 학원에 다니고 과외를 받는다고 해서 모두 성적이 좋거나 공부를 열심히 하는 건 아니잖니? 그저 형식적으로 다니는 애들이 대부분일 거야. 학원에 안다녀서 성적이 안 좋을 거라는 선입견을 버리고 학교 수업에 최선을 다해 봐.

그날 배운 내용을 틈틈이 복습하면서 이해가 안 되는 부분은 선생님께 여쭤 보고 다음 날 배울 것도 미리 한번 읽어 봐. 절실할 때 집중이 더 잘되기 때문에 짧은 시간이라도 오히려 좋은 성적을 낼 수 있단다. 내가 미국에서 야간 대학원에 다닐 때도 낮에 일하고 밤에 학교에 다니려니 얼마나 힘들었겠니? 그래도 '이것만이 살길이다.' 싶으니까 그때처럼 공부가 잘되었던 적이 없었어.

현재 네 처지를 탓하고 포기할 것이 아니라 그로부터 벗어날 수 있는 길이 무엇인지 진지하게 고민해 봐. 그래야만 돌파구도 찾을 수 있고 상황을 변화시킬 수 있단다.

내가 가장 존경하는 현대그룹의 창업주 정주영 회장은, 우리가 상상도 할 수 없는 어려움을 성실과 부지런함으로 극복하신 분이야. 그분은 가난했기 때문에 남들보다 더 열심히 일했고 그 덕분에 성공이 가능했던 거야. 그리고 소학교밖에 나오지 못해서 아는 것이 없기 때문에 누구든지 스승으로 삼고 늘 묻고 배웠어. 그뿐만 아니라 아무리 힘든 상황에서도 불가능은 없다는 생각으로 늘 도전했어. 그분에게 이런 가난과 어려움이 없었다면 놀라운 성공도 불가능했을 거야.

그분의 자서전 〈시련은 있어도 실패는 없다〉를 꼭 한번 읽어봐. 지금과는 비할 수 없을 정도로 어려웠던 시절이었음에도 불구하고 엄청난 업적들을 이루고 우리 현대사에 혁혁한 공을 세웠어. 젊어서 고생은 사서도 한다잖니? 어떻게 해서든지 돌파구를 찾고, 이 힘든 처지를 기회로 삼아서 누구도 상상할 수 없는 성공을 꿈꾸어 보면 어떨까?

Q. 저보다 못하던 친구의 성적이 오른 것을 보면 저도 잘해야지 하는 마음이 생기는데, 의지력이 약해서 그 결심이 오래가지 못하고 제대로 실천하기가 어렵습니다. 어떻게 하면 실천을 계속할 수 있을까요?

A. 요즘 공부에 의욕을 잃은 청소년들이 너무 많은데 잘해야겠다는 생각을 갖고 있다니 다행이구나. 그렇지만 자기의 부족한 면을 채우기 위한 노력은 안하고 남을 부러워만 한다면 상황이 달라지지 않겠지? 목표를 세워서 행동으로 옮겨야만 네가 원하는 목표에 도달할 수 있을 거야.

그렇다고 처음부터 너무 무리한 목표를 세우면 실천하기가 버거워서 미루게 되고, 한 번 두 번 실천을 게을리하다 보면 어느새 의지가 약해진단다. 단숨에 1등을 해야겠다는 식이 아니라 실천이 가능할 정도의 낮은 목표를 세워서 하나씩 달성해 나가야만 성취감도 느낄 수 있고 지속적으로 실천할 수 있게 돼.

크게 부담을 느끼지 않고 할 수 있을 정도의 구체적인 계획을 세워서 성실하게 지키다 보면 어느새 네가 원하는 고지에 올라서 있을 거야. 할 수 있겠지? 파이팅!

Q. 대학교는 고등학교와 달리 모든 것을 자율적으로 해야 되는데, 혼자 결정하기보다는 같이 의논할 친구들이 있으면 좋겠어요. 어떻게 하면 좋은 친구를 사귈 수 있을까요?

A. 같은 과의 학생들에게 관심을 보이고 먼저 다가가거나, 동아리 모임에 들어가서 친구가 되고 싶은 사람에게 먼저 말을 붙이면, 쉽게 친구를 만들 수 있을 거야. 대부분의 사람들은 누군가 자기에게 다가와서 관심을 보여 주면 좋아한단다. 특히 같은 과 동기나 동아리 안에서 만나는 사람들은 목표나 취미가 비슷하니까 쉽게 말을 트고 공감할 수 있을 거야.

처음에는 모르는 사람에게 다가가서 관심을 보이고 말 붙이는 것이 쉽지는 않단다. 하지만 한번 해 보고 나면, 그 후로부터는 자신감이 생겨서 친구를 사귀는 것이 그다지 어렵지 않다는 것을 알게 되지. 어디 그뿐이겠니? 다른 사람에게 먼저 다가가서 인사하고 대화를 시도하는 것이 몸에 배면 능동적이고 매너 좋은 사람으로 기억된단다.

나는 강연할 때마다 연애를 해 보라고 말하는데, 연애를 통해서 얻는 유익이 많기 때문이야. 상대방에게 잘 보이기 위해서 책도 읽고, 시도 외우는가 하면 늘 몸가짐도 청결하고 단정하게 하기 위해 애쓰잖니? 멋진 스토리텔링을 위해서 다양한 화제에 관심도 갖고 무엇보다도 상대를 살피면서 배려하는 습관을 갖게 돼. 재미없고 소극적인 사람보다는 재미있고 적극적인 사람을 누구나 좋아한단다.

청소년들의 멘토—스티브 김 아저씨의

A. 나는 형식적으로 많은 사람을 만나는 것보다는 편안하게 대화하고 공감할 수 있는 몇 명의 친구를 두는 것이 더 좋다고 생각해. 많은 사람들과 알고 지내다 보면 쓸데없이 신경 써야 할 것들도 많아지고, 잦은 모임들로 늘 분주하게 되지. 그리고 많은 사람들이 모이다 보면 그 안에서 의미 있고 유익한 대화를 나누기도 어려워.

그런데 한국에서는 많은 사람들이 형식적인 네트워킹에 시간을 쏟는 것 같아. 네트워킹을 통해 자신이 필요한 정보도 얻고 어려울 때 도움을 받을 수도 있다고 생각하기 때문이겠지만, 그런 모임에서 허허실실하며 가볍게 알게 된 사람들에게 힘들다고 손 내밀어 도움을 청할 수 있을까?

나는 같이 운동하고 와인 마시며 함께 저녁을 할 수 있는 지인들, 나와 같이 식사하며 대화를 나누고 싶어 하는 직원들, 나를 찾아와 고민을 나누는 젊은이들과 함께 보내는 시간이 가장 즐겁고 행복해. 왜냐하면 남 얘기나 형식적으로 겉도는 얘기가 아니라 서로 진솔하게 터놓고 공감할 수 있기 때문이지.

Q. 인간관계를 잘하고 싶은데, 누구하고나 원만하게 지내기 위해서

A. 인간관계에서 가장 중요한 것은 상대방에 대한 '배려'라고 생각해. 자기가 받고 싶은 것 이상으로 상대에게 해 주는 것을 배려라고 할 수 있을 거야.

한국 사람들은 마음이 있어도 말과 행동으로 표현하는 것을 어려워하고 굳이 표현하지 않아도 알 거라고 생각하는 것 같아. 한국에 온 후로 많은 사람들에게 시간을 내고 저녁도 사지만 감사하다거나 즐거웠다는 인사도 없으면 왠지 섭섭하단다. 게다가 평소에 아무 연락도 없던 사람이 명절이라고 형식적인 일괄문자를 보내오면 반가운 것이 아니라 오히려 씁쓸하지.

미국 사람들은 늘 감사 표현을 아끼지 않는단다. 생일이 되면, 친구들에게 일일이 초대장을 써서 보내고, 작은 선물이라도 받으면 감사하다는 표현과 함께 그 선물을 어떻게 쓸지 답을 한단다. 소소한 것을 주고받으면서 고마운 마음과 정겨움을 느끼게 되지.

인간관계에서 가장 중요한 것은 진심에서 우러난 존중과 배려라고 생각해. 사소한 일에도 서로 감사를 표현하고 공감할 수 있으면 순수한 만남으로 오래 지속되겠지? 다른 사람이 베푼 친절을 당연하게 생각하지 말고 고마운 마음으로 성의를 표시하는 매너를 갖추면 좋겠어. 친구, 직장동료, 부자간, 부부 등 모든 관계에서 일방적인 'Give'나 'Take'가 아니라 'Give & Take'가 이루어져야 원만한 인간관계라고 할 수 있을 거야.

Q. 저는 어떤 일에서 실패하거나 사소한 실수라도 저지르고 나면 쉽게 포기해 버리고 말아요. 그러다 보니 끝까지 제대로 해낸 일이 거의 없고 새로운 시도를 하기가 겁이 나요.

A. 결과에 너무 연연하거나 집착해서가 아닐까? 실패하는 데는 여러 가지 이유가 있을 텐데, 목표 자체가 성취하기 어려울 만큼 높다거나 목표에 도달하고자 하는 절실함이 부족해서 또는 목표를 달성하기 위한 구체적인 계획이나 준비가 미흡해서일 거야.

'지피지기면 백전백승'이라고 하지? 전쟁에서 이기려면 맞서 싸워서 이겨야 할 적에 대해 알아야 해. 그와 동시에 자신의 능력을 정확히 알고 전투에서 이길 전략을 세워야겠지. 마지막으로 목숨을 내놓고서라도 이겨야겠다는 절실함이 필요해.

다시 말하면, 정확한 상황 판단과 자신의 능력에 따른 구체적인 전략 그리고 반드시 목표를 달성해야 한다는 절실한 각오가 있어야 해. 이러한 자세로 임하면 쉽게 포기하거나 실패하는 일은 없을 거야. 최선을 다하고 난 후에는, 설령 실패하더라도 그 과정에서 많은 지혜와 경험이 쌓였으리라고 믿어야지.

그런데 구체적으로 실패의 원인을 분석하지 않고 충동적으로 포기해 버리면 다음 시도도 충동적으로 하게 될 뿐만 아니라 여전히 실수와 실패를 반복할 수밖에 없어. 한 번의 실수를 통해서 백 가지를 배우고 실패는 성공의 어머니라고 하잖니? 실패한 다음에는 처음보다 훨씬 준비된 상태에서 시작할 수 있기 때문이란다. 시행착오를 두려워하지 말고 전략적으로 도전해 봐.

A. 그렇게 순수한 사랑을 하고 있다니 우선 축하할 일이네. 사실 요즘에는 순수하게 사랑하는 젊은이들을 보기가 쉽지 않아서 서글프기도 해. 'Some 탄다.'는 말이 나올 만큼 계산적이고 이기적인 만남이 많잖아.

사랑하는 사람과 함께하고 싶은 감정을 억누르고 절제하는 것이 쉽지 않겠지만, 준비가 부족해서 중요한 시험에 실패했을 경우를 생각해 봐. 후회하지 않을 자신 있니? 그리고 그런 결과가 나왔을 때 여자 친구는 어떻게 생각할까?

여자 친구는 오래 만날 수 있지만 시험은 날짜가 정해져 있는 거잖니? 독하게 마음먹고 시험에 당당하게 합격하는 것이야말로 사랑하는 사람에게 멋진 선물이 될 거야.

하고 싶은 것 다 하면서 목표를 이룰 수 있으면 좋겠지만 그러기는 쉽지 않겠지? 옛날에는 사랑하는 사람과 약혼하자마자 전쟁터에 나가는 사람도 많았어. 여자에게 있어서 멋진 남자란, 힘든 결정도 피하지 않고 행동에 옮기는 사람, 자기에게 주어진 과제를 멋지게 해내는 사람일 거야.

Q. 학창시절에 책을 많이 읽으라고 하는데 저는 책 읽는 것이 습관이 안 돼서 그런지 책만 잡으면 졸리고 어떤 책부터 읽어야 할지도 잘 모르 겠어요.

A. 너무 어렵고 딱딱한 내용의 책은 재미도 없고 금방 지루해질 거야. 처음에는 네 관심 분야 안에서 쉽게 쓰인 책을 읽는 것이 좋아. 우리 재단의 어떤 강사도 어렸을 때는 책 읽는 것에 별로 재미를 못 붙였대. 그래서 늘 책 읽으라는 잔소리를 들으면서도 책을 읽지 않았다는 거야.

그런데 초등학교 때 축구를 하다 다쳐서 병원에 3주 정도 입원을 하게 되었단다. 생각을 해 보렴, 친구들도 없이 하루 종일 병원에 있으려니 얼마나 심심했겠니? 며칠을 지루하게 보내다 우연히 이 원복 선생님의 〈먼 나라 이웃 나라〉라는 만화책을 보게 된 거야. 만화니까 쉽고 재미있었겠지? 만화책을 한 권씩 읽어 가면서 책읽기에 재미도 붙이고 역사 분야에 새로운 관심이 생기게 되었대. 그때부터 역사에 관한 책을 두루 섭렵해 가며 읽기 시작하고 결국 대학도 역사교육과에 가게 되었단다.

이처럼 처음에는 쉽고 재미있는 책부터 시작해서 읽는 것에 재미를 붙이고 나면 읽는 책의 수준도 점점 높아지고 자기의 흥미와 관심 분야도 발견하게 될 거야. 이런 과정에서 자기의 꿈도 찾고 진로에 대한 계획도 세울 수 있지.

나는 어렸을 때 〈장발장〉, 〈몬테크리스토 백작〉 등 세계명작들과 위인전을 주로 읽었단다. 이순신 장군과 세종대왕 외에도 조선시대 학자들의 청렴하고 훌륭한 삶에 깊은 감명을 받았어. 그리고 이런 책들을 통해서 그 시대와 지나간 역사에 대해서 알 수 있었단다.

내 딸들 중에 세리라고 있는데, 얘는 어릴 때부터 늘 책을 손에서 놓지 않았어. 동물들을 어찌나 좋아하는지, 시간만 나면 강아지, 고양이,늑대 등 동물에 관한 모든 책을 섭렵하여 읽곤 했단다. 책을 많이 읽다 보니까, 초등학교 5학년 때부터는 어른들이 볼 정도의 어려운 책도 술술 읽고 책 읽는 속도도 빨라지더구나.

청소년기에는 기억력이 좋아서, 새로운 단어도 쉽게 습득하고 잘 잊어버리지 않게 돼. 독해력도 자연히 늘게 되겠지? 나중에 써 놓은 글을 보니까 나보다 더 잘 쓴 거야. 글도 잘 쓰고 어휘, 독해, 속독이 되니까 전혀 힘들이지 않고 공부를 잘하더구나. 내 딸아이를 보면서 청소년기에 책을 많이 읽는 것이 중요하다는 것을 새삼 깨달았단다.

요즘 너희들이 주로 쓰는 말들은 잘 알아들을 수가 없어. 지나치게 줄임말을 쓰거나 너희들만 아는 은어를 쓰는 것 같더구나. 그런데 좋은 말과 좋은 글을 통해서 자기의 소양을 넓히는 것이 얼마나 중요한 줄 아니? '세 살 버릇 여든 간다'는 속담이 있지? 지금 욕설이나 시시한 말투를 일상화하다 보면 나중에 어른이 되어서도 고치기가 쉽지 않아. 좋은 말을 통해서 생각과 태도도 바르고 멋있게 다듬어진단다. 다시 말하면, 품위가 생기는 거지. 좋은 책을 많이 읽으면서 바른 언어와 세련된 표현을 익히고 멋진 모습으로 당당해지면 좋겠어.

청소년들의 멘토-스티브 김 아저씨의

A. 내가 미국에 살면서 느낀 것은 어려운 단어나 긴 문장을 거의 쓰지
않는다는 거야. 다른 사람과 대화할 때는 물론이고 논문조차도 쉬운 단
어를 주로 사용하는데, 우리나라에서 가르치는 영어를 보면 미국 사람
들도 잘 쓰지 않는 어려운 단어들로 문장을 구성하더구나.

미국에서는 get이라는 동사 하나만 갖고도 수 십 가지의 표현을 해.
예를 들면 'You got it.'은 '네 말이 맞다'는 뜻이야. 그리고 'I got over it.'
은 '어려움을 극복했다', 즉 'Overcame'이라는 의미야. 회화를 공부할
때는 실제로 그들이 쓰는 대화문 자체를 외우는 것이 무엇보다 중요해.

미국 사람들이 주로 사용하는 1,000개 정도의 쉬운 단어와 일상생활
에서 쓰는 짧고 쉬운 문장 500개 정도만 알면 웬만한 대화는 무리 없이
잘할 수 있어.

이 정도의 단어와 문장들을 자다가도 튀어나올 정도로 머릿속에 암기
해 봐. 그런 다음에 더 많은 단어와 문장들을 익혀 나가면 큰 어려움 없
이 영어를 잘할 수 있단다. 그리고 우리말과 달리 영어는 악센트의 위
치와 억양이 굉장히 중요하단다. 어떤 단어나 문장이라도 처음부터 그
들 식으로 발음하고 말할 수 있도록 훈련해야 해.

그렇지만 단어나 문장을 아무리 많이 알고 있다 하더라도 늘 사용하

지 않으면 쉽게 잊어버리게 되는 것이 바로 언어의 특징이란다. 그러므로 외국인과 대화할 수 있는 기회를 많이 만들고 먼저 다가가서 말붙이는 용기가 중요하지.

Q. 저는 노는 것을 너무 좋아하다 보니까 딱히 스펙을 쌓아 놓지도 못하고 어느새 대학 3학년이 되어 버렸어요. 지금이라도 정신 차리고 취업준비를 해야 한다고 생각하지만, 친구들과 어울릴 일이 생기면 거절하기가 쉽지 않아요. 어떻게 하죠?

A. 노는 거 싫어하는 사람 없지? 나도 대학시절에는 노는 것에 정말 열심이었어. 연애, 당구, 카드놀이, 테니스, 심지어 사교춤까지 도둑질만 빼고 다 배우러 다닐 정도였으니까. 그런데 그러한 방황도 다 한 때란다. 노는 것이 좋다고 해서 마냥 놀고 시간을 낭비한다면, 이 치열한 사회에서 살아남을 수 없겠지? 술 마시며 몰려다니기만 할 게 아니라 예체능, 동아리 활동 등 이왕이면 뭔가 배울 것이 있는 취미활동을 하면 좋겠어.

여행도 목적 없이 막연하게 하는 것 보다 워킹홀리데이(Working-holiday)등 새로운 경험도 하고 돈도 벌면 더 좋겠지? 의미 없이 놀기만 하다 보면 얼마 못 가서 지루해지고 무료할 거야. 노는 것을 통해서 자기를 발견하고 삶의 목표도 찾을 수 있으면 좋겠어.

'가슴 뛰는 일이 무엇일까?' '어떻게 해야 행복하게 살 수 있을까?' 고민 속에서 길을 발견해야 해. 언제 뒤돌아보더라도 후회하지 않기 위해서는 돈과 시간을 낭비하지 않아야겠지? 의미 있는 시간, 배움과 목적이 있는 '방황'은 '학습'이란다.

Q. 저보다 나이가 많은 사람이나 직장 상사에게 제 생각과 주관을 표현하려 하면 버릇이 없다고도 하고 이기적이라고 생각하는 것 같아요.

A. 한국 사회에서는 아랫사람이 윗사람에게 자기 의견을 제대로 말하기가 쉽지 않지. 지금 높은 직급에 있는 사람들도 그동안 자기 상사에게 하고 싶은 말이나 의견을 제대로 표현하지 못했을 거야. 대부분 위에서 내려오는 지시를 그대로 따르는데 급급했겠지? 우리 사회에 유교 문화가 깊게 뿌리내려졌기 때문일 거야.

그런데 '예스맨'들만 모여서 일하면 효율이 날까? 무조건 입을 막아버리거나 버릇없다는 식으로 오해를 받는다면 의욕적으로 일할 수 없지 않니? 윗사람이라고 해서 모든 면에서 완벽하거나 앞서는 것도 아닐 테고 자기가 미처 생각하지 못한 것을 후배나 신입사원이 발견할 수도 있겠지? 또 전혀 생각지도 않았던 사람이 창의적인 해법을 갖고 있을지도 모르는데 말이야.

우리 사회 곳곳에서 소통이 중요하다고 말들은 하지만, 여전히 제대로 소통하지 못하는 것이 우리 현실이야. 너뿐만 아니라 다른 직원들도 어려움을 겪고 있다면 서로 의논해서 윗사람들과 허심탄회한 대화를 시도해 보는 것이 어떨까? 서로에 대해서 충분히 이해할 기회를 갖는다면 개선의 여지도 있을 거야.

Q. 저는 얼마 전에 새로 직장을 옮겼어요. 그런데 저보다 3살 많은 대리와의 갈등 때문에 이직을 심각하게 고민하고 있어요. 뚜렷한 이유도 없이 사사건건 일 트집을 잡고 인신공격도 서슴지 않아요. 참다못해 따지기라도 하고 싶었지만, 새로 들어온 지 얼마 되지 않은 터라 이미지 관리에 신경이 쓰여서 포기하고 말았어요. 어떻게 하면 좋을까요?

A. 집에서 가족들과 지내는 시간보다 직장에 있는 시간이 훨씬 많은데 갈등관계가 개선이 안 되면 하루하루가 얼마나 고통스러울까? 어디에서 누구와 일하더라도 갈등이 있을 수는 있지만, 그렇다고 해서 방치하거나 참기만 할 게 아니라 그 갈등이 어디서 비롯되었는지부터 원인부터 확인하고 잘 해결해야 하겠지.

시간을 내서 상사와 솔직하게 얘기해 볼 수 있으면 좋겠고, 그것이 어렵다면 우선 메일로라도 본인의 심정을 솔직하게 전해 보는 것이 어떨까? 영문도 모른 채 일방적으로 당하기보다는 무슨 문제가 있는지부터 물어봐. 만약 오해가 있다면 풀어야지?

그러나 뚜렷한 이유도 없이 괴롭힘이 계속된다면 다른 부서로 옮기는 것도 알아보고 이직도 고려해 볼 수 있을 것 같구나. 그에 앞서 본인의 태도와 업무능력에는 문제가 없는지 제 3자에게도 물어보고 자기 자신에게도 물어봐. 그래서 고칠 부분이 있으면 시정해야지. 무조건 참고 견딘다고 해서 해결될 일도 아니지만 정확히 확인도 하지 않은 채 섣부른 결정을 내려서도 안 되겠지?

Q. 이사장님은 대기업보다 중소기업에 취직하는 것이 더 바람직하다고 하시는데 사람들이 잘 알지 못하는 작은 회사에 취직하기가 불안하고 부끄럽기도 합니다. 부모님도 첫 단추부터 잘 채워야 한다며 반대하시고요. 어떻게 하면 좋을까요?

A. 우리 사회가 대기업·공기업을 선호하고 안정적인 직장을 바라는 분위기가 팽배하므로 이해는 되지만, 대기업에 들어가기가 어디 쉽니? 대기업에 취업할 수 있으면 해 봐. 굳이 피할 이유는 없지. 큰 조직에서도 직무훈련과 Co-work 등을 통해서 배울 것들이 많이 있을 거야. 그러나 자신의 존재가 마치 부속품같이 느껴지고, 배움의 기회가 주어지지 않는다면 그때 중소기업으로 옮겨도 늦지 않아. 중소기업으로 갈 때는 그 회사의 주력사업이 향후 유망한지, 자신이 그곳에서 할 일은 어떤 것인지, 사장의 리더십은 어떤지 등을 잘 알아보고 가는 것이 중요해.

내가 미국에서 처음 대기업에 들어갔을 때 드디어 나도 남들만큼 살 수 있겠구나 생각하고 '아메리칸 드림'을 이루었다는 사실에 가슴이 벅찼었지. 그런데 얼마 못 가서 내가 꿈꾸던 생활이 그게 아니란 걸 알게 되었어. 그곳에서는 내가 존재감을 찾을 수도 없었고 배울 기회도 주어지지 않았기 때문이지. 그래서 결국 중소기업으로 옮기게 되었고 창업에까지 이를 수 있었던 거야.

내가 중소기업을 추천하는 이유는, 배움의 기회가 훨씬 더 많이 주어지기 때문이야. 젊어서 더 많은 것을 배우고 다양한 직무를 경험하는 것이 나중에 얼마나 중요한지 모른단다. 새벽부터 늦은 밤까지 쳇바퀴 돌 듯 생활하는 것에 안주하기보다는 늘 변화를 구하고, 진취적으로 도전하는 삶을 사는 것이 훨씬 멋지지 않니? 젊을 때 이런 시도를 머뭇거리면 언제 할 수 있을까? 실패를 두려워하지 않는 도전과 열정이야말로 젊은이들의 상징이 아닐까?

Q. 취업이 어려운 가운데 저는 취직이 돼서 다행이긴 하지만 제 전공을 살릴 수 있는 것도 아니고 분해와 조립만 하는 정도예요. 열심히 해보려고 하는데 너무 하찮은 일인 것 같아서 별로 신이 나지 않아요.

A. 신입사원에게 비중 있는 일을 맡기기란 쉽지 않단다. 지금 하고 있는 일이 단순하고 하찮게 여겨지더라도 남들보다 성실하게 해내면서

청소년들의 멘토-스티브 김 아저씨의

다른 일에 대한 호기심을 드러낼 수 있으면 좋겠어. 좀 더 배울 수 있는 일이 있는지 상사에게 물어보았니? 어떤 일이든, 어느 곳에서든 참고 인내할 필요가 있어.

자기에게 만족스럽지 않다고 해서 쉽게 그만두기보다는 그 안에서 다른 기회를 먼저 만들어 봐. 네가 아는 것이 다가 아닐 수도 있거든. 그러나 더 이상의 배움과 성장이 없다면 그때 가서는 이직을 고려해 봐야지.

평생직장이란 없단다. 배움이 있고 성장할 수 있는 새로운 환경을 찾아서 옮기는 것도 좋다고 봐. 옮길 때마다, 이전 직장보다 대우가 좋아질 수도 있을 거야. 다양한 곳에서 다양한 경험을 쌓는 것이 너만의 차별화가 될 수도 있겠지? 중요한 것은, 어느 곳에 가서든 최선을 다하고 꼭 필요한 사람이 되어야 해. 그래야만 인정과 보상이 따라오고 이직도 의미가 있기 때문이지.

Q. 이사장님이 생각하는 좋은 직장이란 어떤 직장인가요?

A. 내가 강연에서 항상 강조하지만, 좋은 직장이란 자신이 좋아하는 일을 할 수 있는 곳이어야 해. 그리고 계속적인 배움을 통해서 성장의 기회가 주어지는 곳이 좋은 직장이라고 생각해. 새로운 도전을 통해서 동기가 부여되고, 자신의 열정을 채울 수 있는 곳은 분명 좋은 직장일거야.

그런데 자신이 아무리 노력해도 성장의 기회가 없다거나, 도전이 없으면 열정은 금방 시들고 말 거야. 그리고 자신의 업무 성과에 대해 인정과 적절한 보수가 따르는 곳이 좋은 직장이라고 할 수 있겠지? 공정한 평가의 기회가 주어지지 않거나 인정과 보상이 말뿐이라면 아무도 행복하지 않을 거야.

내가 창업하기 전 직장생활을 하면서 느꼈던 아쉬움들이 바로 이런 것들이었어. 그때 당시 '내가 사장이라면 이렇게 하지 않을 텐데.' 하고 직원의 입장에서 생각했던 것들을 실제 회사를 경영하면서 반영하려고 애썼지. 그런데 안타까운 것은 배움과 성장, 인정, 적절한 보상이 따르는 직장이 많지 않다는 사실이야. 앞으로는 나아져야 할 텐데……

Q. 이사장님은 아시아인으로서 보기 드문 성공을 거두고 아메리칸 드림을 이루셨는데 가장 중요한 성공요인을 꼽으라면 어떤 것이 있을까요?

A. 몇 년 전 KBS 〈일류로 가는 길〉이라는 프로그램에 출연했을 때의 일이야. 사회를 맡은 황수경 아나운서가 내게 똑같은 질문을 해서 "내가 주는 호감도가 아닐까요?"라고 했더니 의외의 대답이라고 생각했는지 깜짝 놀라더구나.
농담처럼 말하긴 했지만, 사업은 혼자서 하는 것이 아니기 때문에 내가 만약 인상이 나쁘거나 남에게 신뢰를 주지 못하는 모습이었다면 성공하기 힘들었을 거야. 사람의 표정에는 그 사람의 생각과 가치관이 그대

청소년들의 멘토—스티브 김 아저씨의

로 드러나기 때문에 투자자나 고객을 설득할 때 말뿐만 아니라 내 모습에서 진심이 읽혀야 하거든. 직원들도 마찬가지로 내가 주는 모습에서 정직함과 책임감을 느낄 수 없었다면 자기 일처럼 열심히 일하지 않았을 거라고 생각해. 따뜻하고 신뢰가 가는 모습에 사람들은 감동한단다.

늘 미소 짓는 표정으로 다른 사람을 존중하고 배려하는 매너, 세련된 언어 습관, 단정하고 깔끔한 복장 등을 갖추는 것이 능력과 전문성 못지않게 중요하단다. 아까도 얘기했지만 마음가짐이 겉으로 드러나기 때문에 무표정하거나 겸손하지 않은 사람들은 다른 사람들로부터 신뢰와 호감을 얻을 수 없어. 좋은 생각과 바른 습관이 몸에 배도록 자기관리를 철저히 하는 것이 성공의 비결이라고 생각한단다.

Q. 성공한 사람들에게는 좋은 습관과 자기만의 삶의 원칙이 있는 것 같아요. 이사장님께서 자랑할 만한 좋은 습관과 중요하게 생각하는 삶의 원칙은 어떤 것인지 궁금해요.

A. 나는 가난한 어린 시절을 보내면서 나도 모르게 절약하는 습관이 생겼고, 사업을 하는 동안에는 일에 누수가 생기지 않도록 재차 확인하고 꼼꼼히 챙기는 버릇이 생겼지. 또 직원들이 자발적으로 움직일 수 있도록 내가 먼저 솔선수범했고, 예기치 않은 문제들에 수시로 부딪히면서 무슨 일이든 미루지 않고 제때에 해결하는 습관도 갖게 되었지.

남의 이목을 끌기 위한 겉치레에서가 아니라 자신의 삶을 진지한 태도로 살아가다 보면 좋은 습관들이 자연히 만들어지는 것 같아. 나보다는 다른 사람을 먼저 배려하는 태도와 지위고하를 막론하고 존중하는 마음이 몸에 배면 매너 좋고 겸손한 사람이 된단다. 남들에게 이런 칭송을 받는 삶이 멋있지 않니?

돈과 명예를 얻고 큰 성공을 거두었다 하더라도 인정받지 못하면 아무 의미가 없단다. 다른 사람 특히 가장 가까운 사람들로부터 존경받기란 쉽지 않은 일이지만, 언제 죽어도 후회를 남기지 않기 위해서는 부끄럽지 않은 떳떳한 삶을 살아야 해. 다른 사람을 이롭게 하고 성실하게 사는 것이 가장 명예로운 삶이라고 생각해.

Q. 한 번도 힘든 창업을 두 번이나 성공적으로 이끌기까지 수많은 어려움에 부딪혔을 텐데 그것들을 어떻게 극복했나요?

A. 나는 어려운 문제에 직면하거나 예상치 못한 일이 생길 때마다 그로 인해 벌어질 최악의 상황(Worst-case)부터 떠올린단다. 이미 저질러진 것은 돌이킬 수 없기 때문에 다음으로 이어질 최악의 사태를 예측해 보고, 그 상황을 피하기 위해서 가장 우선적으로 해야 할 일이 무엇인지 방법을 찾기 위해 고민한단다. 이렇게 하면 문제 상황이 적어도 그 이상 나빠지는 것을 막을 수 있기 때문이지.

청소년들의 멘토—**스티브 김** 아저씨의

그런데 어떤 사람들은 이미 벌어진 일을 두고 남의 탓으로 돌리거나 쓸데없는 걱정만 하다 대안을 세울 타이밍을 놓치곤 하지. 나는 어려운 상황에 처하더라도 그것을 외면하거나 회피하지 않고 정면 돌파하는 것이 가장 최선이라고 생각해.

Q. 이사장님 외에도 성공한 사람들이 많은데, 그분들과 이사장님의 다른 점은 어떤 것이 있을까요?

A. 글쎄, 난 좀 소탈한 것 같아. 먹는 것에 까다롭지 않고 어디서나 잘 자고, 어떤 사람하고도 스스럼없이 잘 어울릴 수 있거든. 사람들은 내가 늘 호화로운 생활을 하고 값비싼 음식을 먹을 거라고 생각 할지도 모르지만 김밥, 떡볶이, 군밤, 수제비, 호떡, 가래떡 등이 내겐 더없는 별미란다.

그리고 나는 남들과 달리 지나치게 솔직하단다. 나의 솔직함에 때로는 당황하는 사람들도 있어. 왜냐하면 성공하거나 잘 알려진 사람일수록 자신을 있는 그대로 보여 주려 하지 않고 거리를 두기 마련이거든.
나라고 왜 부끄럽고 후회되는 일이 없겠니? 하지만 그것들도 오늘의 나를 있게 한 과정 중의 하나이고, 그러한 과오를 통해 점점 나은 사람이 되어가는 것이므로 수치스럽게 생각하지 않아. 그래서 굳이 감추려 하지 않고 있는 그대로 드러낸단다. 자신의 아픈 과거나 단점을 다른 사람에게 털어놓기 위해서는 물론 용기가 필요하겠지. 그러나 자신의 힘든 속내를 털어놓을 사람이 아무도 없다면 얼마나 외롭고 쓸쓸하겠니? 자기 혼자 속으로만 끙끙 앓다가 결국 자살까지 선택하는 경우를 보잖니?

이 세상에 아무 허물도 상처도 없는 사람이 있겠니? 누구나 다 걱정과 아픔이 있기 마련이라는 생각으로 가볍게 털어내고 나면 오히려 홀가분해지고 떳떳할 수 있단다. 과거에 얽매여서 하루하루 고통받을 것이 아니라 자유롭고 행복하게 살아야 하지 않(겠니)을까?

Q. 이사장님께서도 어렸을 때는 수줍음이 많고 내성적인 편이라고 했는데 자신감 있고 적극적인 성격으로 바뀌게 된 계기가 있나요?

A. 사춘기 때 마음에 드는 여학생에게 다가가서 데이트 약속을 받아낸 후부터 자신감을 얻은 것 같아. 그 이전까지는 부끄러움도 많고 내성적이었거든. 그리고 고생하시는 어머니를 기쁘게 해드릴 수 있는 것이 뭐가 있을까? 고민하다 공부밖에 없다는 것을 알고 열심히 공부해서 1등 했을 때, '아, 하면 되는 구나.' 하는 자신감이 생겼어.

인간은 누구나 남들에게 드러내고 인정받기 위해서 몸부림친단다. 성공하려고 하는 것도 다른 사람들로부터 인정받고 존재감을 확인하기 위한 것이지. 내가 재단을 설립하고 여러 사업들을 통해서 남들을 돕는 것도 인정받고 싶은 본능에서 시작된 것일지도 몰라. 그래서 '가장 이타적(利他的)인 것이 가장 이기적(利己的)이다.'라고 고백했잖니?

많은 사람들이 더 많은 돈, 더 큰 명예와 성공, 더 예쁜 모습, 하다못해 명품으로 휘감아서라도 남의 눈에 띄려고 애를 쓰지? 더 예쁘게 보이려고 성형을 하기도 하고 무덤에 갖고 가지도 못할 돈을 더 벌기 위해 애쓰잖니? 그러나 그런 것으로는 본질적인 자존감을 높일 수 없단다. 의미 있는 활동을 통해서 또는 남을 존중하고 배려하는 매너를 통해서 사랑받고 존경받을 때 존재감이 높아지고 당당해지는 거야.

Q. 창업을 할 때는 누구나 잘되기를 바라지만 실패하는 경우도 많이 봤어요. 창업을 성공적으로 이끌기 위해서 가장 필요한 것이 무엇일까요?

A. 우선 자기가 하고자 하는 분야의 산업 전반에 대한 충분한 분석과 앞으로 다가올 변화를 읽을 수 있는 눈이 필요해. 초창기에는 차별화된 아이템으로 시작해서 어느 정도 결과를 낼 수 있다 하더라도 남들이 쉽게 따라올 수 있는, 즉 진입장벽이 낮은 아이템이라면 성과를 지속시키기 어렵기 때문이지. 눈앞에 있는 시장의 니즈도 충족시켜야 하겠지만 미래의 변화를 예측하고 끊임없이 차별화하는 것이 무척 중요하단다.
그리고 돈과 경험 외에 더 중요한 요소가 사업가의 마인드라고 할 수 있어. 나는 사업을 전쟁에 비유하곤 하는데, 전장에 임하는 장수처럼 비장의 각오로 무장해야만 치열한 경쟁에서 승부를 낼 수 있단다. 시장이 워낙 급변하기 때문에 잠시라도 긴장을 늦추거나 방심하면 금방 추월당하기 십상이란다.

투자자들로부터 자본금을 모으고 창업을 시작하면 사업에 대한 정확한 정보를 투자자들에게 제공하고 사업을 성실하게 이끌어야 해. 그런데 이에 대한 책임감과 윤리의식이 결여되어서 일단 투자를 받고 난 뒤에는 투명하게 소통하지 않는 경우가 많단다. 이렇게 되면 투자자들로부터 신뢰를 잃게 되고 결국에는 실패하고 말겠지?

창업을 한다고 해서 모두가 성공하는 것은 아니야. 창업 당시에는 미처 예측하지도 못한 무수히 많은 변수와 해결하기 어려운 문제에 부딪히다 사업을 포기해야 할 수도 있단다. 어쩔 수 없이 이런 상황이 되더라도 투자자들에게 떳떳하고 최선을 다한 사람으로 기억되기 위해서는 끝까지 책임을 다해야겠지?

Q. 인생에서 멘토가 필요하다고 생각하시나요?

A. 물론이지. 혼자 고민하고 판단해서 결정하기에는 삶이 그리 간단치가 않아. 인생에 정답은 없지? 그래서 어려운 일이 생길 때마다 조언을 구할 수 있는 멘토가 필요해.

멘토라고 하면 흔히 크게 성공한 사람을 생각하는데, 가장 좋은 멘토

청소년들의 멘토—스티브 김 아저씨의

는, 현재 자신이 고민하고 있는 것들을 조금 앞서서 겪고 이겨 낸 선배일 거야. 현실감이 있어야 하거든. 자신의 경험과 삶을 통해서 터득한 지혜를 나누어 줄 수 있는 선배를 찾아보고, 고민이 있을 때마다 가서 털어놓고 조언을 구하는 용기가 필요해.

더욱 중요한 것은, 묻고 배우는 것에서 그칠 것이 아니라 '아, 바로 이거야!'라고 생각되면, 바로 실천해서 자신의 것으로 만들어야 한다는 것이지. 그래서 실천하는 사람이 성공하게 된단다.

Q. 이사장님, 청춘이란 무엇입니까?

A. 내가 강의할 때 항상 '○○○ 청춘이다.'라고 퀴즈를 내면, 거의 모든 학생들이 '아파야 청춘이다.'라고 해. 그런데 왜 청춘이 아파야 되니? 아파하고 고통을 인내하고 나면 즐거움과 행복으로 과연 이어질까?

우리가 치열한 경쟁을 이겨 내기 위해서는 남들보다 더 열심히 노력해야 돼. 잠도 마음대로 못자고 하고 싶은 것도 제대로 못하기도 하지. 하지만 뚜렷한 목표가 있으면 '이 힘든 과정을 거치면 내 꿈을 이룰 수 있겠구나.' 하는 기대로 한발 한발 앞으로 나가게 되고, 그 과정에서 얻게 되는 성취감 덕분에 꼭 고통스럽게만 느껴지지는 않을 거야.

나도 처음 미국에 가서 3년 동안은 낮에 일하고 저녁에 공부해야만 했어. 마치 시간이 멈춘 것처럼 힘들었지만 공부를 마치고 나면 엔지니어가 되어 남들처럼 살 수 있다는 희망이 있었기 때문에 아프지는 않았어. 아프다는 것은 무엇을 해야 할지, 왜 하는지, 미래에 대한 확신도 없기 때문에 고통스러운 것 아닐까?

　자신의 적성에 맞고 성취 가능한 목표를 먼저 찾으면, 그 목표를 향해 한발씩 다가가는 과정을 즐길 수 있단다. 그래서 맹목적으로 수동적으로 끌려가지 말고, 교과서 잠시 덮어 두고 고민을 통해서 자아발견을 하자고 하는 거야. 지금 이 시간은 다시 오지 않아.
　왜 '아프니까 청춘이 아니라, 즐겨야 청춘이다.'라고 하는지 알 수 있겠지?

Q. 사회 지도층이나 권력을 가진 높은 사람들과 소통하는 방법이 있을까요?

　A. 높은 사람들과 소통하는 것이 쉽지가 않아. 나는 내로라하는 정치인, 목사, 석학, 대학 총장, 큰 기업의 CEO 등을 만날 기회가 많았단다. 그들 중에서 나에게 순수한 관심을 보이며 질문하거나 유쾌하게 대화를 나눈 사람은 거의 없었어.
　즐거운 대화, 의미 있는 대화는 눈 맞춤에서 시작하잖니? 그런데 대부분의 사람들이 똑바로 눈을 마주치지도 못하고 질문을 주고받을 줄도 몰랐어. 대화가 끊기면 정적이 흐르고 그것이 어색해서 내가 질문을 하기라도 하면 내 관심사와는 아무 상관없는 이야기들을 장황하게 늘어놓거나 성의 없다고 느낄 정도로 짧게 대답하더구나.

소통의 기술을 제대로 배울 기회가 없어서였겠지? 그래서 우리 리더
십 교육 과정에는 눈 맞춤을 하면서 열린 질문을 하고 주고받는 핑퐁대
화를 훈련한단다. 같은 반 친구하고도 이런 대화를 해 본 적이 거의 없
었기 때문에 처음에는 어색해 하지만, 곧 봇물 터지듯 신나게 대화를
나누고 표정도 완전히 달라지지.

진정한 소통은 자신의 권위를 의식하지 않고 아랫사람에게 먼저 다가
감으로써 시작되는 것이란다. 어떤 직원들과도 격이 없는 대화를 나누고
제대로 소통하는 리더라면 직원들은 물론 본인도 행복해질 텐데…….

Q. 다른 사람과 소통하는 데 있어서 가장 중요한 것이 있다면 어떤
것일까요?

A. 나는 눈 맞춤이라고 생각한단다. 미국에서는 눈을 마주치지 않고
대화한다는 것은 상상할 수 없어. 그런데 한국에 와서 보니까, 성공한
사람들조차 눈을 맞추고 대화하기를 불편해하더군. 나하고 대화를 하
면서 허공을 보거나 다른 사람을 보며 얘기를 하는 경우가 허다해.

눈 맞춤이 중요한 이유는 '내가 하는 말에 상대방의 관심이 있나? 재
미있어 하나?' 공감하고 있는지 살피면서, 자기가 하는 말이 너무 길고
장황해서 지루해하는 건 아닌지도 알 수 있고, 상대방의 말에 진심이

담겨 있는가를 알 수 있기 때문이지.

대화는 상대방과의 공통의 관심사를 통해서 재미있고 의미 있게 공감할 수 있어야 해. 혼자서 일방적으로 떠든다면 듣는 사람이 얼마나 지루할까? 그래서 대화를 잘하는 사람은 늘 상대편에게 관심을 기울이면서 열린 질문을 하고, 상대편이 얘기할 때는 진지하게 경청하며 호응해 준단다.

이런 사람과 대화를 나누면 얼마나 유쾌하고 즐거운 줄 아니? 또 만나고 싶어지겠지? 공감과 소통이 잘되는 몇 사람만 있어도 외롭지 않고 행복할 거야.

Q: 이사장님께서 요즘 청년들에게 가장 안타깝게 느끼는 점이나 해주고 싶은 조언이 있다면 무엇일까요?

A. 요즘 젊은이들은 겉보기에 화려한 것, 쉽고 편한 것을 추구하는 것 같아서 안타까워. 한번 생각해 봐. 쉽고 편한 것이 과연 경쟁력이 있을까? 또 실속은 없고 겉보기만 화려한 것이 생명력이 있을까?

만약 나라면, 단시간 근로나 서비스업이 아니라 남들이 기피하는 곳에서 기회를 찾아보겠어. 똑같은 시간을 일하면서 이왕이면 돈도 더 벌고 다른 기회를 만들 수 있는 일을 하는 것이 당연하지.

좀 힘들면 어때? 젊어서 고생은 사서도 한다는데 젊었을 때 치열하게

청소년들의 멘토－스티브 김 아저씨의

열정적으로 살아내야 나이 들어서 안정되고 행복할 수 있어. 젊어서부터 안정을 바랄 것이 아니라 끊임없이 도전하고 변화를 추구하면서 자기만의 삶을 만들어 가야 하지 않을까?

그리고 요즘 젊은이들 사이에는 여행, 어학연수, 휴학, 대학원 진학, 유학 등이 마치 유행인 것 같아. 물론 젊었을 때 이것저것 다 해 보는 것도 좋아. 그러나 뚜렷한 목표가 없이 남들 하니까 나도 한다는 식으로 따라하는 것은 낭비라고 생각해.

여행도 막연히 할 것이 아니라 의미와 목적이 있으면 좋겠어. 요즘 대학원 진학도 많이 하지? 그런데 많은 시간과 돈을 들여서 대학원을 졸업한 후에도 뚜렷한 길이 안 보인다면 그 낭비가 얼마나 클까?

자신의 진로를 결정하는 데 있어서 현실감을 갖는 것이 무엇보다도 중요해. 자신이 원하는 분야에 대해서 자세히 알아보고, 구체적인 계획을 세워야 하는데 막연한 허상만을 갖고 충동적으로 결정하거나 현실도피 식으로 선택한다면 그로 인한 손실이 너무 크지.

Q. 이사장님, 미국에서 생활하시면서 가장 힘들었던 점은 어떤 것이 있는지 궁금합니다.

A. 내가 미국에 가서 가장 힘들었던 것은 다른 사람에게 관심을 보이고 먼저 다가가지 못했던 점이야. 영어를 못해서가 아니라 용기가 없어

서 친구를 사귀기가 힘들었고 많이 외로웠어.

미국 사람들은 어려서부터 소통하는 것이 생활화되어 있어서 다들 말을 너무 잘해. 얼마나 부러웠는지 몰라. 사업을 하면서 직원들과도 소통해야 하고 많은 사람들 앞에서 프레젠테이션도 해야 하는데, 그때마다 얼마나 힘들었던지……. 내가 청소년기에 말을 잘하는 훈련을 받았더라면 미국 생활이 훨씬 쉬웠을 거야.

많은 노력 끝에 그런 것들을 다 극복하긴 했지만 남들과 대화를 잘하고 자기 생각을 당당하고 멋지게 표현하는 것이 얼마나 중요한지 몰라.

내가 꿈희망미래 리더십센터를 설립한 것도 우리 청소년들이 당당하고 멋지게 소통을 잘할 수 있도록 훈련시키기 위해서였어.

Q. 이사장님께 가장 후회되는 일이 있다면 어떤 것일까요?

A. 나는 위로 누님이 세 분 계시고 장남으로 태어났어. 나에 대한 어머니의 사랑이 얼마나 컸을지 짐작이 되지? 어릴 때 어머니께서 고생하시는 모습을 보면서 항상 마음이 많이 아팠고 어머니를 위해서 내가 반드시 성공해야겠다는 다짐도 했어.

미국에서 사업으로 바쁘게 지내는 중에도 일주일에 두세 번은 퇴근길에 꼭 어머니 댁에 들러서 안부를 살피곤 했어. 내가 가면 어머니는 하나님이라도 만난 것처럼 반가워 하셨는데, 나는 신문이나 보고 잠깐 눈붙이다 돌아오곤 했어.

청소년들의 멘토−**스티브 김** 아저씨의

그때 어머니께 내 일상의 소소한 얘기도 들려드리고 따뜻하게 "감사합니다. 사랑합니다." 했더라면 얼마나 좋아하셨을까? 그런데 그렇게 하지 못했던 것이 너무 후회가 돼. 마음이 없어서가 아니라 그런 표현에 익숙하지 못했던 거지.

너희들은 부모님과 선생님께 수시로 "고맙습니다. 미안합니다. 사랑합니다." 표현하고 따뜻하게 안아 드리면 좋겠어. 마음속으로 생각만 하고 겉으로 표현하지 않으면 무슨 소용이 있겠니? 당장 하지 않으면 나중에 할 기회가 없다고 생각하고 지금부터라도 꼭 실천해. 해야 할 것을 못하면 후회가 남는단다.

누구에게나 용기 있게 다가가서 질문하고 표현해 봐. 처음에는 어렵지만 곧 익숙해진단다.

Q. 이사장님, 강연을 많이 하시는데 같은 말을 반복하면 지루하지 않으세요?

A. 강연 요청이 아무리 많아도 내가 재미없으면 할 수 없겠지? 나는 강연할 때 늘 똑같은 내용을 반복하는 것이 아니라 학생, 교사, 학부모, 기업 등 대상에 따라 다양한 주제로 강의를 해. '그들에게 꼭 필요한 것이 무엇일까? 어떤 내용으로 강의할 때 더 많은 공감을 할까?' 늘 고민하면서 더 알기 위해 노력하지.

집에 있으면 책을 많이 읽는단다. 감동을 주는 강연을 하려면 책을 통한 배움을 게을리 해서는 안 되기 때문이야. 막연히 여가를 즐기기 위한 것보다 목적이 있는 독서를 할 수 있어서 오히려 더 즐겁기도 해.

다큐멘터리도 많이 봐. 얼마 전에는 우리 청소년이 처한 교육 현실에 관한 EBS 다큐멘터리들을 의미 있게 봤어. 재미있고 감동을 주는 강의를 하기 위해서 애쓰다 보면 내 주위의 모든 것들이 예사로 보이지 않아.

또 최근에는 강연뿐만이 아니라 콘서트까지 겸하고 있단다. 아주 훌륭한 연주자들과 함께 무대에 서는데, 이왕 하는 거 제대로 하기 위해서 얼마 전부터 성악 레슨을 받기 시작했어. 그랬더니 신기하게도 성대의 울림이 달라지더구나. 새로운 도전과 배움이 얼마나 좋은지 몰라.

성공한 사람이나 부자가 행복하기 어려운 이유는 더 이상 이룰 '목표'가 없어서인데, 나는 늘 배울 게 있고 도전할 수 있어서 행복해.

Q. 이사장님은 어떤 취미를 갖고 계십니까?

A. 나는 승부기질이 있어서 혼자 하는 운동보다는 남들과 같이 하는 운동을 좋아한단다. 걷기, 달리기, 낚시 등 혼자 하는 것은 별로 좋아하지 않아. 골프와 테니스를 시작한 지가 오래되었지만 배울 것이 많기 때문에 지금도 레슨을 받아 가며 좀 더 잘하기 위해 애를 쓴단다.

그런데 취미만 갖고는 행복할 수가 없고 열정을 쏟을 수 있는 의미 있는 일이 있어야만 해. 그래서 돈 버는 일이 아닌데도 교육 사업을 시작했고 강연도 열심히 하는 거야. 최근에는 강연뿐만이 아니라 콘서트까지 하게 돼서 성악을 배우고 있어. 전문 연주자들로만 구성하는 것보다는 나도 함께 하는 무대가 훨씬 즐겁고 감동적이기 때문이지. 새로운 변화와 도전이 있어 행복하단다.

낮에 열심히 일하고 편하게 대화할 수 있는 사람과 저녁을 먹으며 와인을 마실 때가 가장 행복한 순간이란다. 우리 직원들과도 기회가 될 때마다 저녁식사를 함께 하면서 대화를 나누곤 해. 나와 함께하는 시간을 행복해하는 직원들을 보면 나도 무척 행복하거든. 고급음식이나 성공한 사람들과의 만남보다 소박한 사람들과 함께하는 진솔한 대화에서 더 큰 행복과 기쁨을 느낀단다.

Q. 이사장님은 연애를 많이 하셨다는데, 로맨스를 들려주세요.

A. 나는 대학 시절에 남자친구들과 몰려다니는 것보다 여학생들과 만나서 대화 나누는 것을 더 좋아했던 것 같아. 내가 주는 모습이 괜찮았던지 여학생들을 쉽게 사귈 수 있었던 것 같아. 대학 1년 후배였던 여학생과 4년 정도 사귄 적도 있었지만 부모님의 반대로 결국 헤어졌어.

미국에 가기로 결정하고 난 뒤에 낯선 이국땅에서 혼자 살기가 외로울 것 같아서 어느 여성을 소개 받았는데, 내가 무슨 얘기를 하면 아무

말 없이 얼굴만 붉어지는 거야. 이전에 내가 만났던 여자들은 친구같이 편했었는데 수줍음이 많은 이 여성을 본 순간 '결혼은 이렇게 여성스럽고 순종적인 여자하고 해야 돼.' 하는 생각이 들더구나. 한 달간 데이트를 하다 내가 미국에 들어가기 전에 약혼식을 했어.

1년 후 약혼녀가 대학을 마치고 미국에 들어왔는데 막상 같이 생활을 하면서부터는 부모님과의 갈등, 경제생활 등 여러 문제들로 부딪히기 시작했어. 자기 잘못은 좀처럼 인정하지 않고 너무 고집이 세서 말이 잘 통하지 않았고 외동딸이라 부모님의 손에서 곱게 자란 요즘 말하는 '공주과'였던 거야.

다른 사람에 대한 배려가 부족해서 결혼 생활이 행복하지 않았고 우리 부모님께서도 많은 상처를 받으셨지. 힘든 결혼 생활을 하면서 '편하고 대화가 되는 아내'를 얼마나 원했는지 몰라. 헤어지고 싶었지만, 아이들이 적어도 고등학교를 마칠 때까지 기다려야겠다는 생각에 오직 일에만 전념했어. 그러다 보니 아이들에게 좋은 아빠 노릇도 제대로 못했고 이혼으로 큰 상처를 주고 말았어. 지금은 아이들이 모두 나를 이해하고 잘 지내고 있어서 얼마나 다행인지 몰라.

자일랜을 경영할 때 한국 여성이 우리 회사의 변호사로 오게 되었어. 가정 형편이 어려워서 서울 여상을 졸업하고 KAL에서 근무하며 방송통신대에서 법학을 전공했어. 나중에 뉴욕대학원에서 법을 전공하고 미국에서 변호사가 된 인텔리 여성이었는데, 그녀를 (너)무척이나 사랑해서 결혼했고 아이를 연년생으로 셋을 낳으면서 오랫동안 행복하게 살았지.

342   청소년들의 멘토-스티브 김 아저씨의

그때만 해도 힘든 사업을 정리하고 시간적 여유가 많을 때라 여행도 다니고 좋은 시간을 많이 가졌지. 그런데 행복한 결혼 생활도 살다 보면 갈등이 없을 순 없지. 순수하고 착한 사람이었는데 자존심이 세고 자기주장이 강해서 대화가 안 통할 때는 답답하고 힘들었어.

한국으로 영구 귀국한 후에 강연도 많았고 여러 사람들을 만나면서 자유로운 사회생활을 하고 싶었지만, 아내는 아이들과 함께 전원생활을 하며 조용히 살기를 바랐어. 결국 그 간극을 좁히지 못하고 또 한 번 아이들에게 상처를 입히면서 헤어져야 했어. 아픈 이혼이었지만 지금은 아이들과는 물론이고 애들 엄마와도 친구같이 잘 지내고 있어.

사랑했던 사람과 헤어진다는 것이 힘든 결정이었지만 같이 살면서 도저히 행복할 수 없어서 내린 결정이었기에 후회는 없어. 지금도 아이들 엄마가 내 도움을 필요로 하면 언제든지 달려가서 도와주지. 내가 사랑했던 사람이고 엄마가 행복해야 아이들에게도 더 잘할 테니까.

Q. 이사장님 결혼은 꼭 해야 하는 걸까요? 해야 한다면 언제 하는 것이 좋은지 궁금합니다. 이사장님의 결혼관을 들려주세요.

A. 결혼은 일시적인 감정에 의해서 쉽게 결정할 일은 아니란다. 설령 혼기가 되었다고 하더라도 부모의 강압에 의해서 떠밀리듯이 해서도 안 되지. 외모나 경제적인 능력만 보고 오랜 사귐 없이 결혼하는 경우도

많은 것 같은데 무엇보다 중요한 것은 그 사람과 결혼했을 때 오래오래 잘 살 수 있느냐 하는 것이야. 달콤한 신혼생활은 잠시지만 잘못된 선택으로 인한 고통은 오래 지속되기 마련이야. 살다가 서로 맞지 않으면 마지못해 사는 것도 헤어지는 것도 모두 너무 불행한 일이거든.

부부는 같이 있으면 편하고 무엇이든 스스럼없이 솔직하게 털어놓을 수 있는 사이여야 해. 부부가 많은 시간을 함께 보내는 데 대화가 없고 공감할 수 없다면 곁에 있어도 외롭겠지? 그리고 취미와 관심사가 같아서 많은 시간을 함께하면 좋겠어. 그러나 무엇보다도 중요한 것이 서로의 가치관이라고 생각해. 부부가 같은 곳을 바라보지 않거나 서로 추구하는 바가 다르다면 공감할 수도 행복할 수도 없기 때문이지.

미국에서 심리학 박사과정을 마치고 병원에서 임상을 하고 있는 내 딸은 이미 3년 넘게 미국인 남자 친구와 동거하고 있어. 같은 분야에서 일하는 사람인데 매우 성실하고 착해 보여서 내가 만날 때마다 결혼을 하라고 하는데 내 딸도 얼마나 고집이 센지 아빠 말은 듣질 않아.

미국에는 결혼하지 않고 남녀가 친구처럼 동거하는 경우도 많이 있단다. 장단점도 있고 한국 정서로는 이해하기 힘든 부분도 있겠지만, 책임이나 의무감에서가 아니라 서로 존중하는 마음으로 관계를 더 오래 지속할 수 있다고 믿기 때문일 거야. 남녀가 만나서 한때의 열정과 사랑만으로 행복한 결혼 생활을 오래 지속하기는 어려워.

분명한 것은 아무리 큰돈과 명예를 얻고 성공을 이루었다 하더라도

청소년들의 멘토—스티브 김 아저씨의

같이 있으면 외롭지 않고 늘 의지할 수 있는 동반자가 없이는 행복할 수 없다는 것이야. 결혼은 신중에 신중을 기해야 하는 일이지.

Q. 이사장님의 삶의 목적은 무엇이세요?

A. 젊을 때는 돈 많이 벌어서 나도 남들만큼 잘 살고 싶었어. 그래서 미국에 건너가 치열하게 노력했지. 그러다 돈보다 더 중요한 것이 존재감이라는 것을 알게 되었고 존재감을 높이기 위해서 끊임없이 도전하고 하나씩 이루어 가면서 행복을 느꼈어.

그런데 많은 돈을 벌고 남들이 부러워할 정도로 성공하고 난 후에는 열정을 쏟을 만한 의미 있는 일이 없이는 행복할 수 없다는 것을 알게 되었어. 다행히 한국에 와서 강연과 청소년들을 위한 교육 사업을 하면서 어느 누구보다도 행복한 삶을 살고 있어. 그렇지만 지금도 늘 변화와 도전을 추구한단다. 책을 다시 내게 된 것도 내 삶에 변화를 주기 위한 새로운 시도라고 할 수 있지.

Q. 이사장님의 삶에서 가장 보람 있었던 일은 어떤 것입니까?

A. 두 번의 힘든 사업을 성공적으로 마무리할 수 있었던 것이 내 삶에서 가장 큰 보람이었어. 그 후에도 나눔 사업을 통해서 어려운 사람들에

게 희망을 주고 그들의 삶이 나아지는 것을 보면서 보람을 느끼고 있지.

최근 꿈희망미래 리더십센터를 통해서 하고 있는 교육 사업으로 그동안 해왔던 일들과는 다른 차원의 보람과 행복을 느끼고 있어. 이 사업은 너무 힘들어서 지쳐 있는 청소년들에게 새로운 깨달음과 동기를 부여하는 귀한 일이기 때문이야.

수십 명의 젊은 강사와 코치들이 전국 곳곳으로 찾아가서 학생들을 만나고 그날그날의 변화와 감동들을 매일 이메일로 보내 준단다. 하나하나 읽다 보면 오히려 기업을 경영할 때보다 더 큰 의미와 보람을 느껴. 누구나 할 수 있는 것이 아닌 오직 내가 할 수 있는 일이라는 데서 오는 성취감 또한 매우 크단다.

Q. 아저씨의 고민은 무엇인가요?

A. 나는 살면서 고민거리를 만들지 않으려고 늘 애쓰고 있지. 고민은 스트레스를 낳고 스트레스가 커지다 보면 삶의 질이 떨어지게 돼. 많은 것을 소유하다 보면 자연히 근심거리도 많게 되고 재산이 이곳저곳에 흩어져 있으면 어떻게 관리하고 증식할까 고민도 하게 되지.

만약 내가 갑자기 죽게 되면 그 많은 것들이 어떻게 될까? 고민하지 않을 수 없단다. 그래서 재산목록도 단순화시키고 아이들에게도 이미 조금씩 나눠 줬어. 그리고 내가 죽으면 남은 재산을 어떻게 쓰고 재단도 누가 어떻게 운영할지에 대해서 유언장을 미리 작성해 두지. 미리 준비하고 주변을 단순하게 정리하면 고민거리가 줄고 괜한 염려도 없어.

'무소유가 무 근심'이라 하잖니? 필요 이상으로 소유가 많으면 근심은 쌓이고 행복은 방해받는단다.

Q. 이사장님, 행복은 어디에서 온다고 생각하세요?

A. 나는 좋아하는 일을 하는 데서 행복이 온다고 생각해. 자신이 좋아하지 않고 적성에도 맞지 않는 일을 매일 평생 해야 한다고 생각하면 얼마나 불행하겠어?

그리고 행복하기 위해서는 사는 데 크게 불편하지 않을 정도의 경제적인 여유도 필요할 거야. 보고 싶을 때 언제나 만날 수 있는 좋은 친구, 많은 시간을 무료하지 않게 보낼 수 있는 취미가 있어야겠지?

건강도 행복한 삶의 중요한 요소겠지? 건강하지 않으면 모든 것을 다 가졌다 하더라도 아무 소용이 없고 건강은 건강할 때 챙겨야 한다고 생각해. 그러나 무엇보다도 중요한 것이 화목한 가정일거야. 암만 밖에서 좋아하는 일을 하면서 좋은 친구들과 신나게 지내더라도 따뜻한 가정이 없으면 결코 행복할 수 없을 거야. 젊을 때는 너무 바쁘게 사느라 잘 모르지만 은퇴한 후에는 행복한 삶에 대해 더욱 절실히 느끼게 된단다.

Q. 지금 행복하세요?

A. 너 보기에는 어때? 행복해 보이지? 나보다 더 큰 성공을 이루고 돈이 더 많은 사람도 주위에 많아. 하지만 나는 돈과 성공에 대한 욕심을 내려놓고 가장 보람 있는 일들을 할 수 있어서 얼마나 행복한지 몰라.

지금도 강연해 달라는 곳이 많고 강연이 끝나면 청중들이 사인해 달라 같이 사진찍자 하며 몰려 와. 연예인보다 더 의미 있는 인기와 박수를 받고 있다고 생각해. 그리고 사람들로부터 인상이 좋다, 잘생겼다, 목소리 좋다, 내 나이보다 10년은 젊어 보인다는 등 많은 찬사를 들으면 얼마나 행복하겠니?

무엇보다도 열정을 쏟을 수 있는 의미 있는 일이 있고 외롭지 않아서 행복해.

꿈희망미래 강사 추천도서

책이름	저자	출판사
가난하다고 꿈조차 가난할 수는 없다	김현근	사회평론
마시멜로 이야기	호아킴 데 포사다	21세기북스
그러니까 당신도 살아	오히라 미쓰요	북하우스
십대라는 이름의 외계인	김영아	라이스메이커
한줄의 기적, 감사일기	양경윤	쌤앤파커스
노인과 바다	어니스트 헤밍웨이	민음사
향수	파트리크 쥐스킨트	열린책들
누리야누리야	양귀자	문공사
나무	베르나르 베르베르	열린책들
7년 후	기욤 뮈소	밝은세상
스무 살, 도쿄	오쿠다 히데오	은행나무
공중그네	오쿠다 히데오	은행나무
내가 알고 있는 걸 당신도 알게 된다면	칼 필레머	토네이도
파피용	베르나르 베르베르	열린책들
꽃들에게 희망을	트리나 폴러스	시공주니어

책이름	저자	출판사
사막	이사카 코타로	황매
리딩으로 리드하라	이지성	문학동네
네가 어떤 삶을 살든 나는 너를 응원할 것이다	공지영	오픈하우스
어느 날 내가 죽었습니다	이경혜	바람의아이들
모모	미하엘 엔데	비룡소
난 두렵지 않아요(아름다운 소년, 이크발이야기)	프란체스코 다다모	주니어랜덤
마당을 나온 암탉	황선미	사계절
내 꿈을 현실로 만드는 진로 로드맵	고봉익, 윤정은	웅진윙스
청소년 명심보감	추적	매월당
아버지의 가계부	제윤경	부키
지선아 사랑해	이지선	문학동네
시골의사 박경철의 자기혁명	박경철	리더스북
멈추지 마, 꿈부터 다시 써봐	김수영	웅진지식하우스
시련은 있어도 실패는 없다.	정주영	제삼기획
우아한 거짓말	김려령	창비